美国小学体育课程指导

美国健康和体育教育协会（SHAPE America）

[美] 雪莉·霍尔特/哈勒（Shirley Holt/Hale）　　　主编　李永超 译

蒂娜·哈尔（Tina Hall）

人民邮电出版社

北京

图书在版编目（CIP）数据

美国小学体育课程指导 / 美国健康和体育教育协会，
(美) 雪莉·霍尔特/哈勒（Shirley Holt/Hale），（美）
蒂娜·哈尔（Tina Hall）主编；李永超译. -- 北京：
人民邮电出版社，2018.8（2023.12重印）
　ISBN 978-7-115-48883-1

　Ⅰ. ①美… Ⅱ. ①美… ②雪… ③蒂… ④李… Ⅲ.
①体育课－小学－教学参考资料 Ⅳ. ①G623.83

　中国版本图书馆CIP数据核字(2018)第161624号

版权声明

免责声明

本书内容旨在为大众提供有用的信息。所有材料（包括文本、图形和图像）仅供参考，不能用于对特定疾病或症状的医疗诊断、建议或治疗。所有读者在针对任何一般性或特定的健康问题开始某项锻炼之前，均应向专业的医疗保健机构或医生进行咨询。作者和出版商都已尽可能确保本书技术上的准确性以及合理性，且并不特别推崇任何治疗方法、方案、建议或本书中的其他信息，并特别声明，不会承担由于使用本出版物中的材料而遭受的任何损伤所直接或间接产生的与个人或团体相关的一切责任、损失或风险。

内 容 提 要

　　本书由美国体育教育学领域具有几十年从业经验的专业人士精心编写，是献给所有小学体育教师的教学指导书。全书围绕美国 K-12（幼儿园~12 年级）体育教育的国家标准和年级水平学习成果展开，共分为两部分。第一部分包括前三章，通过探索学生学习的奥秘，重新审视美国体育教育国家标准中的关键概念，以及协助实施符合标准的教学，为设计体育教学计划奠定了坚实基础；第二部分包括第四章到第八章，讲述了根据技能类型安排的共 65 课的教学设计内容，介绍了小学体育教学的 250 个学习经验，设计出了有目的性的、循序渐进的练习任务，每节课都展现了教学中的最佳练习方式，向教师提供了高效的教学方法。本书为小学体育教师汲取教学经验，指导学生获得体育知识，培养学生日后健康积极的生活方式提供了重要的指导。

◆　主　　编　[美] 美国健康和体育教育协会（SHAPE America）
　　　　　　　雪莉·霍尔特/哈勒（Shirley Holt/Hale）
　　　　　　　蒂娜·哈尔（Tina Hall）

　　译　　　　李永超
　　责任编辑　寇佳音
　　责任印制　周昇亮

◆　人民邮电出版社出版发行　　北京市丰台区成寿寺路 11 号
　　邮编　100164　电子邮件　315@ptpress.com.cn
　　网址　https://www.ptpress.com.cn
　　涿州市般润文化传播有限公司印刷

◆　开本：700×1000　1/16
　　印张：16.75　　　　　　　　　　　2018 年 8 月第 1 版
　　字数：381 千字　　　　　　　2023 年 12 月河北第 13 次印刷

　　　　　著作权合同登记号　图字：01-2017-2580 号

定价：88.00 元

读者服务热线：(010)81055296　印装质量热线：(010)81055316
反盗版热线：(010)81055315
广告经营许可证：京东市监广字 20170147 号

译者序

小学教育阶段是培养各类人才的启蒙教育阶段，是长身体、学做人、增知识、发展思维、开发智力、培养各种能力的重要时期，也是一生中可塑性最大的时期。体育教育作为学校教育的重要组成部分，肩负着提高学生身体素质、增进青少年身心健康、培育 21 世纪全面发展合格人才的历史重任，关系到全民健康素质和综合国力提高的诸多方面。小学体育阶段是促进儿童健康成长、养成良好健身习惯的重要阶段。他山之石可以攻玉。借鉴国外的先进经验，提升我国小学体育教育水平，这是我翻译这本书的初衷。

本书是 2016 年在美国健康和体育教育协会（SHAPE America）组织下，基于美国 K-12（幼儿园~12 年级）体育教育的国家标准和年级水平学习成果编写的一本教案集，作者是两位专业的、经验丰富的教师——雪莉·霍尔特/哈勒博士和蒂娜·哈尔博士。本书教学设计覆盖了美国学制的初等教育阶段——即小学 1~5 年级加上幼儿园，在我看来，本书所含的教学设计有以下几个特点。

第一，有一套清晰的教学理论贯穿始终。前言和第一部分"教学设计的基础"阐述了教学设计的基本理论，构成了本书的理论脉络。第二部分"教学计划"始终体现着第一部分和前言部分的理论，每一个教案都是这些理念的具体阐释。国家标准（美国）、学习型教学、嵌入式目标、针对性练习、技能发展的三个阶段等，对这些术语国内的教师可能并不熟悉，但在书中理论部分都有一一解释。书的最后还有一个附录，解释了书中涉及的一些术语。

第二，内容基础而广泛。与我国小学体育教育一样，注重基础性，教授生活中广泛应用的必备知识技能，为日后更高等级的教育打下基础。超过本阶段难度要求的技能不做强制规定，而设为了选学内容。同时，本书还广泛涉及各类体育知识和技能，尽可能为学生日后的发展打下宽厚、坚实的基础。

第三，强调全面育人。运动技能是体育教育的主要内容，但远远不是体育教育的全部。书中强调将学生作为"一个完整的人"（as a whole person）去教，在教授运动技能之外，还非常注重健康观念与合作精神的培养。本书第四章"健康体适能能力教育"，集中体现了对健康意识和健康观念的培养。在运动技能的教学部分，也非常注意对孩子运动兴趣和运动意识的保护和培育。美国 K-12 体育教育国家标准的标准 3 和标准 5 也是聚焦于此。在本书中我们能看到，培养热爱运动的孩子，比培养运动能力强的孩子更重要。没有功利性的体育教育，才能回归教育的根本。这对我们如何提升全民体质是很好的示范。标准 4 强调学生在人际关系中的个人责任和社会责任，包括合作、处理纷争等，在教案中通常以嵌入式目标的方式体现出来（嵌入式目标也是本书的特色，非常简洁清晰）。

第四，练习设计精妙。本书的教学设计中包含大量练习，练习的设计十分精妙，丰富而又有层次。本书特别强调，练习要有针对性地解决技能形成过程中学生最易遇到问题的环节，保证教学的有效性，这在本书中称为"针对性练习"。本书就是一本针对性练习的参考大全。本书还将练习的有效性作为严肃的问题在第一部分进行了探讨，作者强调"仅仅依靠使学生'热闹、高兴和愉快'的娱乐型教学并不能培养他们的体育素养。缺乏教学和学习的体育教学，与学校的核心任务背道而驰，也很容易遭到边缘化"。

第五，按动作发展的逻辑编排教学。本书操作技能部分的教学是从动作发展的角度出发进行编排的，而不是按运动项目划分的，如投、接、踢、击、用短柄器材击球、用长柄器材击球……不同运动项目，但技术动作类似，放在一起进行教学，如长柄器材击打涉及了棒球、曲棍球、高尔夫等多个项目。这样最大限度地促进了不同项目技能的迁移，最大限度地遵循了动作发展规律，体现了以学生发展为本的教学理念。至于何时教授某种技能到何种程度，每个教案注有适合的年级范围，并写明了不同年级应如何分别教学。书的最后附有"美国 K-12 体育教育的范围和动作序列"，标示了幼儿园至 8 年级（相当于我国的小学到初中），每项技能处于发展的哪个阶段。

本书对于体育教育工作者有最直接的意义。教师们可从中汲取教学理念、科学规律和教学艺术，为自己的教育教学提供指导或启发，如对教学的深度精准把握，安全问题的处理，对学生心理特点的把握，还有，如何设计丰富多样的练习；如何运用生动的比喻深入浅出地讲解抽象概念；如何在练习中增加趣味性；如何让学生创造性地设计动作组合……当然正如本书序言中所说的，本书提供的教案样例不能直接在课堂上使用，它们更像是骨骼，是枝干，是框架，教师们在教学中需根据自己的实际情况修改完善，创造出自己独特的、丰满灵动的教学设计。另外这本书也给我们打开了一个窗口，让我们得以窥见美国小学体育教育（包括幼儿园）的概貌。比较教育学的研究者可以将此作为研究的原始资料。教育领域的决策者也可将本书作为参考和借鉴。

在翻译本书的过程中，我一次次为原作者严谨的态度所触动，为清晰的理论、精细的设计、专业的把控所折服。本书的原作者，作为体育人士，科学严谨，专业态度十分可敬；作为教育工作者，秉着体育健康教育的责任感和使命感，谆谆指引，使人动容。这是我品读本书时的深切感受。希望读者也能感受到。在翻译过程中，我希望能尽可能体现书的原貌，但涉及一些专业名词时，由于语言的隔阂，难以百分之百地传达原著的意思。一些术语在中文没有完全对应的词汇，如有不妥，敬请谅解，也希望借此机会邀请读者们一起商榷探讨。除此之外，因时间仓促、水平有限，书中还有诸多不完满之处，敬请读者批评指正。

感谢本书作者雪莉·霍尔特/哈勒博士和蒂娜·哈尔博士的卓越贡献，她们几十年如一日地专注于小学体育教育研究，令人敬佩。感谢国家体育总局体能训练中心王雄主任给我推荐这本英文原著，使我看完后决心把它翻译出来；感谢我的单位北京第二实验小学对我的培养与支持；感谢我的爱人刘璐一年来对我夜以继日工作的支持，并在翻译最困难的时候给我语言翻译和精神上的支持。

李永超

目录

前言

本书旨在为小学体育教师提供符合美国K-12（幼儿园~12年级）体育教育国家标准以及实现相应年级水平学习成果（SHAPE America，2014）的课程指导，引导学生爱上体育。本书包含的教学计划及备课指导，完全符合美国国家标准和年级水平学习成果，为初高中体育教育打下了坚实基础，能帮助该年级学生达到预期成果。

组织结构

本书旨在帮助小学体育教师创设实现年级水平学习成果、符合美国体育教育国家标准的教学活动。虽然多数教师一般都草草阅读甚至略过介绍性章节，直接跳到教学计划部分，但需要提醒的是，本书前三章至关重要。通过探索学生学习的奥秘，重新审视国家标准中的关键概念，以及协助实施符合标准的教学，这三章为设计体育教学计划奠定了坚实基础。

第一章是全书内容概述，指导教师如何在教学中实现效率和效益最大化。第二章讲解小学体育教育的年级水平学习成果和体育评估的重要性。第三章的目的在于深入对"在技能中嵌入技能、概念中贯穿概念和标准中实施标准"这一理念的有效理解。

第四章到第八章共包括65课，介绍了小学体育教学的250个学习经验，这些都符合年级水平学习成果。这些课程的目的在于培养实现符合年级水平学习成果的体育教学基本技能（标准1）、运动概念和适用于小学体育教学的方法策略（标准2）、恰当的儿童健康体适能（标准3），以及个人责任与社会责任（标准4）。标准5强调了认识体育活动价值的重要性。制订此教学计划是为了使儿童对技能或概念的理解从表面达到实际应用层面，从而使他们能成功阐述概念并运用技能。

第四章到第八章的教学计划是根据技能类型安排的。第四章阐述了儿童健康体育问题。这些课程探讨了体育的概念、体育的构成部分、体育评估、营养和体育活动。第五章集中讨论了运动概念，包括在自我训练区和公共训练区的运动、方向、路径、高度、姿势、时间、力量和动作流。第六章着重介绍单脚跳、跑马步、滑步、跑步、垫步跳、跨步跳以及双脚跳和落地的移动技能。第七章涉及平衡和重心转移的非移动技能，以及伸展、蜷缩和扭转动作。第八章包括投掷、接球、运球、踢球、手击球、使用长柄器材和短柄器材进行击球以及跳绳的操作技能。

附录A包含了《美国K-12体育教育的国家标准和年级水平学习成

果》（SHAPE America, 2014, p.65）中的 K–12 体育教育的范围和动作序列。该图表快捷形象地展示了技能发展的进程，何时详细介绍年级水平学习成果中的技能和概念，何时可以让学生掌握技能的核心部分。"形成阶段" 指学生了解知识、练习技能的阶段。"成熟阶段"指学生能展示学到的知识和技能的核心要素，并继续完善的阶段。最后，"应用阶段"是指学生能在一系列体育活动中展示出学到的知识和技能的核心要素的阶段。

　　教学设计是实现年级水平学习成果的关键一步。如果你希望学生的发展符合体育教学标准，那么纵向和横向的课程规划都至关重要。该成果为幼儿园 ~5 年级的教学计划提供了纵向规划，而横向规划则给各个年级提供了学年教学计划。每星期体育课的次数、学生需求和运动经历将影响教师的年度教学计划和学生年级水平学习成果的实现情况。附录 B 提供了一个全年教学计划样例，可以协助教师完成体育教学的关键部分。

课程内容

　　本书的作者是两位具备几十年小学体育教育经验的从业人员。他们关注一个或多个年级水平学习成果，并设计出了有目的性的、循序渐进的练习任务；结合适当的评估来评价和监测学生的进步；还酌情添加了资源、参考文献、器材清单和学生作业等内容。

　　每节课都展现了教学中的最佳练习方法，向教师提供了提高传授教学内容效率的方法。你关注的重点应该是作为教育者本身，而不是作为活动的组织。作为教育者，你必须专心致志地评估学生的学习情况并调整学习经验，以达到预期结果。教学策略可能包括如 "迁移教学" "因材施教" 及 "整合概念材料"。

　　虽然本书尽可能广泛地涵盖小学年级水平学习成果，但并不能包括所有有益的经验。这些课程样例并不能当作完整的课程使用，样例只是向教师提供模板，教师应根据学生的具体情况做出修改。在完善自身学习经验和课程的过程中，这些课程仍然可以当作教学框架。

网络资源

　　本书还提供包含所有 PDF 格式教学计划的网络资源，读者可登录 Human Kinetics 出版社官方网站浏览相关信息。通过访问计算机或移动设备，将文件提前下载到设备上，就可在课堂上随时查看教学计划。

　　此外，还有一个空白的教学计划模板，你可以根据自己的特殊需要进行调整。

帮助学生获得体育知识需要高质量的教学内容、有效的指导和更多的实践机会。本书为你指导学生获得体育知识，培养其日后生活方式提供了必要的工具和资源。

我们承诺：到 2029 年，实现"5000 万人身体强健"的目标

目前美国中小学（幼儿园 ~12 年级）约有 5000 万学生。"SHAPE America"致力于确保到 2029 年，也就是现在的学前班儿童高中毕业时，美国所有学生都已掌握一定知识与技能知识，并充满信心地去参加健康、有意义的体育活动。

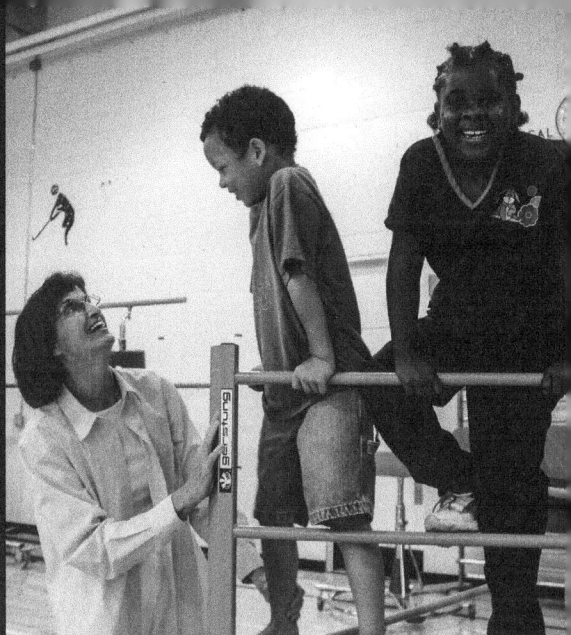

第一部分

教学设计的基础

第一章

为学生学习设计教学

本书旨在对美国 K-12 体育教育的国家标准和年级水平学习成果（SHAPE America, 2014）进行补充，帮助教师制订和实施教学设计，引导学生达到年级水平学习成果。这些标准和成果的目的在于培养具有体育素养的人，即"有知识、有技能、有信心去享受一生健康体育活动"的年轻人（p.11）。作为体育教师，我们应当是帮助学生具备体育素养的角色。我们可以提供心理活动、认知和情感领域的学习经验来实现育人的目标。我们可以提供高质量的体育教学指导，并通过正式的评估了解学生对内容的掌握程度。国家标准和年级水平学习成果详细地阐释了学生要学习哪些内容。另外，它们描述了每个年级的学生应该了解的知识和应该掌握的技能，为开发学习经验提供了框架。

本书的教学计划目的在于实现初级水平学习成果（SHAPE America, 2014）。因此，这些方案呈现了体育教学的基础技能、知识和价值标准。你可以在课堂上按照书上的教学方案来实施，或者根据学生的需要进行修改，后者更加重要。虽然本书的教学方案重点是希望学生能掌握技能、获得知识、保持健康，但其目的并不是要教授孩子所有知识，而是为学生、学校和社区开发课程及学习经验提供模板。

教授学生学习的重要性

《美国 K-12 体育教育的国家标准和年级水平学习成果》（*National Standards & Grade-Level Outcomes for K-12 Physical Education*）(SHAPE America, 2014) 为体育教学中的教学和学习过程提供了重要指导。该文件的基本前提是，学生学习是高质量体育教学的本质。没有学生参与学习，这些标准和结果都无从实现，而缺乏有效的课程、学习经验和评估手段，学习也不会获得效果。

作为体育教师，我们深信体育教学是学生发展和所有课程的重要部分。但如果我们在体育课程中没有采取教学型方法（education-centered approach），这种论断则站不住脚，这种教学型方法与娱乐型和公共卫生型的方法截然相反。在教学型方法中，教学的首要目标是学生学习。仅仅依靠使学生"热闹、高兴和愉快"（Placek, 1983）的做法并不能培养他们的体育素养。缺乏教学和学习的体育教学，与学校的核心任务（Ennis, 2011）背道而驰，也很容易遭到边缘化。由于对"主科"的日益关注和标准考试中拿高分的压力，小学体育教育已趋于边缘化。随着公共教育要求的问责措施日渐增强，体育教师必须准备好如何表达和展示学生在体育课上学到的内容。学生学习既是书本教育的关键，也是体育教育的关键。

影响学生学习的因素

很多因素会影响学生学习和体育素养的发展，这些因素包括技能能力、学生参与度、性别差异和教学环境（SHAPE America, 2014），但也不仅仅局限于此。技能熟练的孩子往往比较活跃，也往往会成为喜欢运动的成年人。技能熟练的五六岁孩子，比不太熟练的同龄孩子要更活跃（kambas et al., 2012）。技能熟练的中学生比不熟练的中学生在游戏比赛中更积极、更活跃（Bernstein et al., 2011）。基本的运动技能和动作模式构成了体育活动的基础。"SHAPE America"将运动技能的能力发展作为年级水平学习成果的首要任务（SHAPE America, 2014, p.9）。这些技能需要具备相关资质教师的指导，也需要在他们的指导下进行练习（Strong et al., 2005, p.736）。

运动技能能力与一个人青春期及成年后的健康息息相关（Barnett et al., 2008; Stodden et al., 2009）。熟练掌握运动技能可以发展中学运动技能能力，从而为参与体育活动和高水平的健康体能活动提供更多选择（Stodden et al., 2009, p.228）。小学体育教师在通过有效的教学计划和指导策略来确保所有学生的运动技能得到发展这方面，发挥着最重要的作用。

技能和对能力的感知都对学生的参与度和学习十分重要。如果学生相信自己具备成功参与一项活动的技能，他们就会对活动更感兴趣，也更有信心参与活动，并且更愿意为之付出努力。若学生认为自己不具备成功的能力，就不太可能参与这项活动。小孩可能认为自己跑步跑得最快，运动技能最娴熟，每项活动都是表现最优秀的人。但进入小学阶段，他们会与同龄人沟通交流，很快就会进行比较，这种比较会对自己的能力产生正面或负面影响。这些比较经常存在于各种活动，比如学生单独演示，其他人在旁观看。他们还会在竞争型比赛或技能比拼中与他人比较。高质量的小学教学方案、课程和教学可以发展所有学生的运动技能；而掌握运动技能会让孩子自信，使其更愿意参与到健康的体育活动中（比如体育素养培养）。

体育课上观看淘汰型比赛的小学生，没有积极参与任何学习活动，也不会迈向接力赛跑道或想要成为某队的队员。孩子在体育课上是渴望学习的，而"个性化教学"——根据学生能力分配任务——再加上注重某方面技能的针对性练习以及相应的反馈，会让孩子全心参与到学习中。这种针对性练习避免了"不动脑筋的套路演练和玩耍式学习"（Ericsson, 2006, p.690）。

性别差异也会影响学生学习。在学生很小的时候，社会因素就已经决定了男性和女性的不同角色，而这种情况会随着学生的成长更加明显。女孩的体育活动能力通常低于男孩，而进入青春期后，女孩的运动能力会进一步下降（Patnode et al., 2011）。传统的体育教学的弊端是注重以男性为主的运动，因此从小学阶段开始，关注性别差异和制订积极的学习计划显得尤为重要。无论男孩还是女孩，都要掌握体育教育的基本技能和成熟的运动模式。虽然存在着技能水平和性别差异，你设计的课程必须保证所有学生都参与进来。

对教师的挑战就是在体育课上创造一个最有利于学生学习（如技能发展）的教学环境。教师要掌握导向型的教学氛围，使学生在同他人的竞争和比较中掌握技能并提升自己（Bevans et al., 2010; Gao et al., 2011）。对导向型的学习氛围的掌握，反映了有效的教学实践；循序渐进并有序的学习任务是教学计划的核心。掌握导向型的学习氛围教学需要你充分利用练习机会（有目的、恰当的练习），调整和修改教案（个性化教学），并给学生提供一个积极的、鼓励的学习环境。

实施掌握导向型学习氛围还需要评估。正式和非正式的评估方法都是衡量学生成长和内容掌握情况的必要手段。你应将评估贯穿到整个学习过程来衡量课堂内和课程间学生的常规性学习进度，以及课程结束时的学习的总结。作为教师，你的工作就是在这个周期内进行评估与分析，并通过分析结果来纠错、反馈或调整学习经验，应用分析结果。更多评估信息，请参考《美国 K-12 体育教育的国家标准和年级水平学习成果》第 8 章（SHAPE America, 2014）。

高质量的体育教学是围绕学生学习展开的；教师是设计课程和传授学生学习经验的关键。高效的学习环境不是一开始就有的，而是教师创造出来的。以国家标准和年级水平学习成果为指导，你能帮助学生养成良好的体育素养并积极参加体育活动。

教学计划的组织

本书的教学计划注重美国体育教育国家 1、2、3 级标准中的年级水平学习成果。教学计划中也穿插着 4、5 级标准结果（见第三章，儿童教育中嵌入式目标的发展）。这种安排丝毫没有削弱标准 4 和标准 5 的重要性。许多体育教师和体育研究者都提醒我们，教育和学习不可能脱离个人和社会责任（标准 4）单独存在。认识不到体育活动的价值（标准 5），就不能实现养成良好的体育素养并终生享受健康体育运动的目标。

有的年级水平学习成果被列为独立课程（如运动概念简介），有的被列为课程的一部分（如移动技能的介绍）。其他的如操作技能，则通过一系列课程来呈现，要么当作单元重点，要么当作一门新技能的独立课程。这些主题会贯穿整个学年。所有年级水平学习成果都是从学习新技能开始，逐渐发展到对技能的成熟应用或对概念的认知性应用。

图 1.1 是教学计划格式，随后是对教学计划每部分的简单介绍。

图 1.1　教学计划格式

第 1 部分
　重点
　次重点
　适宜的年级水平
　国家标准（美国）
　年级水平学习成果
　教学目标
第 2 部分
　安全问题
　材料和器材
　组织管理

注：本书图表格式均遵循原书设计。

第 1 部分：重点和目标

每个教学计划的第 1 部分都包含每节课的重点、次重点、适宜的年级水平、国家标准（美国）、年级水平学习成果和教学目标。课程重点是教师和学生在课堂上需要侧重学习的技巧或概念。当培养某项技能时，这一系列课程也许会有相同的重点。

次重点是用于强化重点的概念（或技能）。次重点是已经提前在课堂上教过的。在将其列为次重点之前，学生应对概念有认知性理解或对技能有预先体验。有时次重点包含多个技能或概念。

适宜的年级水平也包含在教学计划的第 1 部分内容中。有的时候出现的年级水平不止一个，那就表明该课程的任务可以延伸到多个年级。

国家标准和年级水平学习成果是为了帮助教师将课程重点融入课程设置中。国家标准是一个框架体系，它阐述了在经过高质量的 K-12 体育教育后，学生应了解哪些知识和掌握哪些技能。年级水平学习成果提供了学生应掌握的技巧和知识的范围和动作序列，进而指导学生达到标准。一个年级水平学习成果不是靠一节课来实现的；它的实现需要前几年级的技巧基础，以及贯穿全年的分散练习。

教学目标是多数学生在上完一节课后的收获。它确定了经过该次教学，学生应该了解的知识和应该掌握的运动技巧。比如三年级水平的肩上投掷，它展示了成熟模式 5 个关键要素中的 2 个，其中一节课的目标是学会跨出与掷球手相反的那只脚。这种学习既包含认知，也包含运动表现。学习者要确定哪只脚应该向前，然后完成异侧脚在前的过肩投掷动作。你应具备评估教学目标的能力，包括学生表现和所学的知识。

第 2 部分：安全和管理

第 2 部分讲的主要是安全问题及材料和器材。必要的时候，书中会罗列或介绍组织管理知识。若教学计划中出现对学生身体健康有风险的任务或组织模式，本部分则会介绍安全问题（如为跳跃和落地准备足够空间，转移重心时放置垫子以避免碰撞等）。

材料和器材指的是教学所需物品。材料数量取决于课堂学生的数量。应确保每名学生都有一套操作设备。教学计划需要根据可用设备和室内外设施状况做出调整。除非另有说明，本书提供的教学计划都是针对室内设施设计的，但经过细微改动后，仍适用于户外教学。

只有具有明确需求或需要避免长时间不活动时，才会谈及组织管理部分。这部分并不能适用于所有情况，因为你可能已经在自己的学习环境中建立了行之有效的规定和管理方式。课程内容包括训练场图表和一些学习任务。

第 3 部分：课程内容和评估

第 3 部分着重介绍课程内容：引入、学习经验、评估和小结。课程内容一般从引入开始，还会建议你在课程开始的前几分钟怎么讲、怎么做。引入通常都是照本宣科的内容。这一环节也非常重要，因为它为课程定下基调。你应该把开场白的重点放在学生的注意力上，激发他们的想象力，让他们渴望参与到课堂中来。介绍的时候，告诉学生课程重点在哪、为什么重要。当然也非常希望你能将这节课与前后的课程保持连贯。如果你选择通过热身或现场活动来开始，课程引入也应紧随其后。

介绍完课程内容就是介绍解学习经验了。介绍学习经验是为了开发学习内容，从而达到教学目标。把对前一节课程内容的回顾作为起始任务；教学计划中已经给出了具体建议。在起始任务里，通过观察所有学生整体来判断他们是否做好了学习经验的准备，是否还需要再教以前教过的某些技能。也许你需要调整学习经验以迎合学生的需要。如果学生似乎掌握了课程，但完成部分任务又有些困难，就可以继续教授剩下的学习经验。如果课程对学生来说过难，也就是说，学生情绪受挫、通过率很低，你就要调整学习经验了。

如果多数学生对某一技能的某一部分掌握困难，就需要着重教授这些技能。通常是提醒学生在练习中注意某些线索，从而改善着任务中的表现。

介绍完学习经验后就要进行实例评估了，这也是学习经验的一部分，二者并不完全脱离。学生应将这些评估当作一项趣味活动，也可以当成一个挑战。评估内容包括自我评价、同伴观察、纸笔测验、视频录像、演示文稿、小组项目和教师对活动质量的评价。你会发现评估非常实用，也易于筹办，还能让你更容易地与学生的父母沟通。

小结是每次课程的最后内容。教学计划还包括了一些问题，建议用来向学生提问作为小结。在这两三分钟的时间里，要提醒学生当天的课程目标（他们一般记住的都是活动而不是学到了什么）。通过提问学生"我们今天的课程重点是什么"开始小结。探索这些问题会让学生参与到此次学习过程中。你也可以利用这个机会让学生再次展示学到的技能，来评估他们能否正确地掌握技能。同时，小结要提示学生下节课的学习内容，并鼓励他们将此技能应用到其他方面。

第4部分：反思

在反思环节，你有机会在课程结束后评估教学和学习过程。教学计划中提供的问题能指导你评估课程在多大程度上达到了教学目标。回答下列问题，会给你后面备课提供额外指导。

- 这节课是否符合教学目标？
- 哪些内容需要重教？
- 对全班同学或部分同学来说，这堂课太困难还是太简单？
- 怎么准备下节课的热身活动？
- 下次学习这种技能或概念时，哪些同学需要更多帮助？

教学的艺术

虽然本书的教学计划是由到小结的顺序引入独立单元撰写的，但想要完成教学任务并保证学生学习，所需时间往往超过一天。教学方案的设计是为了把自己的想法变成结论。课时长度和学生技能水平将决定当天能否完成这节课。请牢记，教学的目标是掌握技能或理解概念，而不是30分钟内草草结束一节课。在你还没有确定自己的学生已经掌握技能之前，请根据实际需要进行重复教学和安排适当的练习（Silverman，2011）。

本书的教学计划不是按照秋季—春季的学年安排的。概念和入门课代表一个教学计划；技能培养课被列为一系列课程，重点在于达到这项技能的年级水平学习成果。你选择的技能和概念取决于自己对基础体育内容的理解——舞蹈、教育体操以及运动和比赛所需的技能。这种选择的范围很大程度上受学校每周排课天数、学生背景经历以及其他因素的影响。本书的教学计划是你开发自己体育教学方案的基础，你的方案将引导学生终生热爱体育运动，并能在体育运动中成功掌握运动技能。

第二章

符合美国小学的国家标准和年级水平学习成果

孩子们可以在多种环境中接触到体育教育，包括我们的体育馆、多功能厅及户外教学环境等。作为小学体育教师，我们在学生的生活中处于一个特殊位置，我们要为学生发展体育素养打好基础。《K-12 体育教育国家标准和年级水平学习成果》（SHAPE America, 2014, p.4）一书对"体育素养"的定义为"在有利于人健康发展的多种环境里的多种体育活动中，有能力和信心去运动的能力"（Mandigo et al., 2012, p.28; Whitehead, 2001）。体育素养良好的人有知识、技能和信心去终生享受健康的体育运动。（SHAPE America, 2014, p.11）

　　体育教育是体育素养的基础。在小学期间，学生发展各种技能，通过不断取得成功来获得自信，并形成各种态度和习惯。但在这些年的体育教育中，技能教学却因为敷衍了事的安排而遭到忽视，学生自信心的培养因为不适当的任务和期望遭到破坏，从而使学生对体育活动产生了负面态度。学生技能、自信和态度的培养，很大程度上取决于小学体育教师，也就是你、我。课程和教学策略的选择基本由小学体育教师来决定。《美国 K-12 体育教育的国家标准和年级水平学习成果》（SHAPE America，2014）给小学体育教育的课程和教学都提供了指导方针。

课程纲要

国家标准（美国）中明确规定了课程纲要。小学体育教育的重点是掌握基本的运动技能：移动技能、非移动技能和操作技能。移动技能包括单脚跳、跑马步、跑步、滑步、垫步跳、跨步跳以及起跳和落地。非移动技能包括平衡、重心转移，以及伸展、蜷缩和扭转动作。操作技能包括肩上和肩下投掷、接球、踢球、用手运球、击球、使用长柄和短柄器材击球以及跳绳。小学期间，每项技能的目标是让学生在非动态环境中成熟地执行这些动作，从而使他们可以为将其应用于动态环境（比如变化万端的比赛和运动、教育体操和舞蹈）做准备。图 2.1 列出了从幼儿园到 5 年级某项技能的发展作为例子。

年级水平学习成果列出的基础运动技能是为了培养舞蹈、教育体操以及比赛运动所需的成熟技能和经验。这些成绩以运动发展、运动学习研究及皮亚杰（Piagetian）儿童发育理论为基础。

本书的教学计划符合年级水平学习成果要求，但不是规定必须这样教学。这些课程反映的是作者的观点（如课程中舞蹈、教育体操及运动比赛技能均衡发展）。教师对儿童体育教育的见解决定了你的教学侧重哪些方面。学生每周的上课次数和课时长短将影响他们能否达到年级水平学习成果。

图 2.1　运球：从了解到应用

幼儿园：学生用脚内侧触球，将其向前踢出。

1 年级：学生行走时用脚内侧运球。（学生缺乏对球的控制，必须看着球完成这一动作。）

2 年级：在控制身体和球的情况下，学生运球行走。（学生仍然看着球和球的滚动方向。）

3 年级：学生从慢慢带球到适度慢跑，控制住身体和球。（学生仍然看着球和球的滚动方向。）

4 年级：在控制身体和球的情况下，学生不断加速减速运球。（能熟练展示这一动作。）

5 年级：学生将运球和其他技能结合起来，比如传球、射门。（从成熟模式演化到实际应用。）

本书的教学计划是为学生达到各年级学习成果而制订的，每周给学生上 2~3 次体育课，每次 30~45 分钟（幼儿园 ~2 年级 1 课时为 30 分钟，3~5 年级为 30~45 分钟）（SHAPE America, 2010）。如果你发现学生每周的体育课少于两次，就需要调整本书教学计划中及你自行制订的教学计划中对学习成果的预期，相反，如果你每周上四五次课，就可以有比本书规定的预期成绩更高的期望。但请注意，设定更高期望的关键在于丰富孩子们的体验，而不是急于求成地达到目标，这可能不利于这个年级阶段学生的健康发展。

学习型教学

本书的教学计划是基于年级水平学习成果制订的，使用这些教学计划帮助学生掌握运动技能和运动模式时，教学的重点是学生的学习。每节课和每个学习经验的设计，目标都是让学生在经验、课程、任务和活动中学到知识或技能。每个教学计划和每项基础运动技能的关键要素，会给学生掌握成熟模式提供核心部分的分解说明。这些关键要素，为评估学生的技能掌握情况提供了循序渐进的分析。把重心放在学生的学习上，才能使幼儿园及小学体育教育超越"热闹、高兴、愉快"的特点，成为一门公认的、受尊重的学科。下面的故事就是一个很好的例子。

5 年级课程的内容是步入户外体育教学区，学生将在这里参加技能评估。杰瑞德是个素质优越、精力充沛的学生，他走在学生队伍前面。杰瑞德背后有个新来的学生顺口说了一句："我还是希望在原来的学校，我们可以在体育课上做很多游戏，也不用参加考核。"队伍突然停下来了，杰瑞德扭头问那个学生："那你学到什么了？"

学习型教学必须有计划——能体现年级水平学习成果的有目的的计划。体育教学计划必须根据每个年级的不同特点制订，也可以跨年级、跨学年。你再也不能在开车去学校的路上备课，或者把重点放在某件新器材或最近某次会议上学到的趣味活动上。计划反映了课程目标，也就是学生学习的目标。幼儿园及小学体育教育年级水平学习成果提供了从幼儿园到小学 5 年级的技能、知识和性格的发展过程。规划整个学年（1~36 周）的课程需要大量的时间和精力。请参阅附录 B 中的全年教学计划样例。

学习型教学需要个性化教学，也即满足每个学生需要的教学。一节体育课上，也许有几个学生熟练掌握了肩上投掷的 5 个关键要素，但有一个学生可能连迈异侧脚都做不好。从学习理论到实践应用，在技能发展的每一个阶段，儿童的学习方式不尽相同，他们对技能的掌握情况也不同。而年级水平学习成果对所有学生都一样。你的挑战就是进行个体化教学来满足学生需求、完成教学任务，从而达到预期学习成果。因此你需要调整学习任务，以使技巧不太熟练的学生可以获得成就，而运动技巧比较熟练的学生能有所

差异式教学会让所有学生取得成功

挑战。小学体育教育的方法多种多样；你要尽可能地满足每个学生的需求，帮助他们在技能、知识和信心方面取得进步。

学习型的体育教学需要对课程规定的技能进行针对性练习。针对性练习包括通过改变和增加学习经验的难度来拓展任务，它的首要目标是"掌握和提高"技能（Ericsson et al., 1993）这种为了提高技能的针对性练习，把掌握技能的集中练习从"不动脑筋的套路演练和玩笑式学习"中分离了出来（Ericsson et al., 2006）。小学阶段的体育教师过去在介绍游戏前，给学生教授的技能训练十分有限，有的甚至从未教过，此外还让学生参与毫无目的的趣味活动，这都是他们的失误之处。本书教学计划中的拓展任务，会随着课程的进展发生变化并增加难度，给提升技能提供针对性练习。图 2.2 比较的是小学高年级和初中学生用脚传接球的针对性练习和一般练习。

专项技能针对性练习的框架体系中包括教师对关键要素的观察、个性化且有针对性的反馈、持续训练以及反复循环练习。如果将练习重点放在技能质量上，同时做有针对性的反馈，学生就会在身体上和认知上都参与到训练中，这能帮助他们获得成功和自信。反过来讲，这种成功和自信也会激发他们的内在动力，让他们持续训练。本书的教学计划就是这样做的：提供适合学生发展的任务，并集中练习课程规定的技能。每个教学计划回答的问题是"你今天学到了什么"，而不是"你今天干了些什么"。

学习型教学需要评估。作为教师，你一定不能通过感觉或表现来假设学生在学习。所以你必须在课程和计划中建立形成性评估和总结性评估。你应该将形成性评估（如课后测试、他人和自我评估、教师观察、

```
一般练习                    针对性练习
伙伴间传球、接球            伙伴间传球、接球
                          传球、接球，再传给对方
  |                       给对方传到左边或右边
  |                       给跑动和站定的人传球
  |                       结合练习运球和传球技巧
  ↓                       在 2 对 1 的松散防守下传球
踢一场足球比赛             在 3 对 1 的积极防守下传球
                          练习 3 对 2 传球
```

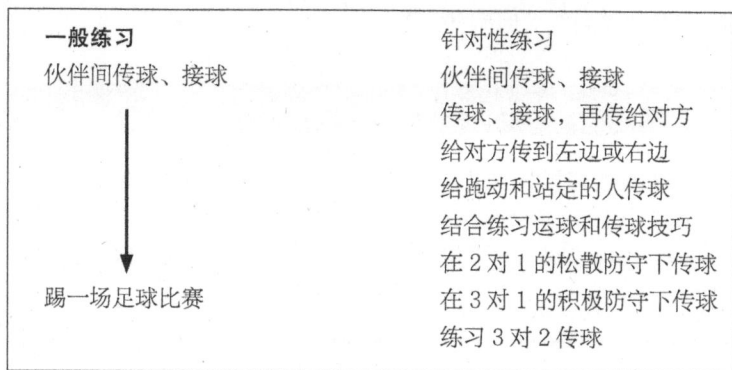

图 2.2　传球课一般练习和针对性练习对比

日记和理解性检查）以及总结性评估（如学生计划、教师清单、书面考试等）交织在一起。所有评估应与教学目标相匹配。 第四章至第八章列出的教学计划包含了制定形成性和总结性评估的建议。

技能发展、关键要素和提示

　　附录 A 中的范围和动作序列将年级水平学习成果分为三个阶段：形成、成熟、应用。介绍某项技能或概念时，学生最早呈现出了学习成果，这个阶段就被列为形成阶段。技能和概念的发展一直持续，直到达到 3 年级水平，因为它要求学生在学年结束时，能掌握某种技能或对概念有认知性理解。随着娴熟地掌握技能或有效地理解概念，学生进入到了应用阶段，在此阶段，学生可以开始将技能应用于其他情景，并同其他技能与概念结合使用，或者参与到动态环境中。

　　范围和动作序列表会帮助你规划全年课程和每周课程，还能协助你确定对学生的预期。教学计划的编写既包括技能的分类——形成、成熟或应用，也考虑了年级水平学习成果。

　　移动技能和操作技能教学计划里列出了课程重点——技能的关键要素，综合起来就是该项技能的成熟模式。年级水平学习成果和教学计划中包含了最终达到成熟模式（所有的关键要素）的期望结果，即"五分之二"或"五分之三"等。学生掌握关键要素虽然不一定会经历每一个阶段（如一项运动技能具备有序的准备、执行和完成阶段），但许多学生都会按照列出的动作序列来练习。

　　一些教学计划中还提供了建议性提示。这些提示都只有几个词语，教师可以用来口头提醒学生正确地演示技能，如 "击球" "向目标前

进""做好准备""向前看"等。

重点

　　国家标准和年级水平学习成果（英文版）特意将技能与概念的分类写成动名词（ing 形式）来阐释学生学习是一个过程，既不是开始，也不是结束。这种学习不断发展、持续进行，学生个体在不同时间段完成这些任务。

　　每次最好专注于一个关键要素和一个提示，等看到学生有效理解后再给出下一个提示。这时个性化教学的效果就十分明显了，因为学生向成熟模式的技能发展时，各自的进步速度是不同的。

　　在整个教学计划中，体操顺序和舞蹈理念与 5 年级学生的运动经验相结合。你会看到"设置体操顺序"和"建设舞蹈"的课程，以及众多创意舞蹈的想法。如果你使用国家标准和年级水平学习成果作为体育教育的教学指导，学生将符合小学年龄的身体素质要求。

第三章

充分利用每一堂课

踏入你的体育课堂的学生不是早上父母送进学校的孩子，也不是在教室里教师每天看到的孩子。他（小男孩）不是像年长的哥哥姐姐曾经一样拥有许多缺点的孩子。她（小女孩）也不是来自让教师头疼的家庭的孩子。只要来上你的体育课，这些孩子在那天的体育世界中就是独一无二的。来上课的孩子既有长处也有短处。有的孩子擅长体育技能，但文化课却很吃力；有的文化课优秀，但花很多工夫练习他的体育技能才能达到中等水平。

你的学生都具备各方面的能力：精神的、身体的、情感的和社会的。发展运动技能和提升运动表现不能在缺少认知的真空环境下进行。没有现在和过去的情感和社会经验，身体和认知就不会投入活动中。了解儿童的发展，怀着育人的信念，使用嵌入式目标，就成了小学体育教学的自然方法。虽然体育教学历来注重学生学习的精神领域，但教师也必须给学生强调情感和认知领域。小学生或者任何初学者都必须学习认知领域。学生必须了解他们练习重点的关键要素。了解技能的构成部分（如，准备、执行和跟进）是达到成熟发展模式的关键。同样，在练习体操时，了解身体重心变化和缩小支撑面的效果，这些都是为了在舞蹈、运动及游戏中保持平衡。认知技能中的专注性及参与性对学生的身体发育至关重要。

嵌入式目标

嵌入式目标可以称作学习经验的第二目标，是用来最大限度地提升教学效率和学生学习成果的。根据学习经验的性质或挑战，把这些目标根植于学习和练习任务中。你不能把嵌入式目标当作主要目标或任务的副产品或附属品，也不能把它当成"机会教育"。你必须为此备课，将它视为学习经验中不止满足一个目标的机会。它们能起到育人的作用。

小学阶段，学生对体育活动和健康的益处（标准3）的理解，来自于接受高质量的体育教育指导，参与高质量的体育教育活动。国家标准3对幼儿园~2年级健康体适能的年级水平学习成果多数都是认知方面的［如识别出主动玩乐的机会（S3.E1.K＊），它论述了积极参加活动、锻炼和游戏的好处（S3.E1.1），描述可供学生参与的大肢体运动和操作型运动（S3.E2.1）］，这些使学生注意到在"体育课外"参加体育活动的机会（SHAPE America, 2014, p.34）。3年级学生应能够描述健康体适能概念，并列举出促进健康的体育活动（S3.E3.3）。由于4~5年级的学生要接触健康体适能评估，还要学习制订个人健康计划，因此应将健康和营养知识都纳入这一整年的课程中，下面是一个嵌入式目标的例子。

在技能课上（如运球与跑动、追赶与逃跑、移动技能与操作技能的结合练习），你可能会对学生喊"暂停"，然后让他们测自己的脉搏率，或只告诉他们："感觉一下自己的心跳。"

把教学目标嵌入课程中，你可以向学生提问："你运球或者追赶时，你感觉自己的心肺功能有没有得到锻炼？"

如这节课的主要目标是培养儿童的运球、追赶等技能。嵌入的目标是在学生积极发展技能、实现主要目标的同时，帮助他们认识健康体适能（health-Yelated fitness）（S3.E3.4）的某一方面，或健康体适能（如心肺耐力）（S3.E3.4.5）和技能体适能（skill-related fitness）（如运球所需的速度、平衡及灵敏性）的不同之处。

标准4主要强调个人责任和社会责任。教育学生尊重自己并尊重别人，这些内容都蕴含在你的每一堂课里。

下面这些都是教学生学会尊重和承担责任的例子。

＊年级水平结果指标的编码。该编码与标准（S1, S2, S3, S4, S5）、学校水平（小学E, 初中M, 高中H）和年级水平（k, 1, 2, 3, 4, 5, 6, 7, 8, 高中L1, L2,）相关。例如，S3.E1.k指标准3，小学结果指标1，幼儿园；S3.E3.4指标准3，小学结果指标3, 4年级。

体育教学为嵌入式目标提供了诸多机会

■ 选择伙伴、分配小组。

■ 辅导和帮助其他伙伴。

■ 提供和接受反馈。

■ 学习帮助小组中表现不佳的队友，不责备他 / 她。

■ 学习调节因表现不佳带来的沮丧感。

■ 学习调整自己的表现，以配合技术不太熟练的队友（如对于接球不好的队友，传球时减少力度）。

　　仅仅认识到要学会尊重和承担责任是不够的，学生必须在现实情境中有所体验，表现出对自己和他人的尊重，彰显个人与社会责任。每一次练习任务和每一个体育活动中都蕴藏着练习这些技能的机会，但机会本身并不能保证学生积极学习。作为教师，你在确保获得积极成效方面发挥着重要作用。请看下面的例子。

　　4年级学生们正在户外准备体能测试中的长跑项目。布雷特擅长长跑，他站在朋友旁边，计时开始，不一会儿布雷特就加速冲到前面。但他没有继续加速，他扭头看见朋友被远远落在后面，于是停下来等朋友赶上。两人一起完成了计时跑。

　　虽然布雷特那天的长跑成绩没有反映出自己的真实水平，但如同成果 S4.E4.4b 中规定的那样，他展示了自己拥有"让所有水平层次的人参与到体育活动"的能力。鉴于布雷特对朋友表示的尊重，他的父母对他这次成绩很满意。

学生达到标准 5 的年级水平学习成果的能力——接受体育教育的个体，认识到身体活动对健康、乐趣、挑战、自我表达以及社会交往的价值——每次上课时都可以得到培养。儿童对体育教育和体育活动的重视不是由大脑决定的，而是取决于情感——也就是他们参加体育教育时的感受。虽然年纪大一点的学生和成人能意识到体育活动对健康的价值，但儿童看到的是成功与乐趣，而这两点也是青少年和成人参加体育活动的主要因素（Corbin，2001；Ennis，2010；Silverman，2011）。

设计取得积极成果的课程

你一定不能认为所有学生都跟你一样，自己热爱体育活动，又可以应对体育教育、舞蹈和体操姿势带来的挑战，你的任务是制订适合身体发育的体育教学计划，使他们在技能得到发展的同时，收获成功与乐趣。你还要评估与学生感受相连的情感领域，这样才能设计教学策略，取得积极效果。使用很简单的方法就能帮你得到制定策略所需的东西，比如下课后进行讨论，询问学生对当天课程和活动的感受，让他们告诉朋友，或者写在日记上。

虽然体育课程强调学习的身体和认知领域（标准 1 和标准 2），但不能忽视标准 3、标准 4 和标准 5，或者总想着找到合适时机再教这些。每次备课时，请问一下自己以下问题。

■ 健康与这节课有哪些联系？这节课强调了健康的哪个部分？（标准 3）
■ 这节课里，培养对自己和他人的尊重，以及彰显个人与社会责任的途径有哪些？（标准 4）如何组织自己的教学来把重点放在这方面的等级水平成果上？
■ 这节课后，我该如何了解学生对情感领域的理解情况？（标准 5）

小学的体育教育就像织锦一样。将目标嵌入课程就是把线织成布。虽然课程的重点是身体领域的表现，但是你必须在课程中加入认知和情感学习。甚至可以说，不学习情感和认知领域的知识，就不能学好体育。把这些线织在一起就成了"锦"，这个"锦"就是体育素养。

第二部分

教学计划

第四章

健康体适能能力教学

儿童培养积极健康的生活方式才能保持身体健康。放学后，去做游戏、放松、参加户外活动以及高质量的体育教育都有助于培养良好的生活方式，从而有利于儿童的身体健康。经常进行身体活动的儿童成年后也会保持这一习惯；不活跃的儿童成年后也不太好动，也会因为不爱运动而受到五花八门的健康问题的困扰。

儿童健康是高质量体育教学的结果，这并不是参加集体团体操和强制性跑步练习就可以实现的。儿童健康指的就是积极参加体育课，对体育活动的重要性有基本的认识，明白心脏可以通过活动变强，了解如何将良好的营养和活动结合起来（Graham et al., 2013）。这些从幼儿园到小学2年级有关儿童体育的概念，都包含在高质量的体适能教育课程中。

儿童天生活泼爱动，他们喜欢跑步、跳跃和滑行。但从小学低年级到高年级再到中学，随着青春期来临，他们的体育活动逐渐减少，体育活动的进展越来越慢。所以，在小学高年级（3~5年级），正当他们的体育活动量开始下降时，给他们灌输健康知识就显得格外重要。这就是你切入的时机。你的体育课必须给学生提供运动知识，激发他们对运动的乐趣，帮助他们为日常体育活动打下基础。

3到5年级的学生可以通过全年安排的一系列集中课程来获得这样的健康能力，了解体育教育课程中的健康体适能的组成部分。本章向学生介绍健康的概念、健康体适能的组成部分、广泛参加体育活动对健康的益处，以及营养和健康评估对健康的作用。

维护日常健康和提高体育活动水平教学如下。

- 使学生最大限度地参与，以此来规划课程。
- 使学生能同时掌握技能和获得乐趣，采取个性化教学。
- 为学生规划和提供课外体育活动的机会。
- 向健康水平较低的孩子提供帮助。

下面的健康课程并不是作为独立单元教学的，它们可以分散到整个学年的课程安排中。有的活动需要做满30分钟，有的需要任课教师协作才能进行。其他的迷你课程也可以纳入你的体育教学中。

体适能的概念

3~4 年级

标准 3	具备体育素养的个体展示出必备的知识和技能，以帮助他们达到并保持一定的身体活动和体适能的健康增进水平。

年级水平学习成果

- 能描述体适能的概念，并列举有助于体适能提升的体育活动（S3.E3.3）。
- 认识到进行剧烈体育运动时，运动前热身和运动后冷却的重要性（S3. E4.3）。
- 认识到体育活动能让人变得更加健康（S3.E1.3b）。
- 认识到健康体适能的组成部分（S3.E2.4）。

教学目标

学习者要达到以下目标。

- 说出体适能的 4 个组成部分。
- 每一个组成部分，至少展示两个相关的活动。
- 讨论体适能 4 个组成部分对健康的影响。
- 从体适能组成部分的角度来描述身体健康的人。

材料和器材

- 铅笔和具有弹性的橡皮筋。
- 向每名学生分发学生日记和铅笔。

引入

谁喜欢玩耍？你知道玩耍也能让你变得健康吗？今天，我们将学习健康的一个方面，即体适能。有没有同学之前听过这个词呢？你所理解的身体健康指的是什么呢？今天，我们将学习 4 部分与体适能相关的内容，或者说 4 部分构成体适能的内容。

学习经验：心肺功能或有氧耐力——加快心率

你能听到自己的心跳声吗？有种方法能够使你听到自己的心跳声：房间四周鸦雀无声时，在你准备上床睡觉之前，你就可以"听见"自己的心跳声。另一种方法则是数脉搏：放松坐着，然后开始数自己的脉搏。首先，一分钟有多少秒？

- 给学生充足的时间，让其摸到自己的脉搏，再练习着数自己的脉搏。教师发出"开始"信号后，给学生 6 秒的时间来数自己的脉搏。然后用 6 秒的脉搏数与 10 相乘，得出最终结果。

那就是你休息时，每分钟的心跳次数（心率）。

- 重复练习一次。

（如果脉搏计数不精准的话也不用担心，因为运动时的脉搏跳动速度一定还会增快，这才是重点，并且对于儿童而言，这种增快十分明显。）

在你行走时，心率又会发生怎样的变化呢？你想过吗？

- 让学生在场地按正常步速行走约 30 秒，之后停下来，与之前一样，找到脉搏再计数 6 秒的脉搏。

如果此次所数得的脉搏次数较高，便向教师举手示意。

在你慢跑、快跑或跳绳时，心率又会发生怎样的变化呢？你想过吗？

- 让学生站在一块练习区域上，进行魔术跳绳（只做跳绳动作，不用绳子）30 秒。学生用两只脚进行起跳、落地动作，双手同时抡动虚拟的绳子，直到教师叫停为止。待学生停止后，便让其用手计数自己的脉搏次数。
- 学生摸到脉搏后，重新数 6 秒脉搏。

看看这次，自己的脉搏又发生了怎样的变化呢？为什么在你运动的时候，心跳会加快呢？使你心跳加快的运动就叫作有氧运动。有氧运动会帮助你提升心肺耐力，进而增加心肺通过血液向肌肉所提供的氧气量。心肺耐力就是体适能的一部分。

注：人们用许多术语（心肺耐力、心肺适能、心血管适能、有氧适能、有氧能力）来描述健康体适能的组成部分。这些术语通常用来描述心肺向运动中的组织输送富氧血液的能力、肌肉细胞利用氧气进行能量代谢的能力以及回送血液至心脏的循环系统的能力（Ayers&Sariscsany，2011）。我们建议，小学生应该学习"心肺耐力"这一术语，因为它"反映了一个人日常生活中的功能性体育运动的表现能力，且这些运动都与人体的三个主要系统（心血管系统、呼吸系统、肌肉系统）相关，同时也是决定体育表现力的基础"（Corbin et al.，2014）。同时，许多小学生也知道，"cardio"指的就是心脏。当 FITT（频率 freguency；强度 intensity；时间 time；类型 type）原则引进后，学生将会学到在高中时期才会学到的有氧能力的相关内容。

学习经验：肌力和肌耐力

肌力和肌耐力是体适能另一重要的组成部分。肌力指的就是肌肉所能移动或举起的重量值，而肌耐力指的就是移动或举起的时间长短。你知道，世界上最强壮的人是谁吗？到底是什么使得他（她）变得如此强壮？我们通过跑步、游泳或跳绳来锻炼自己的心肺功能，进而增强心脏的肌肉能力。跑步和跳绳时，我们同时也在增强自己的腿部肌肉。仰卧起坐会增强我们的腹部肌肉（特指腹肌）。我们如何增强自己的手臂肌肉呢？你玩耍时做的哪些事情可以强健肌肉？今天，我们将学习能够帮助你提升肌力和肌耐力的运动方式。

俯卧撑

- 示范一个标准的 90° 俯卧撑练习。在做俯卧撑时，一定要注意：身体笔直、肘部弯曲呈 90°，之后再回到起始姿势。在这里提供一个错误示范（臀部高举空中、腹部面对地面，身体不断摇晃，手臂始终保持笔直，未进行弯曲）。让学生尝试运用正确的技能练习 30 秒。
- 改良俯卧撑。示范一只膝盖支撑重量的改良俯卧撑。让学生尝试做 30 秒。
- 反向俯卧撑。示范一个"腹部向上"的俯卧撑。让学生尝试做 30 秒。

蜘蛛步和蟹踢腿

- 示范蜘蛛步。让学生进行蜘蛛步练习 30 秒，且在练习过程中不能触碰任何物体。
- 示范蟹踢腿练习。让学生在练习区域左右腿交替进行蟹踢腿练习，每条腿保持 5 秒。

如果你已经能够完成这些运动中的绝大多数运动，那就证明你的肌力已经达到一定水平了。如果你在进行了30秒的运动练习后，仍未感到疲惫，那就证明你的肌耐力已经达到一定水平了。接下来，你就可以考虑考虑长跑运动了。较之那些拼尽全力奔跑的短跑运动员，长跑运动员的耐力更强。"short-distance runner"被称为短跑运动员，他们所需要的是强大的肌力，以便跑得更快。记住：你所移动或举起的物体的重量大小（在这种情况下，指的是你的体重）就是你的肌力水平。而你所做的运动次数的多少或时间长短，则是你的肌耐力水平。

学习经验：柔韧性

体适能的另一个组成部分是柔韧性。你认为柔韧性指的是什么呢？（可以用一根橡胶带和一支铅笔展示一下。）橡胶带是否可以伸展和弯曲呢？那铅笔呢？哪一个具有柔韧性呢？柔韧性指的就是伸展和弯曲的能力。哪位同学能告诉我，柔韧性对哪些体育运动十分重要呢？要想拥有一个健康的身体，我们是否需要加强柔韧性的锻炼呢？为什么？

V 字形坐姿伸展

- 通过慢慢前倾伸展身体，让手触碰到脚趾，进行 V 字形坐姿伸展练习，每次持续5 秒。
- 学生呈 V 字形坐下，将手指放在膝盖上，之后不断向前弯曲身体，并移动手指，看看能否碰到自己的袜腰，并保持 5 秒。然后，再继续往前，看看能否碰到鞋带，并保持 5 秒。如果能够成功摸到鞋带，便可继续向前，看看能否碰到脚趾并将手伸过脚趾。

当我们用缓慢延伸的方式接近脚趾时，是否更容易完成这项训练呢？

侧位伸展

让学生一只手放在腰部，另一只手伸过头顶，绕过身体，以此来进行侧位伸展练习，并保持 5 秒。换另一边，进行 3~5 次的重复练习。

肩部伸展

- 背面示范右手向上伸展，绕至后背，触碰左手，进行肩部的伸展练习（体能测试）。让学生尽力完成该动作，并保持 5 秒。之后，再换左手重复上述动作，进行练习。

简要讨论伸展运动的重要性：能够预热肌肉，防止受伤，提升体育表现。运动前热身和运动后冷却在剧烈的体育运动中至关重要。跟大家分享一点心得：在进行了几分钟中等强度的体育运动之后，最好能够进行一些伸展运动的练习。和大家一起讨论柔韧性在体育运动中的重要性。

评估

请学生用 2~3 句话描述一下，怎样才算是一个健康的人，并将其在日记中写下来。提示：健康到底意味着什么？

小结

今天，我们探讨了体适能的多个组成部分。同时我们也进行了相应的活动练习。谁能说出今天我们所学的体适能的一个组成部分的名称，请举手示意。

- 我们如何提高自己的体适能水平？说出两种有利于提高体能水平的体育活动。
- 如何使我们的肌肉变得更加强壮？
- 如何提高我们的柔韧性？
- 为什么参与体育活动前，伸展运动至关重要？为什么在体育活动结束后，冷身运动至关重要？
- 你能否通过观察一个人，进而获知他（她）是否身体健康？你是如何得知的？（这一问题也许会让学生有机会学到：并不是所有的瘦人都是健康的，胖人在体适能的某些方面也可能是健康的。）

反思

- 学生是否能够明确区分这 4 个体适能的构成部分呢？
- 学生能否定义并讨论当天所学的 4 个体适能的构成部分？
- 学生是否能将一个身体健康的人与体适能的这些构成部分联系起来？

心肺耐力

3~4 年级

标准 3 具备体育素养的个体展示出必备的知识和技能，以帮助他们达到并保持一定的身体活动和体适能的健康增进水平。

年级水平学习成果

- 认识到心脏主要是由肌肉组织构成，能够通过锻炼、娱乐以及体育活动使其更加强壮（S3.E3.1 复习）。
- 认识到体育活动能让人变得更加健康（S3.E1.3b）。
- 分析在体育课堂之外进行体育活动的机会有哪些（S3.E1.4）。

教学目标

学习者将：

- 了解心肺耐力的定义。
- 认识到不同的体育活动对心肺耐力的提高有不同作用。
- 确定一项能够提高心肺耐力的锻炼或体育活动。
- 通过不同体育运动对心肺耐力的不同作用，对体育活动的选择进行分析(4 年级)。

材料和器材

- 一个心形图片。
- 人体心脏模型或图片。
- 训练球（一人一个）。
- 跳绳（一人一根）。

引入

学年初，我们已经讨论了体适能的概念及其对健康的重要性。那么，谁能告诉我体适能究竟是什么呢？今天，我们将继续重点学习体适能的一个构成部分——心肺耐力。心肺是一个含义很广的词，实际指的就是心脏和肺部。人类的心脏真的是"心"形的吗（展示心形图片）？不是的，人类的心脏实际上是这样的一块肌肉组织（展示心脏模型或图片）。和所有的肌肉组织一样，心肌也可以通过锻炼和参加体育运动得到增强。今天，我们就要对各类体育运动进行分析，并判断它们是否对心脏有益。

学习经验：心率或脉搏

在之前有关体适能的课程中，学生就已经学会计数自己的脉搏。那现在，就让我们一起来练习一下计数脉搏吧。记住，在计数脉搏的同时，一定要注意听自己的心跳噢。

- 给予学生充足的时间，让其摸到自己的脉搏。之后，再让其练习着数自己的脉搏。教师发出"开始"信号后，给学生 6 秒的时间来数自己的脉搏，然后用 6 秒的脉搏数与 10 相乘，得出每分钟脉搏。
- 再数一遍。

（如果学生数的不准确，也不用担心，运动时，脉搏数一定还会增加。此项学习的目的是让学生明白，哪种程度的活动能够增加脉搏数。）

学习经验：提升心肺耐力

让我们一起尝试一下各种各样的体育活动，看看我们的心率会升高、降低还是保持不变？

"黏黏爆米花"

让学生站在自己的练习区域。教师发出信号后，学生开始在自己的练习区域内原地跳跃（30秒）。第二个信号发出后，每一位学生跳向自己前面的同学（一定要注意安全），并触碰前面同学的肩膀，然后继续原地跳跃（30秒）。第三个信号发出后，这两名学生继续向自己前面的两名同学跳去黏住他们；现在，就成了四个人在一起跳，同样持续30秒。下一个信号发出时，这四名学生朝自己前面的四名学生跳去，并连在一起，形成八人一组。然后继续跳，直到教师喊出停止口令。（一人跳、二人跳、四人跳、八人跳——一共4次，每次30秒。）

学生停止后，立刻用手指数自己的脉搏。数6秒，再乘以10，就是最终的脉搏。

坐位体前屈

- 让学生坐在训练区域内，双腿呈V字形展开，距离以自己感觉舒服为宜。保持腿部平放于地面，将双手放置于膝盖处，并慢慢下移至袜子、鞋带或脚趾处，只要还能继续延伸，就慢慢向前。每次保持4秒。
- 指导学生将双腿收拢，之后继续重复上述练习。
- 让学生将双腿并拢，一条腿上屈，脚踩在地面上，脚踝贴着另一条腿的膝盖位置。随后，让学生用手指沿着伸直的那条腿向前延伸。之后换另一条腿继续该练习。
- 让学生查看自己的脉搏。询问与跳跃相比时，其脉搏是否加快或减弱。

原地运球

- 让学生拿一个球站在场内，教师发出信号后，学生即刻开始原地运球，左右手都可以，只有球脱手，才能移出自己的练习区域。继续进行原地运球练习，持续2分钟；教师发出信号后，学生停止运球，将球放在两脚中间使其静止不动，等候教师的信号，准备数自己的脉搏。
- 让学生数自己的脉搏。

移动运球

- 指导学生在整个场地进行移动运球，可快走也可慢跑。学生继续移动运球2分钟；教师发出信号后，学生停止运球，将球放在两脚间使其静止不动，等候教师的信号，计数脉搏。
- 增加挑战性，让学生在控制球和身体的同时，尽可能快地进行移动（4年级）。（观察学生的疲劳状况，若看到学生停下休息或移动缓慢，应缩短练习时间。）
- 让学生数自己的脉搏。

跳绳

- 让学生选一根跳绳。指导学生在跳绳时，留出足够的空间，以避免危险发生。教师发出信号后，学生开始跳绳。提醒学生，跳的方式并不是重点；直到教师发出停止口令学生再停止练习。学生持续跳绳一分钟，之后停止，准备计数自己的脉搏。

- 增加挑战性，让学生在保持平衡的前提下，跳得越快越好（4 年级）。（跳绳有困难的学生可利用"魔法跳绳"的方式进行练习（假装有绳子）或者将绳子放在地上，不断地前后跳跃（4 年级，非常快）。
- 让学生计数自己的脉搏。

评估

3 年级

让学生根据对心肺耐力的作用大小将这节课的活动排序，5 分为最高分，1 分为最低分，并与同学讨论这样排序的原因。

4 年级

要求学生列出课外能够进行体育运动的机会有哪些，将其写在白板或表格上。让学生按照 1~3 分的标准，给每项运动打分，3 分代表对心肺耐力提升作用最大，2 分代表作用一般，1 分代表没有作用或作用很小。之后，让学生分小组对各自的排列结果进行对比讨论。

小结

讨论课堂上进行的各种活动，及其对脉搏的影响。
- 我们今天课程重点是什么？
- 回家后，向邻居解释"心肺"的含义。
- 脉搏是什么意思？如何计数？
- 哪种运动会造成脉搏加快？
- 哪种运动类型必然会加快脉搏？
- 这节课是如何帮助我们提升心肺耐力的？
- 就为了促进心脏健康而进行的锻炼而言，我们能够从这节课中学到什么？

课后要求

要求学生在课后至少参加一项能够帮助自己提升心肺耐力的体育活动。比如，可以绕着小路跑圈、跳绳或者是和朋友一起玩捉人游戏。

家庭作业

增加挑战性，让学生每天至少进行 30 分钟提升心率的体育运动。要是能和家人一起在户外进行 30 分钟的体育运动，并教会每个人数自己的脉搏，那就更好了。

反思

- 学生是否能够与他人讨论心肺耐力与身体健康之间的联系呢？
- 学生是否能够辨别哪些运动可以提升心肺耐力，而哪些不可以呢？

重点 ▶

健康体适能评估

3 年级

标准 3　具备体育素养的个体展示出必备的知识和技能，以帮助他们达到并保持一定的身体活动和体适能的健康增进水平。

作为体适能构成部分课程的一个引言，这一部分的内容是非常值得学习的，一般会在仲秋进行。而对于年级较高的学生，这一部分的内容则会在学习体适能评估的过程中进行。同时，在仲冬或早春时节，再次对该课程重复学习，进而使学生对体适能的构成部分的内容有一个整体的复习，并对学生的进步做出一个正式的评估。你会惊喜地看到，学生们是如何牢记自己的成绩以及个人的进步的。学生可将先前记录的练习手册作为参考。

年级水平学习成果

在教师的指导下，展示健康体适能构成部分的内容（S3.E5.3）。

教学目标

学习者需要在完成体适能评估任务的同时，展示 3 个体适能的构成部分。

材料和器材

- 仰卧起坐运动垫（数量要满足所有在场的学生）。
- 坐位体前屈凳。
- 节拍计步器。

组织管理

1. 绕体育场周边设立 4 个训练站点（分别用于仰卧起坐、坐位体前屈、90° 俯卧撑以及肩部伸展练习），周长大约与体育场相等，4 个场地分别代表体适能的 4 个构成部分。

2. 利用体育场的中心进行有氧运动。

3. 参考《体能测试管理手册》（*FitnessGram Test Administration Manual*）中的表格和说明。

4. 在每个站点需悬挂正确运动方式的图解。

5. 利用体育场的中心进行有氧运动（如魔法跳绳、跑步、带着计步器慢走等）。

6. 将学生分为 5 组，分别去不同站点进行练习，每组的人数最好相等，以便学生选择练习伙伴。

注：正确的运动姿势在体适能评估中至关重要。向学生展示每一个评估项目，同时给予他们提示，以便其正确地练习。当学生分至不同的训练场地后，教师应走到他们中间进行观察，以确保其练习姿势的正确性，并在适当的时候给予帮助。

引入

学年初，我们已经学习了体适能、身体健康的意义以及体适能的各个构成部分。那么，现在谁能告诉我身体健康的意义是什么呢？看一看，我们还能记得体适能的构成部分都有哪些呢？在你说出它们的名字时，我会在白板上写下来，之后我们再一起来给它们下定义。

给学生时间，简要讨论各项构成部分的定义。

今天，我们将通过一种较之以往略有不同的方式来进行各项构成部分的练习。我们还是会练习健康体适能的各个构成部分，但是我们会利用体能测试中的运动进行练习。也许之前你已经从4、5年级的学生那里听过这一测试。他们正是用这些测试来测评自己的体适能水平。今天，我们就将利用你们在4年级时才会涉及的体能测试中的运动，来进行健康体适能的练习。

学习经验：仰卧起坐

今天的第一项练习是仰卧起坐。哪位同学能告诉我，仰卧起坐是测试体适能的哪一部分呢？

示范正确的仰卧起坐练习，强调以下几点是成功的关键：

- 在没有人握住双脚的情况下，双脚置于地面。
- 双膝弯曲，与臀部的距离以自身感觉舒适为宜。
- 手指仅向前"移动"7.5~10厘米，始终与地面保持接触。
- 每完成一次仰卧起坐动作，要把头放回地板。告诉学生，如果没有这样做，第二天上学时，他们会感到脖子僵硬或酸痛。

如果场地或运动垫有限的话，学生可以两人一组，方便彼此监督，保证动作的正确性，在需要时给学生提供帮助。

学习经验：坐位体前屈

今天的第二项练习是坐位体前屈。这项练习是测试柔韧性的。哪位同学能告诉我，柔韧性为什么如此重要呢？

向学生展示正确的坐位体前屈技术，同时提醒学生，成功完成这项练习的关键有以下几点：

- 在没有人助推背部的情况下，身体慢慢前倾。
- 双腿伸展，并保持笔直；双膝不能弯曲。
- 手指放在凳子上面，向前伸展。
- 慢慢向前伸展身体，不要抬起。每次持续5秒，且每次尽力向更远的地方伸展。

让学生分别在凳子的两端进行练习。学生在等待期间可以利用双腿进行伸展练习，双腿呈V字形伸展，或是"移动"手指，从袜子到鞋带再到脚趾，进行练习。

学习经验：俯卧撑

在之前的课程中，我们已经讨论了肌力和肌耐力。今天，我们将测试大家的上臂肌力。第三项练习是俯卧撑。我们将进行90°俯卧撑练习。切记：练习时，不要尝试把脸贴近地面，因为之前已经出现过多次因手臂支撑不住跌落而造成面部损伤的情况了。

展示正确的90°俯卧撑练习。开始时双臂伸直，慢慢降低身体，直到双臂弯曲呈90°。提醒学生注意，以下几点是成功完成此项练习的关键：

- 身体伸直似一块木板；不要过快，且腹部不能接触运动垫。

- 双臂呈 90° 弯曲，之后将身体上撑，呈笔直姿势。

开始练习时，可让学生先进行一个俯卧撑练习，之后可尝试加至 2~3 个。可让同伴监督自己停下时肘部的角度是否为 90°。

学习经验：肩部伸展

学年初，我们在讨论体适能概念时，就已经做过该练习了。哪位同学能告诉我，肩部伸展测试的是体适能的哪一个构成部分呢？

示范肩部伸展练习，同时向学生强调，以下几点是成功完成此项练习的关键：

- 慢慢将上臂朝后背的中心位置伸展。
- 慢慢将前臂向上伸展，然后再向后背的中心位置伸展。
- 练习时，尽量不要让伙伴抓住自己的手臂帮助练习。

学习经验：心肺耐力

最后一项练习要在体育场的中心进行。我们将会做一些之前做过的练习，以提升心肺耐力。

让学生站在体育场上自己的练习区域内，以便能够看见墙上的时钟。让学生边看表边进行魔法跳绳或原地跑步练习，持续 1 分钟。之后，休息 30 秒，再进行此项练习 2 分钟。

还记得之前学过的怎样数自己的脉搏吗？ 1 分钟练习后，开始数自己的脉搏，2 分钟练习后，再数一次，二者是否存在差异？我们希望存在！

如果时间允许，教会学生使用计步器并让他们享受携带计步器慢走的过程。慢走是一种非常重要的训练方式，但在学生开始练习耐力跑的时候，慢走练习是很难完成的。慢走是一项独立的运动，是在学生完成所有的练习项目后才开始进行的。

评估

非正式评估。让学生在手册上记录下自己觉得哪部分做得最好，哪部分还需加强练习。

小结

今天，同学们完成了体适能评估的学习。这有什么意义呢？同学们也许已经了解了自己体适能构成部分中的强项和弱项。现在，让我们说一说体适能每一个构成部分的名称，并与同学讨论提升的方法吧。我会把你们建议的、提升特定体适能构成部分的方法记录下来。

反思

- 全班是否有哪一个健康体适能的构成部分需要补习或集中教学？
- 今天哪些学生对所有或是几乎所有的体适能构成部分的练习感到困难？
- 我如何帮助这些学生提升他们的体适能整体水平？

健康体适能评估

4~5 年级

具备体育素养的个体展示出必备的知识和技能，以帮助他们达到并保持一定的身体活动和体适能的健康增进水平。

年级水平学习成果

- 明确健康体适能的构成部分（S3.E3.4）。
- 完成体适能评估（前后两次）（S3.E5.4a）。
- 明确自己在测试中需要加强的部分，并在教师的帮助下找出加强的方法（S3.E5.4b）。
- 分析体适能评估结果（前后），对比体适能各部分测试评估结果（S3.E5.5a）。
- 设计一份锻炼计划，找到利用体育运动提升体适能水平的方法（S3.E5.5b）。

教学目标

学习者将：

- 完成秋季和春季的体适能评估（体能测试）。
- 完成体适能评估后，明确自己哪些地方需要进一步加强。
- 每个薄弱环节找出两种方法（锻炼或体育运动）进行加强。

材料和器材

- 参考《体能测试管理手册》选择评估器材。
- 利用纸笔或电子产品记录评估结果。
- 学生记录手册和铅笔。

学习经验

通常来讲，学生体适能的第一次正式评估是在 4 年级。此次评估对于学生来讲，应该是一次有益的学习经验，而不应该是一次令人担忧的阶段考试。以下几则从《体能测试管理手册》中摘取的建议是成功完成学习评估的关键，同时也将为你的体适能测试营造一个积极的氛围：

- 要注意你的学生可能存在的健康问题；提前阅读学生的档案，并和校医一同查看。
- 进行正式测试前，学生应当已经进行过充分的训练，对每项测试内容都练习过。测试的目的并不是为做突击检查，而是为了得到一份学生体适能水平的实际报告。
- 让学生在进行每项测试内容前，做好准备工作，包括提前通知、测试项目的练习以及着装要求，注意要穿便于运动的服装。与学生分享成功完成每项测试的"秘诀"。
- 测试结果是保密的。向所有学生保证测试成绩会保密。
- 每天只进行一项测试。测试管理人员应给学生留出足够的时间，让其练习第二天需要测试的项目，或回顾与今天测试内容有关的课程。
- 管理测试进程的标准需要达到：无论测试前或测试后，都不应让学生排长队等候。

测试结束后

Fitness Gram 体质测试软件会将学生的体适能得分用计算机进行总结，并给出建议。但是，自己参与分数记录的学生比那些直接接受计算机总结的结果的学生，得到的收获更多。图 4.1 所示就是一个学生参与制作的条形统计图健康体适能评估总结报告的示例。

对于学生的自尊心而言，测试后对体适能评估结果进行讨论至关重要，就如同测试的方式同样重要。正如测试结果是保密一样，总结报告也是如此。要给每位学生提供充足的个人空间。悄悄地告诉学生体能测试的结果或是将成绩写在学生的总结报告上。

来源

本章所选内容来自《体能测试管理手册》，详情请登录相关网站，并在美国的"总统青少年健身计划"（the Presidents Challenge Yacth Fitness Program）中查看。

评估

4 年级

让学生回答以下问题，并在手册中记录下来：

- 我还需要提升体适能的哪一部分（如果有的话）？
- 哪种运动能够帮助我提升该部分体适能？
- 我的春季体适能评估目标是什么？

教师需要仔细阅读学生的答案，这十分重要。因为学生总是会制订一些不切实际的目标，因此要达成这些目标，他们就显得格外吃力。学生应重视与教师的互动交流。

5 年级

让学生制订一份个人体适能训练计划，重点提升自己的薄弱环节。当学生开始设计训练计划时，可参考前文中所提到的问题来指导他们进行反思。

小结

- 你最喜欢体适能评估的哪一环节？
- 哪一环节最难？哪一环节最简单？为什么？
- 为什么你认为进行体适能评估十分必要？

反思

- 是否有一些学生觉得此次评估难度过大？我要怎么做才能最大限度地帮助他们呢？
- 评估的哪一部分大多数学生都觉得很难？
- 根据体适能评估结果，教师的教学方式应该做何调整？

如果体适能评估在秋季以及春季进行，那么个人进步的期中检测就可以用站点的模式进行，这样一来，在完成了所有站点的测试后，学生便可以阅读秋季的测试日记，并通过每个项目的成绩对比，反思自己的进步情况。

图 4.1 健康体适能档案

姓名：_____ 关键词：_____

关键要素

HR = 存在健康风险（寻求帮助，制订该项的提升计划）

MP = 正在取得进步（继续坚持，努力练习）

HF = 符合健康标准（就这么做，继续保持）

EHF = 超出健康标准（太棒了！）

根据学生的评估分数，选择与整体体适能水平相对应的方格。

体适能构成部分

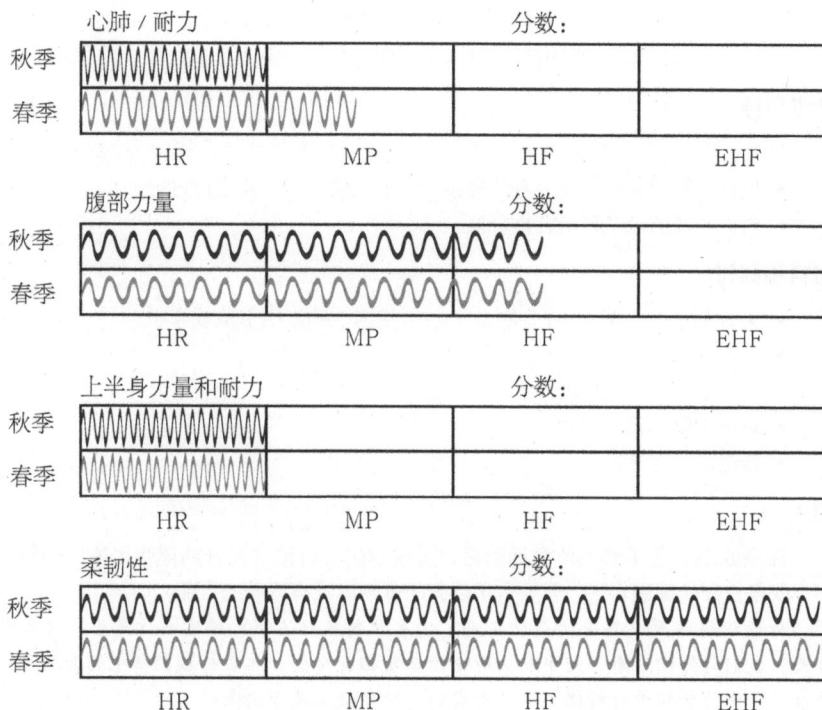

心肺 / 耐力　　　　　　　　　　　分数：

	HR	MP	HF	EHF
秋季				
春季				

腹部力量　　　　　　　　　　　分数：

	HR	MP	HF	EHF
秋季				
春季				

上半身力量和耐力　　　　　　　　分数：

	HR	MP	HF	EHF
秋季				
春季				

柔韧性　　　　　　　　　　　分数：

	HR	MP	HF	EHF
秋季				
春季				

接近健康： 三项指标均达到健康标准

健康： 四项指标均达到健康标准

超级健康： 四项指标均超过健康标准

注：测试方式和最终得分要由教师或学生整合，如以下例子所示。

- 心肺功能：一英里（1.6 千米）跑测试
- 腹部力量和耐力：仰卧起坐
- 上半身力量和耐力：俯卧撑、改良俯卧撑、引体向上、屈臂悬挂
- 柔韧性：坐位体前屈、躯干抬起（俯卧，手臂置于躯体两侧，躯干后伸）、肩部伸展
- 儿童体适能报告中不得出现其身体结构的相关信息。

营养与体育运动

1~3 年级

本节课需要学生与教师合作完成。

具备体育素养的个体展示出必备的知识和技能，以帮助他们达到并保持一定的身体活动和体适能的健康增进水平。

年级水平学习成果

- 分辨健康和不健康的食物（S3.E6.1）。
- 使学生认识到：营养与体育运动之间的"良好的健康平衡"（S3.E6.2）。
- 明确在进行体育运动前后，食用哪些食物有助于保持身体健康（S3.E6.3）。

教学目标

学习者将：

- 把良好的营养摄入视为身体健康的一个组成部分，并进行讨论。
- 根据"我的盘子"给食物分类。

材料和器材

- 将 3 英寸 ×5 英寸（7.5 厘米 ×12.5 厘米）的索引卡裁成 4 份。
- 数学积木（4 种颜色）。
- 每个学生一个白色纸盘。
- 学生手册、铅笔。
- 蜡笔或马克笔。

引入

在完成之前所学到的体育运动后，提醒学生，讨论"良好的健康平衡"的概念，要想获得良好的健康水平，就要食用健康的食物以及有营养的食品。

你还记得昨天晚餐吃的是什么吗？吃零食到底好不好？睡觉前你是否吃过零食？今天，我们将仔细看看一天中我们所吃的食物都有哪些。然后将我们所吃的食物与"我的盘子"中的食物进行对比，看一看我们的饮食摄入是否均衡。

学习经验：食物日志

- 选一天，让学生回答以下问题：你昨天晚餐吃的什么？今天早餐吃的什么？昨天和今天的午餐吃的什么？吃了哪些零食？
- 给学生时间，让其将自己的答案记录在手册上。

记录食品种类

将 3 英寸 ×5 英寸（7.5 厘米 ×12.5 厘米）的索引卡裁成相等的 4 份。给每位学生充足的时间，将之前问题的答案，即自己所吃的食物名称写下来，每张卡片上只写一种类型的食物。对于有些学生，可能需要帮助他们将某些食物分成几个部分，如一块三明治——生菜、蛋黄酱、肉类等。

学习经验：构建一个"食物盘子"

用你写的食物卡片，构建一个"食物盘子"——面包、谷物和面条为一组；水果、蔬菜、奶制品各为一组；肉类、豆类和鸡蛋为一组；所有的甜食为一组。

- 让学生用蜡笔或马克笔将自己的食物盘子分为 4 部分。再让学生将代表不同食物的卡片放在盘子的分类区域里：水果、蔬菜、谷物、蛋白质。所有代表奶制品的方块应放在盘子的旁边，盛装奶制品的像是一个单独分离出来的小盘子。

建议学生最好不要将盘子分为 4 等份，但是这样分会给学生一个大概的概念。如果你想的话，可以提前做出更为精确的分割方案。

- 将自己吃的所有甜食放在盘子的另一边，也就是奶制品的对面。

如果教师有可以代表食物种类的彩色立体方块，则按需要分给每位学生——每种颜色的方块代表一种食物。学生可将彩色方块放在盘子里，以此来匹配对应的食物种类。

对比盘子

以"我的盘子"为范例，学生可将自己制作的盘子与推荐的健康盘子相比较，讨论其营养成分及其与健康的关，以及哪类食物在日常的饮食摄入中应该多一些，哪类应该少一些。

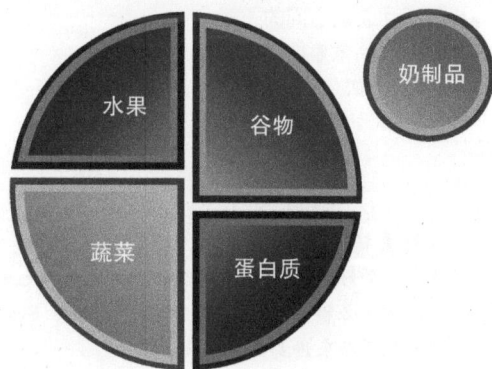

评估

要求学生在日志中写下个人的营养计划。一定要提醒学生：食物没有好坏之分，均衡饮食才是重点！

小结

- 你是否对自己一天所吃的食物种类感到惊讶呢？
- 你的食物盘子中 4 类食物以及奶制品是否均衡呢？
- 为什么在你小的时候，良好的营养至关重要？

反思

- 学生是否理解营养对身体健康的作用？
- 学生是否能够利用"我的盘子"来分析自己的日常食物摄入？

营养与体育运动

4~5 年级

这一系列简短课程可纳入体育教育中。每一课都会重点介绍一种人体必需的营养素。

具备体育素养的个体展示出必备的知识和技能，以帮助他们达到并保持一定的身体活动和体适能的健康增进水平。

年级水平学习成果

- 确定哪些食物在运动前后食用是有益健康的（S3.E6.3）。
- 讨论碳水化合物的重要性以及碳水化合物对体育运动的重要性（S3.E6.4）。
- 分析食物的选择对于体育运动、青少年运动以及个人身体健康的影响（S3. E6.5）。

教学目标

学习者将：

- 明确食物对于能量产生的重要性，以及能量对于良好的运动表现的重要性。
- 讨论营养与良好运动表现之间的关系。
- 讨论水对于体育运动的重要性。

材料和器材

"我的盘子"图表。

引入

你想跑得更快、变得更壮，或成为一名更优秀的运动员吗？成为一名优秀运动员的关键要素之一就是要有一个好的身体；而良好的营养摄入则是身体健康的重要保障。运动员、体操运动员以及舞者必须重视蛋白质、碳水化合物、脂肪和水分的摄入。这些物质对于体力工作以及体育运动来讲都是十分重要的。

将每堂课的内容都与营养和体育运动的重要性联系起来。从众多必需营养素中选择一种，作为每堂课的讲解重点。

学习经验：必需营养素

碳水化合物是人体肌肉组织的重要能量来源，肌肉在运动时所需的能量就是它提供的。你早餐有没有吃面包呢？你一天中摄入了多少谷类食物？你最喜欢的水果和蔬菜是什么？这些食物都会给我们的身体提供碳水化合物，从而提供肌肉在运动时所需的能量。

- 让学生说出一种能提供碳水化合物的食物种类——面包、谷类、水果、蔬菜。

蛋白质是维持人的身体组织生长的基本营养元素，同时也是肌肉系统、骨骼系统和血液系统的重要构成部分。它有助于人体组织的修复再生。在你昨天的饮食中，蛋白质的摄入量是多少？

- 讨论能够提供蛋白质的食物种类——肉类、鱼类、家禽类、鸡蛋、奶制品以及干豆类。让学生说出他们吃的含蛋白质的食物名称。

脂肪能够为人体提供能量，为身体保暖并保护内脏器官。的确，所有人都需要脂肪！为什么？

（为了保护器官、保暖以及提供能量。）

水是人体的冷却剂。它有助于维体人体血容量，润滑各个关节，同时最大限度地提高肌肉力量。

讨论以下问题：

- 为什么你在剧烈运动之后会感到口渴？
- 你每天需要喝多少水？
- 在你锻炼或运动时，是否需要补充更多的水分？为什么？
- 运动前、运动中以及运动后，是否该饮水？
- 喝苏打水与喝普通的水一样吗？

学习经验："我的盘子"讨论

提醒学生之前讨论的与"我的盘子"有关的内容。给学生时间讨论下列问题。

- 在我们的日常饮食中，哪类食物应该吃得最多？
- 应少量摄入的食物种类有哪些？
- 是否需要所有的食物种类才能保证我们的身体健康和活跃呢？

让5年级的学生回想一下自己的日常饮食。询问他们经常吃的食物都有哪些，并将它们列在黑板上（挂图版）。对比学生列出的食物种类与"我的盘子"中的食物种类，看看其是否含有身体健康所需的营养物质以及体育运动所需的能量物质。

切记：教师在听完学生的答案后，不要表现出过于明显的情绪，以免那些饮食习惯不好的学生尴尬。

评估

4 年级

以3个假想的学生为例，给出他们每天的活动量及食物与水的摄入量。让学生们评估每位学生所缺乏的部分。

5 年级

以3个假想的学生为例，给出他们每天的活动量及食物与水的摄入量。让学生们评估每位学生所缺乏的部分，并提出建议，帮助其改善。给学生时间，让其讨论他们的评估结果以及提出的改善意见。

小结

- 为什么良好的营养对运动员至关重要？
- 为什么在进行一些运动（如足球、追逐游戏或骑自行车）时，要大量饮水？
- 这与你所吃的食物有关吗？
- 良好的营养如何帮助你成为一名优秀运动员？

反思

- 学生能否就营养与良好的体育运动表现之间的关系展开讨论？
- 学生能否分辨哪些食物种类对于身体健康以及良好的体育表现至关重要？

体育运动
幼儿园 ~3 年级

标准 3 具备体育素养的个体展示出必备的知识和技能，以帮助他们达到并保持一定的身体活动和体适能的健康增进水平。

年级水平学习成果

- 明确除体育课外，学生还有哪些运动机会（S3.E1.K）。
- 讨论体育活动、锻炼或游戏的益处（S3.E1.1）。
- 描述可供参与的大肢体运动与操作型运动，并让学生在课外尝试参加（S3.E1.2）。
- 记录学生课外参加体育运动的情况（S3.E1.3a）。

教学目标

学习者将：
- 了解身体健康与定期参加体育活动的关系。
- 明确课外可以进行运动的机会。
- 讨论定期参加体育活动的益处。

材料和器材

- 纸和蜡笔（2 年级）。
- 学生日记、铅笔（3 年级）。
- 白板或挂图版。

引入

你放学回家后做的第一件事情是什么？打游戏、吃零食、写作业还是出去玩？你每天放学后，在外面玩的时间大概有多久？都玩些什么呢？
- 用几分钟的时间请学生回答。

今天，我们就来看一看各位同学每天放学回家后，除娱乐时间外都会进行哪些活动。

学习经验：运动机会

让学生分别从以下几个方面分享课外的体育运动机会：
- 闲暇时间。
- 家里。
- 上学前和放学后。

1 年级
- 讨论不同娱乐活动对健康的益处。

2 年级
- 讨论学生在何时、何地能获得与他人玩耍的机会。让学生描述自己最喜欢的、利用娱乐器材进行的游戏活动（场地运动或操作类运动，如跳绳、球类等）。
- 讨论参与多种游戏活动对健康的益处。

3 年级

- 让学生花几分钟的时间,将自己放学回家后进行的活动写在笔记本上,如骑自行车、踢足球、遛狗、与朋友在户外玩耍、打游戏、玩电脑等。
- 将这些活动的名字列在黑板上(挂图版)。
- 让学生描述各种各样的活动带给自己的感受。
- 讨论多种活动对健康的益处。

学习经验:良好的健康平衡

记住:要想有一个健康的身体,体育活动和良好的营养摄入需要相互配合并保持平衡。我们将其称为"保持健康的平衡二元素(good health balance team)"。

- 教师向 1、2 年级的学生解释"保持健康的平衡二元素"时,可采用这样的比喻:"保持健康的平衡二元素"就如同学习走平衡木一样,要伸开双臂,才能保持平衡;双臂分别代表的就是良好的营养摄入和体育活动。教师需要向学生强调:"我们要两者兼得!"
- 教师向 3 年级的学生解释"保持健康的平衡二元素"时,则可以换一种比喻方式:"保持健康的平衡二元素"就如同学习滑冰、滑板或滑雪一样。

只要每天坚持体育运动,并保持良好的营养摄入,就会给我们的身体提供健康所需的物质,同时也能提升我们的课堂表现,还能让我们拥有更充沛的精力。

小结

- 通过今天的学习,我们对体育运动和健康有了哪些了解?
- 回家后告诉你的朋友,为什么体育运动如此重要(两点原因)。
- 你知道每天进行体育运动的重要性吗?其实就如同你每天都要刷牙一样重要。

反思

- 学生是否能够将自己的娱乐活动与健康联系起来?
- 学生是否在体育课外也能够积极参与体育运动?
- 在网络上发布或在月报上刊登各类体育运动,是否有益于人们参与体育运动呢?

体育运动
4~5 年级

标准 3 具备体育素养的个体展示出必备的知识和技能，以帮助他们达到并保持一定的身体活动和体适能的健康增进水平。

年级水平学习成果

- 分析学生课外参加体育运动的机会（S3.E1.4）。
- 记录并分析课外体育运动对于身体健康的益处（S3.E1.5）。

教学目标

学习者将：

- 明确并分析参加体育运动的机会。
- 将体育运动机会与特定的健康和体适能的益处联系起来。
- 列举健康体适能的 4 个组成部分。
- 明确良好健康平衡的组成部分。

材料和器材

- 学生笔记。
- 铅笔。

引入

复习身体健康的定义、体适能的组成部分以及良好的营养摄入知识，将这节课的内容与之前的课程联系起来。

你放学回家后做的第一件事情是什么？打游戏、吃零食、写作业还是出去玩？你每天放学后，在外面玩的时间大概有多久？都玩些什么呢？今天，我们将一起看一看同学们在家里、在闲暇时间里都会进行哪些活动，以及都在什么时候进行。这些活动都能够给体适能和健康带来益处吗？它们都能够增强我们的心脏功能吗？为什么日常的体育活动十分重要？

学习经验：课后实践经历

让学生花几分钟的时间，将自己放学回家后进行的活动写在笔记本上，如骑自行车、踢足球、遛狗、与朋友在户外玩耍、打游戏、玩电脑等。

- 让学生们将自己在闲暇时间最常做的活动列举出来。
- 将这些活动的名字列在黑板上（挂图版）。
- 让学生根据对体能的要求，将所进行的活动从高到低排序。
- 让学根据参与的乐趣，将所进行的活动进行排序。

4 年级

- 询问学生放学后在哪里可以找到玩耍的机会。
- 教师需为学生寻找在学校以及暑假期间可以进行体育活动的机会，然后将这项调查任务再分配给学生，让学生在下节课报告他们的调查结果。

- 让学生根据自己对参与活动的感兴趣程度，将所进行的活动进行排序。

5 年级

- 让学生对自己一周进行的体育活动进行记录，如运动练习、遛狗、打游戏等，并记录活动种类以及每种活动进行的时间。但同时也别忘了休息和体育课。
- 让学生根据对体能的要求，将个人所进行的活动从高到低排序。

学习经验：每天一小时

你知道，要想保持身体健康，每天至少需要一个小时的体育运动吗？并且，在这一个小时的活动中，你的绝大部分时间应该用来进行中等强度或高强度的练习。

5 年级

- 进行一次课堂活动，让学生讨论自己列在挂图版上的运动的强度，并按强度等级进行分类——V 代表高强度运动，M 代表中等强度，L 则代表低强度。

仔细看一看你的体育运动选择表单。看看你最喜欢的运动是否大多数都为中等强度或高强度，抑或是低强度？（不要求学生大声回答。）

- 向学生介绍"每天一小时体育运动"的准则，并与班级学生一起讨论其对身体健康的益处，以及每天坚持体育锻炼的原因。
- 询问学生一周中每天有多少时间花在了体育运动上。
- 让学生根据之前所讲的强度等级，将自己记录在笔记上的体育活动编上号码。

学习经验：全面体适能

心肺适能并不是体适能的唯一组成部分。那么我们之前还学了体适能的哪些组成部分呢？没错，还有肌力、肌耐力以及柔韧性。

- 将白板（挂图版）分为两列，将帮助提升肌力和肌耐力的活动写在一边，将提升柔韧性的活动写在另一边。先举一些例子，如攀爬、悬挂、摇摆、跳跃、跑步、侧手翻等，然后让学生继续在白板上添加新的运动类型。引导学生反思除了俯卧撑、仰卧起坐以及伸展运动以外的其他运动。
- 让学生在笔记上写下两个增加他们体育运动的数量和质量的目标计划。

学习经验：良好的健康平衡

记住：要想有一个健康的身体，体育运动和良好的营养摄入需要相互配合并保持平衡。我们将其称为"保持健康的平衡二元素。"想一想，你在学习滑冰、滑板或是滑雪时最重要的是什么？没错，就是保持平衡。只要每天坚持体育运动，并保持良好的营养摄入，就会给我们的身体提供健康所需的物质，同时也能提升我们的课堂表现，还能让我们拥有更充沛的精力。

- 如果我每天坚持锻炼，但是却只吃甜食，并饮用含糖量很高的苏打水，这样是否算是健康平衡呢？
- 如果我每天的食物摄入非常合理，但却不进行体育锻炼，这样是否算是健康平衡呢？
- 所以，健康平衡究竟指的是什么呢？我们为什么要这样叫它？

学习经验：身体成分

    大学体适能的另一个组成成分——身体成分（我们还未学到）与良好的饮食习惯同样重要。那么究竟什么是身体成分呢？身体成分指的就是人体中的非脂肪组织与脂肪之间的平衡。之前，在大学里已经学习了脂肪在人体中所扮演的角色，它能够保护人体器官免受外界的伤害并为我们的身体提供能量。没错，每个人都需要脂肪；但同时我们也需要非脂肪的身体组织。每天进行体育锻炼并保持良好的营养摄入会使我们的脂肪以及非脂肪组织保持平衡状态，进而保持我们的身体健康以及良好的运动表现。

- 你是否能通过一个人的高矮胖瘦，判断他（她）是否健康？
- 你如何得知一个人是否健康？

小结

- 今天，我们都学习了与体育运动和体适能有关的哪些内容？体育运动只对体适能至关重要吗？
- 向你的邻居说明体育运动的重要性（两点原因）。
- 你每天至少应花费多长时间来进行体育运动？什么强度等级的运动是最适宜的？
- 体适能的组成成分有哪些？如果一个人非常强壮，但柔韧性却很差，他（她）是否健康？如果一个人跑得很快，但肌力却很差，他（她）又是否健康呢？我们今天新学了一个体适能的组成成分，它是什么呢？体适能的原始定义是什么？为什么只有当体适能的所有组成成分都处于健康状态时，才能称之为真正的健康呢？
- 什么是"保持健康的平衡二元素"？为什么这两部分对于身体健康同样重要？

记住，每天一定要坚持体育运动，就像每天都要坚持刷牙一样！

反思

    从学生的课堂笔记中可以了解到与学生体适能、运动等级、自我认知以及他们的个人担忧相关的哪些内容？

第五章

运动概念能力教学

体育移动技能中跟运动有关的术语有：个人训练区和公共训练区，路径、姿势、高度以及方向；时间、力量及动作流；独立训练或两人一组训练，或者成组训练。这些概念，能够使我们明确，在运动时身体该如何运动以及身体的哪个部位该进行运动，同时还能使我们明白自己的动作是否到位。运用这些运动能让你表达出动作的丰富性、技能的多样性，同时还能掌握多样的运动技巧，还能使你更加熟练地应用各种运动技巧。短打和本垒打之间的区别就在于使用力量的不同。Z 形路能够为发送和接受信息营造开放的空间。运球成了在公共训练区来回移动的一种游戏技巧。路径、姿势以及高度都赋予了体操动作和舞蹈动作一种兴奋刺激和个人创造力。

在第一次对小学生进行体育教学时，就应把运动概念当成教学重点。在学生掌握了这些运动概念后，也就是能够在特定的运动情境中正确理解这些概念时，便可结合移动技能和其他概念使用了。此时，教学的重点就不再是运动概念了，此时的教学概念仅仅是一种调节器，真正的教学目的是让学生延伸基本的运动技巧。

本章包含了一系列教学方案设计，旨在向幼儿园~2年级的学生介绍并使其掌握各类运动概念，同时让3年级的学生再对之前学的运动概念复习一遍。此套教学方案是专为小学体育低年级学生设计的，符合低年龄学生的年级水平学习成果。当学生们能够展示对这些运动概念的功能性理解时（认知和表现）时，就说明他们已经掌握了年级水平学习成果。教师便可进行下一步的技巧教学了。在进行技巧教学时，也要嵌入运动概念的讲授。

重点 ▶

自我训练区和公共训练区
幼儿园 ~3 年级

标准 2 具备体育素养的人能够将概念、原则以及方法策略等相关知识与体育运动及表现联系起来。

年级水平学习成果

- 辨别自我训练区和公共训练区的运动类型（S2.E1.Ka）。
- 根据设定的节奏，分别在自我训练区和公共训练区内进行运动（S2.E1.1）。
- 在公共训练区内，将运动技巧与节奏结合训练（S2.E1.2）。

教学目标

学习者将：

- 对自我训练区和公共训练区的活动做出正确的反应（幼儿园）。
- 根据教师设定的节奏，分别在自我训练区和公共训练区内进行运动（1年级）。
- 在公共训练区内，运用移位技巧来回移动（2年级）。
- 有意识地移动到开放空间，与其他同学一起训练（3年级）。

材料和器材

- 鼓。
- 音乐（根据移位技巧进行选择）。

对于年龄较小且建立自我训练区难度较大的学生而言，教师可利用圈点道具或类似道具为每位学生设定自我训练区。当学生理解了这一概念后，即可撤掉道具。

引入

今天，我们将学习自我训练区和公共训练区的概念。当你与他人做游戏和一起舞蹈时，你的身体来回移动，或是在体操设备上进行训练时，这两个概念都是你们必须要掌握的。自我训练区指的就是，在你不移动时，自己所占区域的大小。公共训练区指的就是整体的运动范围——体育馆、户外运动空间、教室。

让学生将空间的重要性与日常生活中的一些事情联系起来，如在咖啡厅里托着盘子行走、在篮球比赛中突然停下而不撞到他人、在人潮拥挤的商场中行走，等等。

学习经验：自我训练区

规划自我训练区，是自己能够在不触碰他人的情况下，进行各个方向的伸展、弯曲、扭转以及移动运动，就好像你身在一个泡泡中似的。那就是你的自我训练区。

- 让学生坐在训练场上，通过尽可能伸展手臂和双腿来探索自我训练区的范围。
- 提醒学生，在移动手臂和双腿时，一定要向身体周围的各个位置移动——高、低、前、后以及两边。
- 之后，让学生站起来，在自我训练区内重复上述动作。提醒他们，在移动腿部时，一条腿需保持静止不动。
- 让学生将手臂尽可能地往高处伸，以确定自我训练区。还可让学生边跳跃边伸展手臂，以增加自我训练区的高度。

- 重复上述动作，让学生尽可能宽地伸展手臂，从而确定自我训练区的宽度。
- 让学生躺在地上，蜷缩身体，以判断自我训练区的最小范围。

"变形虫"运动

在学生确定了自我训练区后，可让其尝试一种广受喜爱的创造性舞蹈运动——"变形虫"运动。"变形虫"（这里指学生）在自我训练区内，将身体缩成一团。教师发出信号后，学生便开始进行伸展、扭转以及延伸运动，但一定要在自我训练区的范围之内进行。利用体袋练习（可从商店购买或将床单缝在一起制成大号枕头套），效果会更加明显，用体袋将学生裹住，但要保证有足够的空间让学生在自我训练区内进行全身运动。

学习经验：公共训练区

学生站在自我训练区。教师发出信号后，开始向房间的开放空间移动，这就是公共训练区。当学生听到鼓声后，停在所站的位置即可。

- 教师发出信号后，让学生活动手臂，探测宽度，检查自我训练区的范围，以确保不会碰到其他同学。（当你公共训练区移动时，学生可能需要多试几次，理解"让你的训练区跟着你"这句话的含义。）

在其他同学移动之前，提前建立好自己的训练区域界线。地板上的线条或是户外的环境结构都能够作为确定公共训练区的界线标志。

在整个公共训练区内移动，且不能触碰他人；避开他人的自我训练区"泡泡"。

- 让学生快速行走，且不能触碰他人，教师发出信号后，学生停止行走。
- 让学生在移动中加入各种运动技巧，且不能触碰他人，教师发出信号后，再以平衡的姿势站定，不能跌倒。
- 在强调通过多种方式进行移动的同时，向同学介绍单脚跳、双脚跳、跑马步、滑步以及垫步跳的概念。利用拍手、打鼓或其他击打乐器提供位移运动的节奏。
- 让学生利用不同的位移运动在公共训练区内移动。
- 让学生在公共训练区内以自己最喜欢的运动方式移动。记住：学生可能会进行各种运动，如爬行、蛇形滑动滑行、侧手翻，或者为了好玩做一些动作。

学习经验：人潮拥挤的大街、繁忙不息的交通

设定公共训练区的活动界线。让学生在公共训练区移动，且不能触碰其他同学。教师发出信号后，学生要缩短活动界线，进而渐渐缩小自己在公共训练区的活动范围。（其实这很容易，只要你一边看着同学，一边向前走就可以了，这样就可以为训练区的另一边缩短活动界线了。）

- 让学生在更窄的训练区域内移动，且不能触碰其他同学。
- 继续缩小公共训练区的活动范围，以增加移动且不能触碰他人的挑战难度。
- 只是为了娱乐：当所有学生在公共训练区快速移动时，教师突然宣布，现在为交通拥挤时刻。

1 年级

学生自身的文化知识、教师设计的舞蹈动作以及适当改良的文化和民间舞蹈，都是

学生在自我训练区和公共训练区学习移动的优良资源，而且这些移动还是结合了自我训练区中的运动技巧和动作的。

2 年级

移动时注意寻找空地，然后迅速移过去，短暂停留后，继续寻找另一个开放空间，再移动到那里。记住：如果别人先你一步到达该空间，那它就不再是开放的了。

- 增加挑战，让学生移动到训练区的每一个开放空间，且不能触碰其他同学。
- 让学生变换移动速度，并改变移动路线和方向，到达开放空间。

学习经验：运动舞蹈

结合标准 1，学生已经练习过并掌握了单脚跳、双脚跳、跳马步、滑步以及垫步跳。而运动舞蹈正是将这些动作结合在一起，让学生在公共训练区内进行运动。

- 将学生分为 4 组。（小组训练能够更好地利用标准 4 中提到的嵌入式教学，也能够让同学之间相互合作、彼此接受。）
- 复习之前练习过的运动技巧：慢走、单脚跳、双脚跳、跳马步、滑步以及垫步跳。

今天，你们将自己创造一套舞蹈动作。该动作需包含你之前列出的运动技巧中的 4 项。每组中的每一位同学都将有机会成为其中一项运动技巧的指挥者。需要变更指挥者和运动技巧的时候，教师会发出信号示意。

给学生充足的时间，让其做出小组决定，并进行练习以下几项。

- 每位指挥者需要使用的运动方式。
- 运动技巧的排列顺序。
- 起始和结束姿势。

如果学生已经练习过方向、路径以及姿势，那么就应知道，这些都是运动舞蹈的一部分。

3~5 年级

在技巧、小范围练习任务、体操以及舞蹈的学习过程中，也应嵌入空间概念的学习。

评估

自我训练区及公共训练区的非正式评估。

小结

- 我们今天的学习重点是什么？
- 为什么在公共训练区内移动，且不能触碰他人如此重要呢？
- 你如何描述自我训练区？
- 说出一种游戏或运动的名称，"开放空间"这一概念在这种游戏或运动中十分重要。描述一下该游戏或运动的场景。

反思

- 学生是否对自我训练区和公共训练区有了认知和理解？
- 学生是否能够在公共训练区内移动，且不触碰他人？
- 学生是否能够在听到教师命令后，立即停止移动，且保持身体平衡？

方向

幼儿园 ~2 年级

具备体育素养的人能够将概念、原则以及方法策略等相关知识与体育运动及表现联系起来。

年级水平学习成果

该课程主要向学生介绍方向的概念。适用于 5 年级的年级水平学习成果，且含有应用于追逐活动（S2.E5.3a）、逃脱活动（S2.E5.3b）以及入侵游戏练习任务的相关策略方法（S2.E5.5a）。

教学目标

学习者将：
- 说出 6 个运动的不同方向。
- 在他人的指示下辨别方向。
- 按照教师设定的方向移动。

材料和器材

鼓。

引入

所有的运动都要根据给定的方向进行。当我扭动鼻子时（举例），你们就要从训练场的一边移至另一边，或是从左边移至右边。当我眨眼睛时，你们就要向上移动。我们今天的课程内容就是关于方向——运动的方向。

教师需要将自己的讲解与运动方向对游戏、运动技能及安全的重要性联系起来，例如托着一个装满东西的盘子在咖啡厅里行走。

2 年级

我们可以尝试着将其记忆为"6 + 2。"看看我们能说出几个方向的名称。"+2"也许会有点难猜。不过没关系，我们会在移动过程中对其进行讨论。

学习经验：方向的探索

通过尽可能地向不同方向移动身体来探索你的自我训练区。
- 让身体的各个部分——手臂、腿、脚、手肘、肩甚至是鼻子——尽可能地向不同方向移动。

当你在自我训练区内移动时，你就正在改变方向。

学习经验：向前

站在自我训练区内。教师发出信号后，朝着你所面对的方向，走向公共训练区。这就是前方。前方指的就是我们所面对的方向。看起来，你似乎是在朝着不同方向移动，但实际上，每个人都是在朝前方移动。
- 给学生充足时间，让其利用不同的运动，进行向前的移动练习。（年龄较小的学生在练习时，通常会像机器人一样移动。）

学习经验：向后

向前的反方向是什么呢？在公共训练区内向后移动。注意，在移动时要注意自己的肩部，避免撞到其他向后跑动的同学。

- 增加挑战，让学生向后跑马步——仅仅是娱乐一下。

安全检查：不建议年龄较小的儿童练习向后慢跑或是向后快跑。

你所学到的前两个方向是什么？

学习经验：从一边至另一边，向左或向右

现在，开始从训练场的一边移至另一边，就像滑冰运动员一样。记住：是整个身体的移动，并非只移动双脚。

- 在训练场进行滑步展示，进而从左边移至右边，在移动过程中，右手臂伸向移动的方向。向学生提问："这个运动动作叫什么？回答正确，就是滑步。"[复习不同类型的滑步动作（见第六章）：比如像篮球运动员一样从球场的一边移至另一边；像棒球运动员一样从球场的一边移至另一边；或是像舞者一样，身体跳起腾空，手臂伸向移动的方向，从舞台的一边移至另一边。]

今天，我们将学习像一名滑冰运动员一样，进行滑步练习。

- 让学生利用滑步，从左边移至右边，且右臂伸向右方，再让学生从右边移至左边，且左臂伸向左方。
- 增加挑战，让学生利用滑步从右至左移动，且需在其他同学之间来回穿梭。

现在，你已经学会了4种方向。告诉你的朋友，我们目前为止已经学会了4种方向的移动。

学习经验：向上、向下

在自我训练区内做出一个姿势，就像打开盒子即跳出一个奇异小人的玩具盒那样（蜷缩姿势，身体紧贴地面，贴着脚面）。教师发出信号后，立即从你的"盒子"里跳出来，伸展身体（举例）。之后，再回到"盒子"中，盖上盖子。准备好了吗？跳！我们刚刚移动的方向是什么呢？向上和向下。

- 让学生利用上下运动在公共训练区内移动。把自己想象成跳跳虎或袋鼠。提醒学生，跳跃的幅度要小一些；上下跳跃运动会使得学生一点一点地向前移动。

评估

让学生站在自己的训练伙伴旁边（成果S4.E4，与他人一同练习）。学生A告诉他（她）的伙伴B，应该往哪个方向移动，然后B就向该方向移动。如果动作完成，B应竖起拇指示意。之后，再让两人调换，继续练习。给学生充分的时间，让其完成6个方向的移动练习（前、后、左、右、上、下）。（记住：练习的重点是方向，而不是动作的正确执行。）

2年级

改变方向：教师发出信号后，在公共训练区移动的学生应立即改变移动方向。（将"改变方向"视为追逐和逃脱游戏中的一种方法策略，以及体育运动中的进攻型策略。）

学习经验：顺时针和逆时针

2年级

在这节课之初我们就说到了，运动的方向是"6+2"模式。现在，我们就要准备学习

"+2"了。也就是顺时针和逆时针移动，这两个词听起来很难懂，但做起来并不是很难。站在自我训练区内，身体沿着右肩部旋转，就是顺时针——该方向之所以叫顺时针，是因为在运动时，双手移动的姿势就像是老式钟表的指针一样。

做完顺时针练习后，让学生再向左边旋转，这就是逆时针。（这种移动方式——在一些运动中经常出现，如滑冰、体操、跳水以及足球和篮球的躲避战略。）

今天，你已经学到了"6+2"的方向模式，即前、后、左、右、上、下、顺时针和逆时针。选择一种方向进行移动。但是要记住，听到教师的停止口令前，要一直朝同一方向移动，看看教师能不能正确地说出你正在移动的方向名称。准备好了吗？开始！

评估

说出你想让学生移动的方向名称。当学生听到该信号，其应停止移动，注意听此方向信号，之后再进行移动。这种非正式的观察评估方式能够提供有价值的课堂反馈，反映出学生对概念的理解情况，同时还能让教师明确，学生还有哪些地方是不懂的，还需要进一步讲授。

方向：玩具店里不具备功能性的舞蹈（1~2 年级）

工艺再纯熟的匠人也只能造出玩具士兵和机器人。它们看起来十分精美漂亮，但是它们能够移动吗？你可以选择做一个机器人或是玩具士兵——你的姿势和运动都像极了它们。第一项测试就是向前移动。教师发出信号后，学生开始向前方移动。

给学生以下指导。

- 让你的行动变得生硬些，就像机器人或是木头士兵一样。
- 在移动时，调转方向，很好，现在让我们看看机器人和玩具士兵能否向后移动。
- 记住，要想像机器人一样移动，移动步伐就要小一些，而且腿部的动作也应僵硬一些。
- 这些都是特殊玩具：他们可以将手臂伸向右边或是左边，并向对应方向移动。
- 机器人和玩具士兵无法将它们的身体从高处向低处移动，但是它们可以移动身体的某几个部分，比如上下伸展手臂和弯腰。
- 噢，不，好像出了些问题。机器人短路了！玩具士兵也出了问题，浑噩分不清方向了。它们全都在顺时针转圈。现在，又变成了逆时针。快，快取下电池！（短路：在自我训练区自主跌倒。）

评估

教师需要根据学习经验对每位学生的训练进行观察和评估。

小结

- 我们今天这节课的重点是什么？
- 让我们说出不同方向的名称。谁能分别说出"6+2"模式的方向中都有哪些方向名称呢？
- 我们会在白板上写出一个方向名称。之后，你要向你的伙伴说出一种含有该方向名称的游戏或运动。（2 年级）

反思

- 学生能够按照指定方向移动吗？
- 当伙伴或教师指示方向时，学生能否辨清？

路径
幼儿园 ~2 年级

具备体育素养的人能够将概念、原则以及方法策略等相关知识与体育运动及表现联系起来。

年级水平学习成果

- 以 3 种路径移动（S2.E2.K）。
- 将姿势、高度以及路径与简单的移动、舞蹈和体操动作相结合（S2.E2.2）。

教学目标

学习者将：

- 明确 3 种移动路径——直线形路径、曲线形路径和 Z 字形路径。
- 分别使用不同的设定路径移动。

材料和器材

- 鼓。
- 围巾或彩色飘带（可选）。
- 运动音乐（可选）。
- 障碍路径材料：可在 3 种路径上放置道具，来设置障碍（细长木板、跳绳等）。

引入

今天，我们将学习 3 种移动路径，并进行练习。稍后，这些路径对于游戏和体育运动的攻击和防守策略是非常重要的。此外还会为体操动作增添额外的乐趣，使得学生能够表达自己的舞蹈创意观点。

将这 3 种路径与学生的日常经历联系起来。比如急切回家向父母朋友告知教师对自己的表扬所选择的回家路径；或是被教师批评后所选择的回家路径；抑或是当有好朋友或是家人在等自己时，所选择的回家路径；或是回家后无所事事所选择的回家路径。

学习经验：自我训练区的路径

让学生坐在自我训练区内，教师发出指令后，让学生按照以下路径移动。

直线形路径
- 双手笔直地上下移动。
- 双手从自我训练区的一边移至另一边。
- 坐在地上且双手休息时，用双脚和腿在空中笔直移动，之后笔直地上下移动双脚和双腿。

曲线形路径
- 双手呈弧形路径移动——上、下、画圈——画出平滑的弧线形。
- 用双脚和双腿在空中曲线形移动——上、下、画圈。

Z 字形路径
- 利用双手在空中呈 Z 字形，从一边移至另一边。之后再呈 Z 字形上下移动。
- 坐在自我训练区且双手休息时，使双腿和双脚呈 Z 字形移动。

儿童十分喜欢在铺有围巾或彩色飘带的自我训练区内进行不同路径的移动练习。

评估

告诉你的朋友今天你所学习的移动路径。

学习经验：公共训练区的路径

让学生站在各自的空间范围内（检查"自我训练区泡泡"），给予学生充分的时间，让其在公共训练区移动时，探索不同的移动路径。

直线形路径

在公共训练区内，沿直线形路径移动。当你接近训练场的边界或是碰见其他人时，你会怎么做？

（比如，向后方移动，腾出位置让伙伴通过，还是越过伙伴，继续向前）

- 直线形路径，只是直线形而已。遇见边界或是他人时，跳过并继续保持直线形路径。
- 直直向前移动。教师发出信号后，立即 90° 转身，且继续保持直线形路径。（随着教师发信号频率的加快，这项练习对学生而言会越来越有趣。）

曲线形路径

在公共训练区内利用双脚而非双臂进行弧形路径的移动。

进行较大范围的弧形路径移动；进行较小范围的曲线形路径移动。

- 将身体尽力向上延伸，同时进行曲线形路径的移动。
- 将身体贴近地面，同时进行曲线形路径的移动。
- 像滑翔机或是振翅高飞的鸟儿一样运动双臂。

记住：在你移动时，双脚要在地面上画出移动的路径。

如果你走的曲线只朝一边延伸（你的右边），那你的移动路径会是什么样呢？你会沿着圆形的路径移动。

Z 字形路径

在公共训练区进行 Z 字形路径的移动。（在地面上画出 Z 字形的路径。）

- 像兔子一样从训练场的一边跳至另一边；像滑冰运动员一样滑行。（注意，在移动时，一定要注意 Z 字形路径的拐角处，因为那里的弯度很大。）
- 沿 Z 字形路径后退——转弯再转弯！

学习经验：我的个人路径（幼儿园、1 年级）

利用字母表中的字母（大写字母）规划不同的移动路径，如直线形路径、曲线形路径以及 Z 字形路径。让学生在公共训练区内沿规定路径移动，从场地的一边移至另一边。（但是在利用字母规划路径前，一定要先询问班级教师，幼儿园学生正在学习哪些字母。）

评估

你已经学会了沿 3 种不同的路径移动：直线型路径、曲线形路径以及 Z 字形路径。当我说出一种路径名称时，你便要在公共训练区内沿该路径移动。当你听到停止口令时，要立即停下，并且注意听下一个路径口令，然后再根据口令移动。

学习经验：带绳路径

给每位学生一根跳绳，最好是布制的。让学生将绳子在地面上摆出不同的路径形状——直线形路径、曲线形路径或是 Z 字形路径。

- 让学生沿着自己摆好的绳子在旁边移动，路径要与绳子的形状相符。
- 此外，还要对路径进行归类，使不同的运动对应不同的移动路径，比如单脚跳对应直线形路径、跑马步对应弧形路径，而双脚跳则对应 Z 字形路径。增加挑战，让学生根据已选的运动方式，将绳子摆成与之相对应的路径形状。
- 为了娱乐，可让学生根据路径形状创造新的运动方式，如蜿蜒地滑行、爬行或是侧手翻。

1 年级

让学生在公共训练区内移动，并将地面的所有跳绳根据不同的运动方式摆成相应的路径形状。

学习经验：障碍路径（2 年级）

增加路径中的道具（跳绳、细长木板等），让学生选择两到三个道具，在地面上创造一条自己的路径。将每位学生所创造的路径连接起来，形成一条障碍路径。

此外，还要对路径进行归类，决定哪些运动能够通过这条障碍路径，比如走着通过直线形路径、单脚跳通过弧形路径、双脚跳通过 Z 字形路径（S4.E6，利用器材以及必要的安全措施进行嵌入式教学）。

学习经验：路径顺序（2 年级）

让学生选择一个练习伙伴（S4.E4）。每个人都需要创造一个路径顺序，且其中的路径构成必须是我们课堂上所学的 3 种路径；每位学生自行选择一个路径顺序进行移动练习。学生 A 在按照顺序移动时，伙伴 B 需在一旁观察，看其是否沿着正确的路径移动，以及移动的顺序是否正确。

- 完成了这项练习后，若存在问题，刚刚在旁观察的学生应向自己的伙伴说明正确的练习方式，以及路径的顺序。之后，两人调换角色，继续上述练习。
- 增加挑战，让观察者观察完毕，并给出反馈之后，重复伙伴的移动顺序。（可通过增加概念，比如方向、高度、运动方式、起始和结束姿势来提升顺序的复杂性。）

评估

教师需要根据学习经验对每位学生的训练进行观察和评估。2 年级的路径顺序评估方式为非正式的伙伴评估模式。但是，要想让它变成正式评估也十分容易，只需增加两样东西即可——纸和笔——用以记录顺序，并建立评估标准。

小结

- 我们今天这节课的重点是什么？
- 移动的 3 种路径分别是什么？
- 当你在室内（室外）沿直线形路径、曲线形路径、Z 字形路径移动时，目光所看的方向有什么不同？

2 年级

- 为什么在游戏和运动中路径的作用如此重要?
- 如果篮筐与运动员之间没有防守者，那么篮球运动员运球移至篮筐时应选择怎样的路径?
- 为了躲避障碍，橄榄球运动员会选择哪种路径?
- 通常足球运动员会采用哪种路径带球，以避开对方的防守?

反思

- 学生是否对各种移动路径有了认知性的理解?
- 学生是否能够按照每种设定路径移动?

室内课堂

向学生展示路径图解和字母表的海报。让每位学生在海报上找出自己命名的路径。让学生找出自己姓名的大写字母；问学生该字母所代表的路径是哪一个。之后，教师再选择不同的字母来解释 3 种不同的路径以及混合路径。

高度

幼儿园 ~2 年级

标准 2 具备体育素养的人能够将概念、原则以及方法策略等相关知识与体育运动及表现联系起来。

年级水平学习成果

- 在低、中、高不同高度移动（S2.E2.1）。
- 将姿势、高度以及路径与简单的移动、舞蹈以及体操动作相结合（S2.E2.2）。

教学目标

学习者将：
- 明确运动的 3 种高度。
- 按照设定高度在公共训练区移动。
- 以简单的动作序列改变练习的高度。

材料和器材

- 鼓。
- 泄气的气球。

引入

让学生明确运动的 3 种高度。
- 高高度指的是位于肩部以上、且高于头部的高度。
- 低高度指的是位于膝盖以下，接近地面的高度。
- 中高度指的是介于两者之间，即膝盖与肩部之间的高度。

在一个运动情景中，向学生展示不同高度的例子，比如跳至空中抓住一只气球、在垫子上进行一次体操翻滚动作、转呼啦圈。

在我们之后的游戏、体操以及体适能舞蹈中，运动高度至关重要。

学习经验：自我训练区内的高度

学生站在自我训练区内，让其自行探索 3 种不同的运动高度。
- 高高度：将双臂举过头顶，向四周伸展——前、后以及旁边。
- 低高度：在较低的高度，即快接近地面的位置，探索四周的空间范围。（可以想象自己正在找寻掉落在泥水中的硬币。）
- 中高度：紧闭双眼，探索中高度的空间范围。（可以想象自己身处在一间漆黑的屋子内，无法感知四周的环境。）

学习经验：公共训练区的高度

给学生充足的时间，让其试着在公共训练区内在 3 种不同的高度上移动。
- 高高度（整个身体尽力向上延伸）：在公共训练区内移动，身体伸展，头部挺直。（可以想象自己是一只头部伸向云端的长颈鹿。）
- 低高度（整个身体降到膝盖以下的高度范围）：以多种方式在低高度范围内移动。

（可以想象自己是一条爬行的蛇，或是一只左摇右摆的鸭子，抑或是一只爬行的海龟。）

- 中高度（使身体尽可能地保持在高高度和低高度之间）：移至房间内的开放空间——快、慢、静止。（可以想象自己是一个隐形人。）

学习经验：改变高度

利用设定的节奏

让学生在低高度呈平衡姿势，就好像之前提到的盒子里的小人的姿势一样。教师发出信号后，让学生慢慢抬起身体，到达中高度，之后让其继续伸展身体至高高度的平衡姿势。

- 增加挑战，让学生按照设定的节奏移动，比如4秒移动至中高度，再用4秒移至高高度，之后再反过来，用8秒从高高度移至低高度。

缓慢的上升和下沉动作对于年龄较低的儿童来说是有些困难，可让学生多重复练习几次，控制动作。

- 分别以6次、4次和2次击鼓声为信号，跟随鼓点不断进行重复练习。最后，让学生以蹲姿保持在低高度范围内。教师发出信号后（1次击鼓声），学生立即跳至高高度，并保持静止不动。

跟随节奏而变化

利用泄了气的气球作为视觉道具，让学生在低高度范围呈现出一种姿势，能够根据气球的充气和泄气的程度改变自己的高度范围。

- 慢慢将气球充气至一半大小。学生需做出对应的反应，即抬升身体至中高度范围。（继续给气球充气），学生也应从中高度到达高高度。
- 动作的节奏多样化——上升和下沉，快速、缓慢、快慢结合地改变高度范围。
- 增加挑战，让学生将上升、下沉以及完全静止相结合。因此，他们必须具备在行动中的任何时刻突然静止的能力。
- 随着气球充气至极限程度，学生应到达高高度范围。

如果将气球放气，会发生什么呢？学生又会移至哪种高度范围呢？又是以什么样的路径移动的呢？移动的速度是快还是慢？

使气球放气，让学生沿Z字形路径快速移至公共训练区，当气球的气放完时，学生应降至低高度范围。

在学生移动时，不应发生碰撞；他们身体下降应在自我训练区内进行。

注：第一次向学生介绍运动概念时，它们是整堂课的重点内容。所有的教学任务都是帮助学生理解，包括认知和表现，这些概念的意义。但是在后面的学年中，只需通过一系列任务对其进行复习即可，重点便是要对学生进行适当的、具有挑战性的训练。

学习经验：运动和高度的序列（2年级）

让学生利用多种运动方式在公共训练区内移动，并在移动时展示出3种不同的高度范围。（以下练习任务的选择可根据之前课上学习的概念进行选择，即路径和姿势。）

- 学生需将运动与姿势的学习相互联系结合起来，具体可通过利用所选运动技巧在公共训练区内移动、以伸展的（然后是紧缩的、蜷缩的、扭动的）平衡姿势停止，再换一种不同的运动方式继续移动。

- 增加挑战，让学生在不同高度范围内保持平衡。
- 让学生在公共训练区内探索运动类型、路径以及高度。

给学生足够时间，让其创造一套运动方式和高度范围的动作组合，并在每种高度范围内展示移动和平衡技巧。（也可通过添加路径、姿势、高度、移动方式、起始和结束姿势来增加动作组合的复杂性。）

评估

幼儿园

给学生分别展示手放在高高度、中高度和低高度的图片，然后让他们根据指示标出相应图片。

1 年级

从运动杂志上挑选各个高度的照片，让学生将照片和指定的高度对应起来。

2 年级

让学生记录顺序，然后进行记忆和演示，运动和高度顺序就很容易变成评估。

小结

- 我们今天学习了什么运动概念？
- 说出 3 个高度，并明确它们的定义。
- 幼儿园学生：只有高个子的篮球运动员才够得着高高度吗？
- 2 年级学生：如何在体操中体现高度？说出一些高度占优的运动，并解释原因。

反思

- 学生明白不管人的身高如何，都有其相对的高、中、低高度吗？
- 学生能否将身体部分置于不同高度？
- 学生能否在给定的高度上进行移动？

姿势

幼儿园~1年级

具备体育素养的人能够将概念、原则以及方法策略等相关知识与体育运动及表现联系起来。

年级水平学习成果

能做出宽、窄、蜷缩和扭曲姿势（S1.E7.Kb）。

教学目标

学习者将：

- 识别宽、窄、蜷缩和扭曲姿势的基本动作。
- 使用身体及各部位完成这些姿势。

引入

以前在数学课上，教师给大家讲过圆形、正方形和三角形。爸爸妈妈跟我们说过锻炼身体才能保持健康。今天我们要讲的就是体适能课上的姿势，也就是身体能完成的姿势。共有4种，分别是宽、窄、蜷缩和扭曲。

1年级：儿童会在舞蹈、体操和运动中用到这些姿势。

学习经验：窄姿势

学生在自我训练区域练习窄姿势，将身体拉长拉细，尽量拉伸到狭窄。

提示：手臂和双腿并拢或贴紧身体。

- 以不同姿态完成窄姿势——坐姿、站姿和躺在地板上。
- 在不同高度完成窄姿势：低、中、高（把自己想象成一根面条）。

学习经验：宽姿势

学生在自我训练区域练习宽姿态，将手臂和双腿向两侧伸展。

提示：手臂和腿向身体外侧伸展。

- 以不同姿态完成宽姿势。
- 在不同高度完成宽姿势（把自己想象成一把撑开的伞或正在打哈欠）。

学习经验：蜷缩姿势

学生在自我训练区向前弯曲脊柱，练习卷曲或者圆形姿势。

提示：脊柱弯曲。

- 以不同姿态完成蜷缩姿势。
- 在不同高度完成蜷缩姿势（把自己想象成一个球或字母"C"）。

学习经验：扭曲姿势

学生在自我训练区绕着一根固定的支柱旋转身体部分，来练习扭曲姿势。

提示：旋转手臂、腿和身体。

- 手臂向内和向外扭转。

- 双腿向内和向外扭转。
- 按照顺时针、逆时针方向扭转身体（想象麻花或打结的鞋带）。
- 你能扭动几个身体部位?

学习经验：姿势和动作的结合——"变形金刚"

下面我们要在一个叫"变形金刚"的游戏中结合这些姿势和动作。"变形"一词的意思是将一种东西转变为另一种东西，也就是这个游戏的关键。要成为"变形金刚"，你要"变形"4次，就要完成窄、宽、蜷缩和扭曲姿势。大家听我口令来"变形"。

- 让学生在自我训练区完成宽姿势，包括站姿、坐姿和躺卧在地板上。
- 让学生根据八拍的口令，慢慢由宽姿势转为窄姿势。
- 让学生继续按顺序变换4种姿势，重点在于要慢，动作之间的切换幅度要明显。

1年级
学生选择不同姿势的顺序。

课堂娱乐：给自己创造的"变形金刚"起个名字。

学习经验： "姿势雕像"

将学生分为四人小组。小组中每人做4种姿势的一种。每组学生相互换在一起，组成小组雕像，展示每种姿势。

每组中的成员一个连一个，将这些姿势连接起来组成一个雕像。

2年级
让学生在保持姿势和互相连接的情况下，以小组雕像的状态移动。

评估
让学生根据你的口令来摆出相应的身体姿势。你同样可以根据学生口头回答下列问题，评估他们的认知理解。

- 窄姿势需要哪些身体部位配合?
- 宽姿势呢?
- 蜷缩姿势呢?
- 扭曲姿势的关键是什么?

小结
- 大家今天在"变形金刚"（姿势雕像）中玩得很开心。那么我想问下，大家学到了什么?本堂课的目标是什么?
- 4种姿势都有哪些?

向学生展示运动或体育活动中用到的身体姿势的图片（留意一下当地运动员在报纸上的照片），让学生识别照片中的身体姿势。

1年级
- 篮球运动员在防守时会用到哪些姿势?
- 体操运动员做前滚翻和后滚翻时，会用到哪些姿势?

反思
- 学生能不能用全身和身体部位来完成每个姿势?
- 看别人演示，或者看运动员在体育、体操和舞蹈中的照片时，学生能不能辨别出是哪种姿势?

时间（速度）

幼儿园 ~2 年级

具备体育素养的人能够将概念、原则以及方法策略等相关知识与体育运动及表现联系起来。

年级水平学习成果

- 以不同速度在公共训练区域内移动（S2.E3.K）。
- 快速和慢速的区别（S2.E3.1a）。
- 通过逐渐增加和减少来改变时间和力量（S2.E3.2）。

教学目标

学习者将：

- 缓慢、快速地活动身体部位。
- 公共训练区内的慢速、快速移动。
- 公共训练区内的加速、减速移动。

材料和器材

鼓

引入

在学校走廊时，教师希望你快步行走吗？棒球比赛中击球时，你是慢慢地挪到一垒还是全速跑过去？

（举一些和课堂学生有关的例子，可以的话，将教学与日常活动、体育运动、体操和舞蹈结合起来。）

有时全力快速移动非常重要；有时速度慢点更好。这就是我们本节课的目标：时间与速度、快速移动和慢速移动的差别。

学习经验：时间对比

在自我训练区，学生互相伸出双手，慢慢靠近对方，然后迅速分开。（想象：慢慢地快要抓住虫子了，但到跟前时却发现是只蜜蜂！）

- 学生互相伸出双手，慢慢靠近对方，最后停顿一下，然后慢慢分开。
- 重复几次这样的对比，注意观察学生对比的能力。
- 让学生在公共训练区以选定的动作移动。
- 以相同动作慢速移动。
- 以相同动作快速移动。

安全检查：防止学生相互碰撞或失去平衡。

让学生在公共训练区以自己最喜欢的运动动作移动。按你的口令由慢到快，再由快到慢。

想象对比时间

利用以下场景帮学生们想象。

- 假装自己晚上走在一条漆黑的小巷里，然后越走越慢。听到口令后，迅速向对面跑去，就像突然看见老鼠被吓到了一样。

- 慢慢地绕圈移动，模拟狮子追踪猎物。逐渐缩小圆圈来悄悄地接近猎物。走着走着，再突然扑向猎物。
- 慢慢由低姿势抬向高姿势，假装自己一动不动又心神不定。听到口令后，又马上恢复低姿势。
- 把自己想象成空中缓缓飘浮的气球。听到口令后，像被针刺破了一样爆炸。快速又不定地移动几秒，然后慢慢倒向地面。
- 把自己想象成世界顶级的长跑运动员，在公共训练区快跑。想象你筋疲力尽地慢慢减速，缓缓向上跑。突然又能量爆发加快速度。恢复至正常速度后开始行走。
- 想象接力赛冲刺阶段的速度，向前跑；想象 42 千米的马拉松已经跑过了 30 千米，然后该以什么样的速度继续跑。

学习经验：描述时间的动词

跟同学进行头脑风暴，反思描述快速和慢速运动的动词。将这些词记在写字板上。请看下面的例子。

快速	慢速
猛扑	爬行
奔跑	匍匐
崩塌	潜行

- 给学生充足时间，以适当的速度来体会每一个动作。

学习经验：时间动作组合

选择 3 个时间对比方面的词语组成时间动作组合。检查句子中逗号和句号的使用，逗号代表停顿，句号代表停止。听到口令后，学生开始第一个动作，等第二个口令响起时再停顿，然后开始第二个动作，等第三个口令响起时再停顿，然后开始第三个动作。再听到你的口令后，学生停止。例如减速，爬行，猛扑。学生像在丛林中追踪猎物一样慢慢移动，停顿，然后再慢慢爬行，停顿，接着迅速扑向猎物。

1 年级

让学生挑选 3 个词语，自己制订一个时间动作组合（提醒学生设置的组合要凸显出时间对比和速度变化）。可以向其他同学展示自己的动作组合，或将其记录下来。

学习经验：加速和减速（1~2 年级）

学生以中等速度在公共训练区移动，逐渐加速和减速。（想象一辆汽车慢慢起步、逐渐加速的动作。然后汽车发动机出故障，又减速到几乎停止，速度恢复后汽车又快速飞驰。）

- 让学生在公共训练区根据鼓的节拍移动。保持稳定、中等的节拍，直到学生准确踩上鼓点（中等速度）。
- 然后放快放慢节拍，让学生加速减速。（对小学生来说，逐渐加减速并不简单，他们喜欢以最快或最慢的速度移动。）

2 年级：慢速运动

让学生想一个自己最喜欢的体育动作，如篮球比赛中的跳起来抢篮板、橄榄球比赛中的碰踢（punt），或者是棒球比赛中的挥棒或三振。

让学生只专注于一个动作，像播放视频一样展示它。（这需要几分钟的练习。）

- 让学生模仿慢镜头播放展示这个动作，重复这个动作顺序 3 次。
- 然后想象摄像机切换到高速画面，再重复这个动作顺序 3 次。

请记住，动作没有发生变化，只是速度变了。

评估

时间动作组合是非正式的评估，学生以书面形式记录这些动作组合和既定标准，还包括教师和同伴观察。（评估重点是速度的对比，包括认知性理解和操作性理解两方面。本书介绍和练习了加速、减速。较高年级会被要求掌握比赛、体操和舞蹈中的加速和减速。）

小结

- 我们今天这节课的重点是什么?
- 把我们学的时间和速度的两个对比告诉旁边的同学。
- 对你来说，你觉得更容易控制慢速移动还是快速移动，为什么?

2 年级

- 描述课外休息期间，你在户外设备上玩耍需要慢速移动的情况，再描述一种你需要快速移动的情况。
- 描述比赛或运动中你需要快速移动的情况，再描述一种你需要慢速移动的情况。

反思

- 学生能不能慢速或快速活动身体部位和整个身体?
- 他们能不能根据描述时间的词语快速或慢速移动?
- 他们能不能在控制身体的情况下以中等速度奔跑，听到口令后能立即停止并避免摔倒?

力量

幼儿园 ~2 年级

具备体育素养的人能够将概念、原则以及方法策略等相关知识与体育运动及表现联系起来。

年级水平学习成果

- 强力和轻力的区别（S2.E3.1b）。
- 通过逐步增加和减少来改变时间和力量（S2.E3.2）。

教学目标

学习者将：

- 用身体演示强力和轻力。
- 轻力运动和强力运动的移动。
- 对比强力和轻力的身体动作。

材料和器材

- 说明强力和轻力的图片。
- 8 个气球。
- 8 个用来投掷的小球。
- 8 个用来踢的球，稍放点气。
- 两个铁环。

引入

向学生展示强力的图片，比如肌肉凸起的举重运动员，或是一只搬着自己两倍大食物的蚂蚁。向学生提问：两张图的相同点是什么。

同样向学生展示说明轻力的图片，比如一片雪花和短裙上的卡通象。（这种图片对比的目的是为了让同学明白，强力和轻力不是由形状大小决定的。）

本节课的重点是力量，强力和轻力之间的对比。使学生明白什么情况下使用强力、什么情况下使用轻力，这对投掷、足踢、击打以及舞蹈和体操来说非常重要。

学习经验：力量对比

让学生在自我训练区像雕像一样做出展示强力的姿势。重复几次，摸索强力的不同姿势和动作。

重复刚才的"雕像"运动，绷紧身上的每一块肌肉（S2.E4）。

观察学生们阐释强力这一概念时使用的不同姿势，请记住强调以下几点。

- 重复表示轻力的姿势。

把自己想象成轻盈的东西，比如一个幽灵、一片叶子，一阵风都能刮走你。请不要紧张，全身放松。

- 学生在公共训练区域做强力和轻力的动作。（这项活动对小孩子来说有些困难，因为重量对他们来说就是强力；在他们做强力动作时，给他们些口头提示。）

想象

- 一片雪花变成了一个大雪球。
- 一小滴雨化为一场猛烈的雷暴雨。

学习经验：描述力量的动词

和同学开展头脑风暴，让他们反思描述强力和轻力的词语。给同学几分钟自行体会这些动作。请看下面的例子。

- 朝空中打一拳，好像在和一个重量级对手拳击。
- 在空中轻弹，模拟弹击蜘蛛网上的一粒灰尘。
- 像技术娴熟的滑冰运动员一样滑过房间。
- 在地板上踩脚，仿佛要甩掉鞋子上的泥。

学习经验：力量站点练习

- 站点练习 1：大力击打空中的气球，再用小力击打气球。
  观察你击打气球的动作，我应该能判断出你使用的是大力还是小力。
  - 站点练习 2：用脚踢球，使球完全穿过一般区域，再踢球的时候，只让球

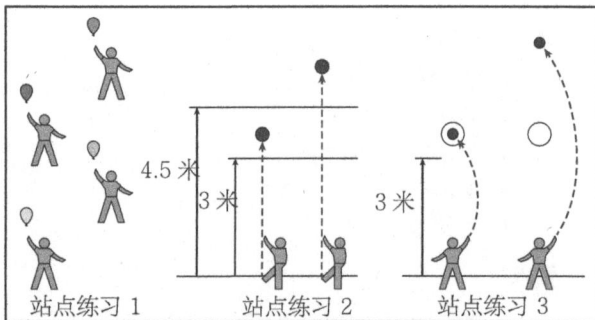

到达公共训练区中部的目标区域。（可选择在体育馆或操场上完成。）
- 站点练习 3：用最大力量将球扔出去，然后再用轻一点的力量扔球，把球扔到铁环里或停留在附近。

评估

上述几个站点练习为理解操作概念的常规学习性评估提供了一个很好的平台。教师站在同一个位置，然后告知学生观察重点。

小结

- 今天这节课的重点是什么？
- 给旁边同学列举轻力和强力的例子。
- 体育活动中为什么需要不同的力量？

反思

- 学生能不能识别强力动作和轻力动作？
- 学生能不能使用强力和轻力运动？
- 学生能不能对比强力和轻力，完成踢球、扔球和击打动作？

动作流

2~3 年级

具备体育素养的人能够将概念、原则以及方法策略等相关知识与体育运动及表现联系起来。

年级水平学习成果

本节课是达到以下学习成果的前提条件。

- 结合移动技能和运动概念（高度、姿势、伸展、路径、力量、时间、移动）来创作并演示一个舞蹈（S1.E11.3）。
- 结合移动技能和运动概念（高度、姿势、伸展、路径、力量、时间、移动），和一个伙伴创作并演示一个舞蹈（S1.E11.4）。
- 结合移动技能和运动概念（高度、姿势、伸展、路径、力量、时间、移动），和一组人创作并演示一个舞蹈（S1.E11.3）。

教学目标

学习者将展示约束式动作流和自由式动作流运动的对比。

材料和器材

- 鼓。
- 能够表示节奏的音乐，能表示开始和停止节奏的音乐（忽动忽停的）。
- 纸板比萨圈，每人一个（可以在当地比萨店找到）。

引入

今天我们要介绍的动作概念叫动作流（flow）。当我们想到 flow 这个词时，通常映入脑海的是流动的水。其实运动上的流有两种，分别是约束式和自由式。任何时候都可以停止的运动称为约束式运动。如短打的棒球或垒球运动员挥棒时中止动作，轻轻触球实现短打。不能停止的运动则称为自由式运动。如棒球和垒球运动员全力挥棒，这种力量不能随便停止，只有结束了才能停下来。在比赛、体操和舞蹈中，有时我们需要约束移动，有时又需要自由移动。约束移动和自由移动给体操动作增加了刺激感，加强了创意舞蹈的表现力。

学习经验：自我训练区

对比自由式移动和约束式动作流的动作，比如一只手在空中举高，随着"1、2、3、4"的节拍逐渐举低；然后高举到空中再放下来。和同学们讨论两种动作的不同之处：一个是可停止的，一个是不可停止的。

- 给学生几分钟时间在自我训练区探索练习约束式动作，注意强调手臂、双腿和全身的停止动作。
- 同样给学生几分钟在自我训练区探索练习自由式动作，注意强调不可停止的概念。

学习经验：对比两种移动

- 让学生在公共训练区域模拟端了一碗满满的汤行走；让学生模拟一朵云或一个

气球，或者是空中飞翔的雄鹰。

- 将注意力放在约束式移动上；学生可以随时停止。
- 将注意力放在自由式移动上；学生好像不能随时停止，但仍可以控制自己的动作。
- 让学生按照 Z 字形的路径移动，要突出路线的急剧转向，对比自由移动的弯曲路径。利用音乐来区别自由式和约束式移动，学生按音乐节奏做不同的移动。

学习经验：目的性对比

- 让一根羽毛或轻围巾落到地面，然后让球体落向地面，让学生观察物体自由式移动和约束式移动的不同之处。
- 让学生站在自我训练区，每人手握一个比萨圈，然后以各种方式绕着身体移动——从高到低、一侧到另一侧、全身通过，改变速度和位置来确定约束式和自由式动作流。

能不能握着比萨圈把比萨圈从高处移到低处？能不能握着比萨圈转身，保证比萨圈不掉到地上？

- 探索自由式移动动作。

故意慢慢移动比萨圈，让它任何时候都可以停下。你在哪块区域能移动比萨圈？环绕身体的哪个部位？探索体验一下这种约束式移动吧。

3 年级：比萨圈舞蹈

设计一个结合自由式动作和约束式动作动作组合。

- 开始和结束的姿势。
- 结合约束式和自由式动作。
- 离开自我训练区的移动范围越少越好。

使用柔和的背景音乐来设置片段长度，时间为 60~90 秒。

评估

观察学生对约束式和自由式动作流的认知性理解。

小结

- 今天这节课的重点是什么？
- 两种类型的动作流叫什么？有什么不同之处？

2 年级

我会从运动、体操或舞蹈中选一个动作，你们对其进行分类，看看是属于约束式还是自由式。

例子：跳起来接球，前滚翻，头手倒立，篮球的防守姿势。

3 年级

让学生说出一种自己最喜欢的运动、体操或舞蹈中的自由式和约束式移动。

反思

- 学生能不能演示约束式和自由式动作？
- 教师演示这些动作时，他们能不能识别哪一种？

运动概念复习

3 年级

标准 2　具备体育素养的人能够将概念、原则以及方法策略等相关知识与体育运动及表现联系起来。

年级水平学习成果

- 根据教师的指导将运动概念（方向、高度、力量、时间）和技巧（S2.E3.3）结合在一起。
- 在体操和舞蹈中运用正位概念。

教学目标

学习者将：

- 在教师设计的动作组合中应用运动概念。
- 设计并表演一个动作组合。

材料和器材

- 音乐。
- 若干彩带或围巾。
- 书写板。
- 记录用的纸和铅笔。

引入

　　2 年级时，大家学习了时间（速度）、力量和动作流的概念。我们移动的不同速度是什么？有没有同学解释并举例说明一下力量？有没有同学能对比运动中的强力和轻力？我们学的最后一个是动作流。大家伸展手臂做宽姿。看看如何使用约束式动作将手并拢。这个运动停止了又开始了。现在把它和自由式运动做个比较。今天，我们要通过一个趣味动作组合复习这些概念。然后大家自己要能设计一个动作组合了。

学习经验：运动动作组合

运动动作组合就像句子一样，有头有尾。

在书写板上写下以下句子：走四步，转身，伸展到宽姿态，倒向地板，然后起身站立。

运动动作组合的逗号和句号跟句子中的含义一样：逗号表示停顿，句号表示停止。

- 给学生时间练习书写板上的动作动作组合，直到他们基本记住。
- 每展示一项运动概念，让学生做几遍，再呈现下一个运动概念。（运动动作组合不变；运动概念变了。）
- 将运动动作组合变为慢动作。
- 将运动动作组合变为快动作。
- 将动作安排到最小，轻力地移动。
- 将动作安排到最大，强力地移动。

- 使用约束式动作。
- 使用自由式动作。
- 加入彩带或围巾，重复约束式和自由式移动。
- 加入音乐，让学生根据感觉或节奏展示动作。（最好使用不同的创造性音乐。）

学习经验：设计动作组合

让每名学生创作一个动作组合，要包含以下几方面：一个姿势、一项运动技能、一项非移动动作（伸展、弯曲、扭转）、一个转身和一个振荡（摇晃）运动。动作组合应包括时间、力量和动作流的变化。在写字板上写下对动作组合的要求和标准，告诉学生由他们自己决定每个部分的动作组合。（你应该提前选好音乐；给每个学生选择一首音乐。）

- 给学生充足的创作和练习时间。让他们说明或记录自己的顺序。
- 让学生在公共训练区连续演示3次（所有人同时进行）自己的动作顺序，然后停止。
- 学生和伙伴互相教自己设计的顺序。
- 伙伴相互合作，将两种动作组合结合（S4.E4.3a）成ABAB的编排形式。给伙伴充足的时间来学习和练习这两种动作组合。
- 伙伴给另一组人演示自己的动作组合。（鼓励学生接受和赞扬别人的编排。）

设计动作顺序对儿童来说颇具挑战但又充满乐趣，不应该催促学生。预计这节课要耗时一个课时以上。

评估

- 观察学生对时间、力量和移动概念的认知性和操作性理解。
- 伙伴和教师观察下的教伙伴运动动作组合可以成为一次非正式评估。

小结

- 今天这节课的重点是什么？
- 告诉你旁边的同学一个能用到时间（速度）、力量和移动的具体体操动作。解释一下它为什么对完成这个动作至关重要。
- 在家里使用自己最喜欢的音乐，创作自己的动作组合；邀请亲朋好友加入进来。

反思

- 学生能否区分时间、力量和动作流的概念？
- 学生是否能在伙伴练习中相互协作，在小组演示中互相赞扬？

第六章

移动技能能力教学

移动技能是所有运动的基础。从婴儿爬行到小孩迈出第一步，再到职业运动员将技巧结合应用于舞蹈、运动和体操中，运动动作提供了我们日常生活的功能动作，还让我们体会到了体育运动的娱乐和美学享受。加拉休等人（Gallahue et al., 2012）提醒过我们，这一切都不是与生俱来的技能。虽然很多小孩都具备基本的跑步、垫步跳、双脚跳等技巧，但熟练地成功参与体育运动和学习体育知识需要指导。

通常小学体育教师只利用一节课介绍移动技能，吩咐学生把每项技能简单练习下，就觉得学生已经掌握了。这种想法导致下面的后果：缺乏对运动技巧的进一步练习，到活动需要时才后悔莫及，或者是在活动中现学现用。

与非移动技能和操作技能一样，移动技能也不是通过一门课程就能掌握的。这需要随着时间的推移对重点技能进行反复和针对性的集中练习。单脚跳、跑马步、慢跑以及滑步的熟练模式是一年级期末的标杆。垫步跳是 2 年级的水平学习成果。掌握跑步和跨步跳的熟练模式是 3 年级的预期成果。让小学低年级的学生直接参加到需要用到这些技能的活动中，相当于让孩子在还掌握必要技能时，就去参加比赛。追逐、逃跑和追拍游戏对学生的技能进步没有任何帮助；只有熟练掌握了正确的动

73

作模式后，再应用到体育活动里才是合适的。

　　本章第一个教学计划的入门任务可用于全年进行分散练习。这些练习为培养运动技能恰当的、有针对性的任务提供了范例；你可以根据观察学生表现和反思他们的进展来设计更多的练习。再次讨论移动技能有利于学生积累经验，因为这可以增加一些运动概念，如方位和路径。与引导课程一样，可以利用课前回顾和热身练习的几分钟来练习移动技能，也可以在介绍当天的非移动技能和操作技能之前进行。这简短而又重要的几分钟给你提供了观察课堂和学生的机会，让你得到学生对运动技能关键要素的掌握情况并予以反馈。普通学生和优秀学生的不同就在于掌握技能的细微之处。移动技能也不例外；成熟的模式非常重要。

移动技能
空间意识

标准 1 具备体育素养的人能够展示多种运动技能和运动模式。

年级水平学习成果

- 在保持平衡的前提下，展示运动技能（单脚跳、跑马步、跑步、滑步、垫步跳）（S1.E1.K）。
- 在垫行双脚跳和落地动作时保持平衡（S1.E3.K）。

教学目标

学习者将：

- 在公共训练区移动，注意不要撞到其他人，也不要摔倒。
- 使用多种运动技能在公共训练区移动。
- 当教师或其他同学正确演示基本的运动技能时，能够识别出来（单脚跳、跑马步、跑步、滑步、垫步跳、跨步跳）。

注意：虽然运动技能对体育的基础技能十分重要，但小学生很难在一节课 30 分钟里一直全神贯注。下面的指导会有助于你设计教学，使他们达到年级水平学习成果。

- 鼓励幼儿园阶段的学生安全地在公共训练区移动；只介绍移动技能，不要求掌握。
- 一般来说，幼儿学习掌握运动技能的最佳方法就是演示和大量重复练习。
- 对多数学生来说，掌握移动技能的顺序是单脚跳、跑马步、滑步、垫步跳和跨步跳。跑步是孩子与生俱来的技能，但熟练掌握跑步技能还需要教师恰当的指导和对关键要素的把握。

利用每节体适能课（30 分钟）开始时的 8~10 分钟来介绍和练习运动技能，其余的时间用于学习其他类别的技能，比如操作技能和非移动技能。

单脚跳

幼儿园 ~3 年级

材料和器材

- 发信号用的鼓。
- 记录用的写字板或挂图。

引入

如果我在课间休息时观察大家，能看到多少种不同的移动方式？（在写字板上列下学生们的答案：跑步、走、双脚跳、单脚跳，等等。）我们将这些移动方式统称为移动技能，它们应用于比赛、舞蹈和体操。

可以的话，将今天要介绍的移动动作和学生休息时进行的游戏、运动、舞蹈和体操结合起来。

今天要介绍的移动技能叫作单脚跳，包括上下跳步、同样一只脚跳、一只脚到另一只脚跳。

单脚跳的关键要素：

- 单脚起跳，然后用相同脚落地。
- 向上跳，同时借助脚踝落地缓冲。
- 手臂上下协调摆动（抬升以保持平衡）。
- 膝盖不要完全伸直。

学习经验：自我训练区单脚跳练习

在自我训练区练习上下单脚跳，每次使用同一只脚着地。

- 用惯用脚练习 5 次，换另一只脚再练 5 次。
- 一只脚进行单脚起跳，听到鼓声信号后换另一只脚。（提醒学生疲劳时可换另一只脚练习。）

学习经验：公共训练区单脚跳练习

用单脚跳在公共训练区移动。

安全检查：只练习向前的单脚跳跳。

- 用惯用脚练习 5 次，换另一只脚再练 5 次。
- 一只脚练习单脚跳，听到信号后换另一只脚。

评估

观察抬脚困难、不能单脚支撑和难以保持平衡的学生。

小结

- 我们今天介绍的移动技能是什么？
- 兔子吗？袋鼠呢？它们实际是双脚跳——它们双脚双脚同时跳离地面，而非单脚单脚——虽然我们的书本将兔子和袋鼠的移动称为单脚跳（hopping），但其实并非如此。单脚跳和双脚跳的区别是什么呢？

反思

- 学生在自我训练区练习单脚跳时能否保持平衡？
- 他们能不能在公共训练区单脚跳向前跳动并保持平衡？
- 他们能否用惯用脚和非惯用脚完成单脚跳 3 次以上？

双脚跳

幼儿园 ~3 年级

材料和器材

发信号用的鼓。

引入

蚱蜢、跳跳虎和篮球运动员有什么共同之处？他们／它们都要双脚跳。我们能向前跳、向后跳、向上跳，还能跳过雨水坑。每次起跳我们都需要把握好平衡，屈膝，轻轻、稳定地落地。

复习上一节的单脚跳课中反思单脚跳和双脚跳的区别。

双脚跳分为两种。一种是让我们得以移动的运动技能。另一种是非移动技能；只让我们在原地上下移动。我们今天的重点是起跳后的轻轻落地。

落地的关键要素：

- 落地时屈髋、屈膝和屈踝。
- 落地后肩、膝盖和脚踝保持稳定。

学习经验：自我训练区双脚跳练习

- 自我训练区的跳跃——重复练习较低高度的跳跃。
- 落地稳定——注意不要摔倒。
- 落地时屈膝，准备下一次起跳。
- 原地向前跳跃。
- 落地时保持稳定。
- 落地时屈膝缓冲震动。

安全检查：准备好充足的空间，防止学生向前跳跃时发生碰撞。

学习经验：公共训练区跳跃练习

公共训练区的跳跃移动——以低高度和短距离进行重复跳跃。

- 落地时保持稳定——不要摔倒。
- 落地时屈膝，准备下一次起跳。

评估

观察学生能否稳定落地，也就是不要摔倒。

小结

- 我们今天学习了什么新运动技能？
- 双脚跳需要几只脚？单脚跳需要几只脚？

反思

- 学生向前和向后跳跃时能否稳定落地保持平衡？
- 他们是双脚同时落地吗？
- 有没有个别学生需要帮助？

跑马步
幼儿园 ~3 年级

材料和器材

发信号用的鼓。

引入

上次我们学习了左右脚单脚跳。完成下面的填空：单脚跳使用的是＿＿＿＿脚；双脚跳使用的是＿＿＿＿脚。今天的移动技能是跑马步。说到"跑马步"，大家会想到什么动物呢？

跑马步的关键要素：
- 身体向前。
- 前腿抬起向前，以支撑体重。
- 后脚迅速靠拢支撑脚。
- 抬起前腿，重复此动作。
- 手臂稍稍弯曲，置于身体前侧。

学习经验：移动技能复习

复习目前学过的移动技能，给学生恰当演示的提示，让学生在公共训练区练习。

学习经验：跑马步

- 让学生在公共训练区分散，教师演示正确的跑马步动作，注意整个动作中抬起的是同一只脚。
- 让学生前脚向前呈站立姿势，准备做跑马步动作。听到你的口令后，他们在公共训练区练习跑马步，避免发生碰撞和失去平衡。
- 让学生换另一只脚，继续练习跑马步。
- 课堂娱乐：让他们像骑马的牛仔一样练习跑马步，并做反方向练习。

转头看看周围以避免和其他人发生碰撞。向后练习时，稍微压低身体以保持平衡。

评估

在动作练习过程中，观察是否有难以保持一脚在前，或难以保持平衡的学生。

小结

我们今天介绍了什么移动技能？

反思

- 学生能不能在保持平衡的条件下，在公共训练区演示跑马步？
- 他们能不能用惯用脚和非惯用脚向前演示跑马步？

滑步

路径

幼儿园 ~3 年级

材料和器材

发信号用的鼓。

引入

说到"滑步"，大家首先想到的是什么？棒球运动员滑动以避免被触杀出局。我们冬季也会滑冰。篮球运动员从一边向另一边快速移动时，也会选择滑步。滑步动作有很多种。

滑步动作也是一种移动技能——用跑马步从一侧侧向快速移动到另一侧，像舞者一样身体腾空。对比这一动作和滑冰时双脚向前滑动有什么不同。

滑步的关键要素：

- 身体向前；头朝着移动方向转动。
- 抬起前腿，侧身移动以支撑体重。
- 后脚迅速靠拢支撑脚。
- 身体暂时腾空。
- 双臂抬起，伸向两侧。

学习经验：滑步

回顾一下跑马步的关键要素。注意跑马步和滑步的共同点与不同点。一边口头提示一边演示侧面滑步、转头和身体离地。

让学生在公共训练区分散，沿着自己喜欢的侧面方向练习滑步。

- 滑向右侧，眼睛朝右看。
- 滑向左侧，眼睛朝左看。
- 沿自己喜欢的方向滑动，听到口令后改变方向。
- 沿着 Z 字形和曲线形滑动，避免发生碰撞（需事先上过运动概念课）。

评估

观察腾空有困难或难以保持平衡的学生。

小结

- 我们今天介绍了什么移动技能？
- 跑马步和滑步的区别是什么？
- 在运动中有 3 种滑步：篮球运动员的滑步、棒球运动员的滑步、滑冰运动员的滑步。我们今天练习的是哪种滑步？

反思

- 学生能不能在保持平衡的条件下在公共训练区演示滑步？
- 他们能不能向左、向右滑步？

跑步

时间

幼儿园 ~3 年级

引入

让学生说说他们最喜欢的移动方式。提醒学生可以出现重复答案，每个人都要说出自己最喜欢的移动方式。

目前为止我们已经讲过了单脚跳、双脚跳、跑马步和滑步。今天我们学习的可能是大家最喜欢的运动方式——跑步。我们先来看一下这种跑步——慢跑。有没有人知道怎么慢跑？慢跑其实就是较慢速度的跑步。我们经常看到有人在操场或家附近慢跑。我们要在室内慢跑，然后在户外快跑，那里有更大的空间。

跑步的关键要素：

- 跑步时手脚一前一后。
- 脚尖向前。
- 按照脚跟到脚尖的顺序着地。
- 手臂前后摆动——不越过中线。
- 身体稍向前倾。

学习经验：慢跑

- 让学生在公共训练区练习跑步，避免发生碰撞；根据你的口令停止，避免摔倒。
- 将速度降至学生认为的慢跑速度。（给学生演示快速跑和慢跑的区别。）
- 进行 30 秒的慢跑练习，听口令停止。
- 通过演示超低速的慢跑来告诉学生，慢跑不是步行；慢跑是相对较慢的跑步。
- 让学生以中等速度慢跑，就像跑马拉松一样。

评估

观察学生的常见错误：使用脚尖跑步，严重越过中线。

学习经验：多种移动技能下的移动

让学生用指定的移动技能移动来进行复习，避免发生碰撞，在保持平衡的前提下切换到下一动作。

- 让学生演示单脚跳、跑马步、滑步和慢跑。
- 让学生探索如何结合多种移动运动技组合，在此期间，观察学生的认知性理解和技能进展情况。
- 让学生改变移动技能。现在由他们来决定 4 种移动技能的顺序——单脚跳、跑马步、滑步和慢跑。听到口令后，开始演示第一个动作，然后根据口令切换到下一个动作。

评估

同伴之间互相评价：让每名学生站在一个同伴旁边。A 告诉 B 他需要演示什么移动技能。待 A 演示完毕后，若他（她）演示的是选定技能，B 则表扬 A。

小结

- 我们今天学习了什么移动技能?
- 大家注意观察我在训练区是如何移动的;告诉旁边同学我选择的是什么运动技能。
  （重复一下目前学过的所有移动技能。）

反思

- 学生在公共训练区跑步，能不能避免碰撞、保持平衡?
- 他们能否分清快跑和慢跑的区别?

注意：熟练掌握跑步模式并不容易，要达到这一目标，如果学生只在体育馆这样的有限空间进行慢跑练习，发展熟练的跑步动作模式可能有点困难。在备课时你应加入一些趣味的户外跑步练习，为学生的加速留够充足空间，这样在他们同时跑步时，不必担心出现碰撞问题。

垫步跳
幼儿园 ~3 年级

　　垫步跳是儿童较难掌握的一种移动技能。它的过程一般是每隔一步从跑马步到垫步跳，再到一个完整的垫步跳。

　　一般来说，最好不要将垫步跳想得过于复杂，不要将它分解为抬脚—跳—抬脚—跳；这种方法往往让踏跳步十分僵硬，不够流畅。一个成功的教学方法是：教师做演示，学生反复练习体会，跟音乐练习并与同伴练习。

　　幼儿园和一年级学生不用为能否正确演示垫步跳感到有压力；年级水平学习成果对 2 年级学生能够熟练掌握该模式做出了要求。

垫步跳的关键要素：

- 抬腿、起跳，然后换另一只脚。踏出一只脚，单腿跳，然后换另一脚单腿跳。
- 手臂和脚的移动方向相反。
- 在单脚跳起时，一只手臂和脚要抬起来。
- 双脚轮流着地。

学习经验：伙伴练习

- 让学生在公共训练区和选定的伙伴进行垫步跳练习。
- 练习垫步跳时，让学生和伙伴并列。（幼儿园学生可选择跑马步或垫步跳。）
- 增加挑战，让学生移动时调整速度来和伙伴保持并列。

学习经验：跟随练习

- 让学生选定一个同伴，一起在公共训练区进行移动练习，一个人是领头的，另一个是跟随者。1 年级学生选择垫步跳的移动方式；幼儿园学生可选择垫步跳或者跑马步。听到口令后，学生按顺序变换"角色"，沿着相反方向移动。

学习经验：模仿练习

- 学生 A 利用单脚跳、跳跃、慢跑、跑马步、滑步或者垫步跳移动到公共训练区的一个新位置。B 模仿 A 的移动技能移动到相同位置。然后伙伴 B 变成领头者，选择新的运动技能和新位置。

　　（这种模仿行为通过添加开始和结尾动作，很容易可以成为孩子们的舞蹈，也可以配上音乐。）

评估

　　到 2 年级时才会评估垫步跳。对于幼儿园和 1 年级的学生，教师只是观察他们会不会垫步跳并鼓励他们。

跨步跳

2~3 年级

跨步跳是儿童需要掌握的最后一项移动技能。因此，对 2 年级的学生只进行介绍，3 年级的学生则应根据年级水平学习成果要求学会熟练操作模式。

材料和器材

向每名学生发放跳绳。

引入

我们目前为止已学过单脚跳、双脚跳、跑马步、滑步、跑步和垫步跳等移动方式。今天，我们增加运动技能的最后一项——跨步跳。说到"跨步跳"，大家首先想到的什么？（也许学生们会说跳山羊、芭蕾舞者、篮球运动员、杂技表演，或者是跳过小溪和泥水坑。）

跨步跳是移动技能的一种，也是跳跃的一个形式——一脚起跳，另一只脚落地。给学生演示跨步跳，着重强调跨步跳的腾空阶段：双腿展开，双臂伸开并上举，在空中身体前倾。跨跳步是跑步和慢跑的一种延伸。

跨步跳的关键要素：

- 单脚起跳，落地脚为另一只脚。
- 双腿要根据高度和距离伸展。
- 腾空时双臂伸开并上举。
- 落地时屈膝缓冲。

学习经验：跨步跳移动

让学生在公共训练区进行跨步跳和跑步的结合练习：跑步、跑步、跑步，跨跳步；跑步、跑步、跑步，跨步跳；需要强调的是单脚起跳，另一只脚落地，然后继续跑步。

- 让学生练习跑步和跨步跳，强调在腾空阶段要迈开双腿来扩大距离，就跟跳过水坑一样。
- 有的水坑小，有的水坑大。学生应改变跨步跳的距离。
- 给学生充分的训练时间，让他们找到自己的跑步和跨步跳节奏，比如跨跳前需要跑多少步，用哪只脚起跳。

跨步跳时，让学生伸展双臂和双腿，抬起身体增加滞空时间，就像悬浮在空中一样。把自己想象成小飞侠，只要飞一秒就可以了。双臂向两侧伸展，双腿一前一后伸展。

3 年级

- 让学生把跳绳在自我训练区摆成一条直线，然后练习跨步跳过这条绳子。
- 在公共训练区布置一些跳绳，让学生挑战跳过这些绳子。

安全检查：提醒学生跨步跳前检查好空旷的空间。

评估

- 对 2 年级的学生进行非正式观察，因为这只是练习。
- 观察 3 年级学生对关键要素的掌握情况。

小结

- 我们今天练习了什么移动技能?
- 相比于其他运动技能, 跨步跳的难点是什么?
- 说出你在舞蹈、体操或者运动中见到的跨步跳动作。

反思

2 年级

- 跨跳过程中, 学生能不能一只脚起跳, 一只脚落地?
- 跨步跳是空中水平移动方式还是垂直移动方式?

3 年级

- 学生能不能熟练掌握跨跳步的关键要素?
- 学生有没有伸展身体来增加滞空时间, 有没有在起跳时使劲发力?

移动技能复习

运动概念

1~2 年级

标准 1 具备体育素养的人能够展示多种运动技能和运动模式。

年级水平学习成果

- 能在平衡状态下演示移动技能（S1.E1.K）。
- 掌握单脚跳、跑马步、慢跑和滑步的成熟模式（S1.E1.1）。
- 掌握垫步跳的成熟模式（S1.E1.2）。

教学目标

学习者将：

- 能够用单脚跳、跑马步、滑步和慢跑的成熟模式在公共训练区移动（1 年级）。
- 能够用垫步跳的成熟模式在公共训练区移动（2 年级）。
- 当教师或其他学生正确演示时，能够识别基本的移动技能动作。
- 能够将移动技能结合为一个动作组合。

注意：掌握技能的成熟模式是 1 年级和 2 年级学年末的预期目标。总结性评估前进行的练习课应将重点放在学生进步情况和关键要素的展现上。

材料和器材

- 鼓。
- 音乐（可选项）。
- 记录运动动作组合用的写字板，学生记录用的纸和笔。

引入

在之前的课上，我们强调移动时不要发生碰撞，听到口令停止时避免摔倒。大家已经体会过用步行、单脚跳、跑马步、滑步、慢跑垫步跳移动了。今天，我们在公共训练区一起来复习这些动作。

学习经验：公共训练区的运动动作练习

- 在教师指导下，在公共训练区用多种移动技能移动。
- 在公共训练区，根据口令变换不同移动技能移动。
- 用自己最喜欢的移动技能移动。
- 用新的移动方式，创造一个新的移动技能动作，将路径、方向、高度加进去。

学习经验："角落互换"移动技能

- 将学生分成 4 组，每组占训练区一个角。将这 4 组编号为 1、2、3、4 组。
- 选择 2 个组和 1 项移动动作，如 1 组和 4 组，慢跑。听到口令后，1 组和 4 组互换角落位置，用慢跑动作移动至对方向置。
- 练习时选择不同的小组搭档，结合不同的移动动作。

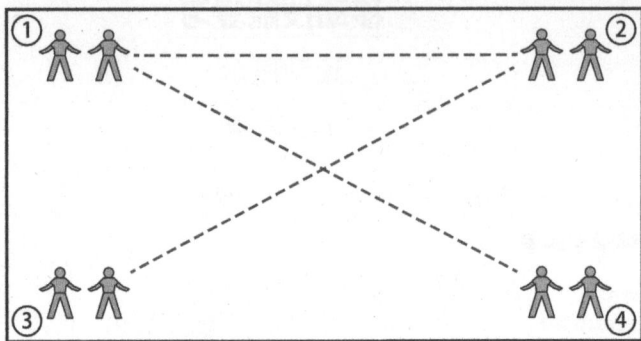

- 自由式移动，根据个人喜好选择移动动作。
- 全体互换，所有小组每个成员都要交换角落位置（这是观察学生移动能否避免碰撞的绝佳机会）。

注意：只有经过足够练习并确定儿童熟悉垫步跳后，才可在角落互换中使用这一动作；1 年级学生可以选择垫步跳或跑马步。

学习经验：将移动技能动作结合成动作组合：动作句子

练习了这么多移动动作，我们可以通过造句的方法把一些移动动作搭配起来。我先写第一个句子，然后我们一起再写第二个。步行，单脚跳，跑马步。大家读这句子的时候，知道逗号是什么意思吗？对，就是停顿的意思。鼓声就是我们的停顿信号。大家准备好了吗？步行……单脚跳……跑马步。

- 在句末探索各种身体形态：疑问号、感叹号、句号。
- 学生创作小组句子。
- 课堂上每名学生都要造一个句子，在纸上记录下来，展示给同伴或者其他同学。

评估

在练习、动作组合和角落互换的过程中观察学生的移动技能情况。这些常规学习性评估为基础技能的个人表现和班级表现提供了宝贵信息。

在清单（电子的或手写的）上列出基础移动动作和每项技能的关键要素。学生演示移动动作时，定期观察他们的表现，若学生掌握了关键要素和技能的成熟模式，就在清单上用符号表示。清单的制作很简单，比如用"+"表示"掌握"，也可以复杂一点，注明日期。技能评估的次数应不少于一次。请记住，小学生常常可以正确做出移动技能，却不能保持下去。

小结

根据学生的回答，在写字板上列出运动技能的名称。然后根据上面的每一项技能，让学生描述出用到该动作的游戏、体操或舞蹈动作。

反思

- 学生准备好进行每项移动技能的总结性评估了吗？
- 哪些同学、哪些班级需要集中练习某些特定的移动技能？

重点 ▶

次重点 ▶

移动技能复习

方向、路径

3 年级

标准 1 具备体育素养的人能够展示多种运动技能和运动模式。

年级水平学习成果

演示一个组合动作的移运动技能，能流畅转换每项技能，不出现停顿现象（S1. E6.3）。

教学目标

学习者将：

- 在公共训练区使用单脚跳、跑马步、滑步、慢跑、垫步跳和跨步跳的成熟模式移动 *。
- 将移动技能结合成动作组合，并转换自如。
- 动作组合有清晰的开头和结束。

*掌握跨跳步的成熟模式是 3 年级末的预期结果。

材料和器材

- 鼓。
- 写字板。
- 学生记录用的纸和笔。

引入

如果我让大家说说自己最喜欢的运动，大家会怎么回答？让我们分析下这项运动，看看大家能不能说出该运动中所有移动方式和移动技能。

跟学生展开头脑风暴，分析该运动中用到的所有移动动作。

看看写字板上的清单，上面列着我们幼儿园、1 年级和 2 年级学到的移动技能。那舞蹈和体操呢？会给我们的清单上增添什么新的移动技能？

学习经验：公共训练区移动技能练习

在教师指导下，在公共训练区用多种移动技能移动。

- 在公共训练区，根据口令变换不同移动技能移动。
- 用自己喜欢的移动技能移动。
- 用新的移动方式，创造一个新的移动动作。

给学生几分钟时间来练习和回顾所有移动动作——在公共训练区一起玩游戏，角落互换。

学习经验：移动动作组合

让学生通过运动动作、改变方向和路径移动技能动作组合，设计时，每个人要用到自己最喜欢的 3 个移动动作。

- 该动作组合首尾动作必须要清晰分明。
- 根据教师的口令来改变动作。
- 学生决定动作的方向和路径。
- 该动作组合的动作要优美，动作的转换与首尾动作的转换要流畅。

学习经验：移动动作舞蹈 II

将全班学生分为 4 人小组。每个小组的任务是创作一个能演示移动技能的舞蹈。该舞蹈必须包含 4 种不同的移动动作。小组每名成员选择一项移动动作，自己担任"领队"。小组组长只是第一个移动动作的"领队"，之后的每个移动动作都有其新的"领队"。谁做"领队"谁就移动至"领队"的位置，带领自选的移动动作。

课堂提醒

- 改变方向和路径会创造出有趣的地面模式（floor pattern）。
- 每个小组自行决定改变"领队"的信号，可以通过声音、计数、姿势或位置来改变。
- 动作组合开始时，要保持静止姿势。
- 运动结束时，可以以后一种姿势或非移动技能作为结束动作，如倒下、下降、分散或静止。

每组将其舞蹈记录下来，要注明"领队"、使用的移动动作和地面模式。通过充分的练习来加强记忆以后，舞蹈也许会：（1）展示给教师；（2）展示给同学们；（3）录制保存下来。

评估

可以由教师自己或同伴用课堂上讨论制定的标准来评估舞蹈。

小结

- 今天这节课的重点是什么？
- 为什么掌握单脚跳、双脚跳、跑马步、滑步、垫步跳和跨步跳至关重要？
- 根据每个运动动作，说出包含这个动作的运动、体操项目或舞蹈。

反思

- 学生练习时，有没有掌握移动技能的成熟模式？
- 在自己创作的舞蹈中，学生有没有掌握运动技能的成熟模式？
- 有没有学生依然很难掌握某个移动动作？
- 我应该如何满足学生的需求？

学生设计示例：移动技能舞蹈

跳跃与落地：距离

两人合作（标准4）

1~2 年级

标准 1 具备体育素养的人能够展示多种运动技能和运动模式。

标准 4 具备体育素养的人能够展示尊重他人和自己的社会和个人行为。

年级水平学习成果

- 能在水平地面上，使用双脚起跳与落地演示双脚跳与落地5个关键要素中的2个，（S1.E3.1）。
- 能在水平地面上，使用单脚和双脚起跳与落地演示与落地5个关键要素中的4个（S1.E3.2）。

教学目标

学习者将：

- 屈膝抡臂，准备起跳。
- 腾空时方向向前。
- 落地时屈髋、屈膝和屈踝以保持平衡。

双脚跳与落地的关键要素（水平面）

- 双臂、后背和膝盖弯曲，呈准备姿势。
- 身体向前腾跃时，双臂向前伸展。
- 腾空时身体稍向前舒展。
- 落地时屈髋、屈膝和屈踝。
- 落地后肩、膝盖和脚踝呈一条线以保持平衡。

材料和器材

- 每6英寸（15厘米）处放一块大垫子。
- 量尺或卷尺。
- 向每名学生发放专用跳绳。

组织管理

课堂上要特别注意给学生安全跳跃落地留出足够空间，以防止发生碰撞。初次上跳远课时，最好让学生排成一排或两排，沿着同一个方向跳跃，人与人之间留够空间后再开始练习。

引入

幼儿园学习运动技能时，我们接触过跳跃。告诉你旁边同学双脚跳与单脚步的区别是什么。双脚跳也分不同的类型，运动、体操和舞蹈中会用到不同类型的双脚跳。今天我们要练习的是跳远——向前跳跃。双脚跳有两个方面，我们不能只练习跳跃而忽略了落地。所以虽然今天的重点是跳跃，我们同样要练习如何正确落地。

回顾一下幼儿园时学习的正确落地知识。

学习经验：抡臂、起跳和跳跃

- 学生站在自我训练区，给向前跳跃留够空间。
- 双臂：练习双臂前后摆动。
- 双腿：双臂前后摆动时，加上屈髋、屈膝和屈踝的动作。
- 跳跃：加上跳跃的动作。给学生演示："摆臂、摆臂、摆臂……跳跃"。让学生练习几次双脚跳，观察他们的落地动作是否安全。

通过我对大家第一次跳跃的观察，我发现有的同学有个踏步动作，使用一只脚发力。我们再试试一试，看能不能使用双脚起跳和落地。

- 让学生重复刚才的练习，"摆臂、摆臂、摆臂……跳跃"。观察学生是否使用双脚起跳和落地。
- 让学生挑战每次都跳得远一点。让他们通过轻轻摆臂和用力抡臂，来判断摆臂对跳跃距离的影响。

常见错误
- 踏步动作。
- 双臂不摆动，放在身体两侧。
- 起跳前双腿僵硬。
- 落地时双腿僵硬。

评估

进行几分钟的指导性练习，观察下列问题。
- 是否使用双脚起跳和落地？
- 准备起跳时双臂是否摆动？
- 落地时膝盖是否弯曲？

学习经验：变化距离

向每名学生发放跳绳，让他们将跳绳在地上摆成 V 字形。

注意：教学生如何根据你的指示做安全检查。当你发出"安全检查"的口令时，所有学生停止活动，观察他们训练区的活动空间是否充足，练习任务是否安全。跳绳与跳绳之间要留够起跳和落地的空间以避免碰撞。

站在跳绳最后端的位置，学生跳过跳绳，教师观察他们的安全落地动作。
- 学生练习跳过跳绳中间部分，然后练习跳过最宽的部分。
- 学生可通过调整跳绳的宽窄来保证自己能成功跳过最宽部分。

（观察学生的跳跃动作、轻轻落地和双脚起跳动作是否正确。你可能需要提醒学生跳跃是从静止动作开始的，没有助跑动作。）

学习经验：高度和距离

找个伙伴一起练习（每组只需一条跳绳），A 在地上将跳绳摆成一条直线。然后 B 将跳绳放在 A 躺在地板上的高度。现在的挑战就是跳过你身高的距离。互换角色后重新开始。一个伙伴跳跃时，另一个伙伴观察他是否轻轻落地。

注意：当学生尝试最远跳跃距离时，很容易忽略了跳跃动作的关键要素。向个别学生或全班学生说明必要的提示。确保他们在落地时不会发生危险。

学习经验：站点练习

- 站点练习 1：V 字形跳跃。该动作重点在于双脚起跳和落地。
- 站点练习 2：跳远。学生站在垫子上，向前跳远。垫子上的标记使测量距离很容易。该动作的重点是落地平衡。

站点练习 2

站点练习 1

教师
站点练习 3

站点练习 4

- 站点练习 3：记录学生的跳远距离。该动作的重点是关键要素的把握。（这时你要观察每个学生掌握关键要素的动作。）
- 站点练习 4：跳过你的身高。该动作关注最远跳跃距离时的摆臂动作。

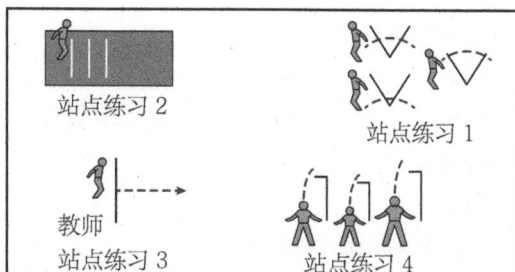

注意：复习技能时，学生很喜欢努力提高自己的分数，看到自己一年间的进步。动作 3 中的一对一练习同样为个人评估双脚跳和纠正关键要素提供了机会。

评估

- 课堂观察。
- 记录练习过程中的关键要素掌握情况。
- 3 年级时正式测评成熟模式。

小结

- 今天我们的哪项技能取得了进步？
- 准备起跳时，双臂和双腿应如何准备？
- 为了确保落地安全，膝盖应怎样？为什么轻轻落地在跳跃动作中很重要？

反思

- 准备起跳时，学生是否前后摆动双臂？
- 落地时，他们是否弯曲膝盖缓冲？
- 跳跃时，他们是否开始保持腾空状态？

跳跃与落地：高度

1~2 年级

标准 1 具备体育素养的人能够展示多种运动技巧和运动模式。

年级水平学习成果

- 能演示垂直位置上双脚跳与落地 5 个关键要素中的 2 个（S1.E4.1）。
- 能演示垂直位置上双脚跳与落地 5 个关键要素中的 4 个（S1.E4.2）。

教学目标

学习者将：

- 屈膝抡臂，准备跳跃。
- 跳跃时向前摆臂。
- 落地时屈髋、屈膝和屈踝以保持平衡。

跳跃与落地的关键要素（垂直面）：

- 屈髋、屈膝和屈踝，呈准备姿势。
- 身体向前腾跃时，双臂向上伸展。
- 腾空时身体稍向上舒展。
- 落地时屈髋、屈膝和屈踝。
- 落地后肩、膝盖和脚踝呈一条线，保持平衡。

材料和器材

- 大号垫子，牛奶箱（餐馆里装空瓶子或装报纸的箱子），或 30 厘米高的平台。
- 挂着气球的弹力绳。
- 2~5 厘米宽的彩色带子。
- 胶带

引入

上一节课我们练习了跳远。大家学习了准备起跳时要前后摆动双臂、屈膝。我们还讨论了落地时要屈膝来缓冲。今天我们要练习的是跳高。准备起跳时依然要前后摆动双臂；落地时仍需要屈膝缓冲。那么，高度跳跃和距离跳跃有什么不同呢？大家跳的时候手臂要向上摆动，而且落地位置不变。问问旁边同学："跳高和跳远的共同点和不同点是什么？"

学习经验：跳跃动作复习

安全检查：向前跳跃时注意检查空间是否充足。

让学生分散在公共训练区，给他们几分钟时间练习向前跳跃，复习双臂和双腿的摆动和发力动作。学生应屈髋、屈膝和屈踝，轻轻落地。

评估

开展学生间的同伴评价，评估内容是对手臂、双腿和落地关键要素的把握。学生应努力争取在三个关键要素中都拿到 3 分。学生跳跃三次，同伴每次注意观察一个动作——准备动作、身体腾空动作和落地动作。

学习经验：垂直跳跃

- 学生在自我训练区练习高度跳跃时摆臂起跳，加上轻轻落地的动作。
- 双臂向上伸展。
- 让学生向上伸展身体至天花板或天空，以此挑战自己跳的高度。想象：篮球、橄榄球和棒球中跳起来接球的动作。

注意：随着跳跃高度的增加，要强调轻轻落地的必要性。高度跳跃时轻轻落地非常重要，因为学生的目光都是朝上看的。

- 继续练习几分钟垂直跳跃，观察全班学生和个别学生的关键动作（向上摆臂、落地时屈膝）掌握情况，必要时给学生提供个人帮助。

学习经验：站点练习

高度跳跃、最远距离跳跃和个人身高跳跃

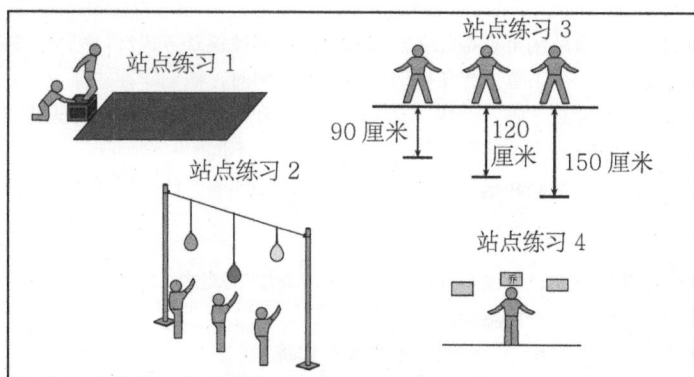

高度跳跃

站点练习 1：从箱子或盒子上跳下来

关键在于向上跳跃，而不是向前跳跃。

学生的目标就是从箱子上跳下来。跳下来时向空中高处跳跃。不要向前跳跃。落地时屈膝缓冲。

站在箱子旁边伸出手，让学生垂直跳跃时，挑战这个高度；不断调整手的高度，让每名学生都可根据自己的条件接受挑战。

安全检查：有的学生需要别人扶住箱子防止滑倒才敢跳跃。

站点练习 2：跳起来拍气球

将气球悬挂在不同高度。学生根据自己的选择跳起来拍打一下气球。这个练习的重点是双脚起跳和落地。

这种拍气球的方式给学生带来的挑战越来越大。学生拍打气球时，牵引的绳子就会卷起来，拉拽气球向上。每次成功的跳跃都会将气球推得更高。通过调整弹力绳和木杆连接的一端，同样可以将气球调高调低，这样可以针对每名学生设置不同的挑战目标。

站点练习 3：距离跳跃

学生站在起点线后，进行距离跳跃——长度分别为 90 厘米、120 厘米、150 厘米。重点在于保持平稳落地。

安全检查：让学生始终背对墙壁，这样跳跃时就可以避开墙壁。

站点练习 4：跳过你的身高

在墙上贴几块胶带。学生和同伴合作完成。A 靠墙站直，脚后跟贴紧墙壁；B 在 A 头的顶端旁贴一块胶带。学生的任务就是跳过自己的身高；挑战的奖励就是把你的名字写在那块胶带上。［"跳跃！吉姆·乔"（Jump Jim Joe）是一种民间舞蹈，这次练习也是对跳跃训练的一次完美回顾。］

评估

- 教师在站点 1 观察。
- 课堂上的同伴观察。
- 3 年级时对成熟模式的正式评估。

小结

- 我们今天这节课的重点是什么？大家演示了哪种跳跃方式？（教师应该双脚并拢、双腿挺直、手臂下垂。想象提问学生这些问题时，他们作答的样子。）
- 大家准备好跳跃了吗？手臂、双腿应如何配合？落地时要牢记哪些动作？
- 进行距离跳跃和高度跳跃时，手臂动作有什么不同？
- 体操、舞蹈、游戏和运动中需要向上跳跃的动作吗？什么情况下需要？为什么？

反思

- 学生准备跳跃时，有没有前后摆臂？练习高度跳跃时，有没有向上摆臂？
- 他们落地时有没有屈膝缓冲？
- 在垂直跳跃的过程中，学生有没有垂直起跳？
- 在水平跳跃的过程中，学生有没有保持腾空？

跳跃与落地

3 年级

具备体育素养的人能够展示多种运动技巧和运动模式。

年级水平学习成果

能演示水平跳跃和垂直跳跃起跳和落地的成熟模式（S1.E3.3）。

这节课是以下学习成果的首要条件。

- 使用体操中特定的踏跳起跳和落地动作（S1.E3.4）。
- 在舞蹈、体操和游戏环境下的小范围练习任务中，将跳跃与落地和移动技能、操作技能结合起来（S1.E3.5）。

教学目标

学习者将：

- 识别五种不同类型的跳跃。
- 使用指定的起跳与落地动作跳跃。
- 落地时屈膝缓冲。

材料和器材

在地上放置绳子或卷尺（绳子和卷尺的数量取决于场地大小）。

引入

大家在幼儿园、1 年级和 2 年级时练习过双脚跳与落地——高度跳跃、距离跳跃以及平衡落地。你们已经练习过双脚跳与落地动作的关键动作，在掌握每种双脚跳的成熟模式的进程中取得了很大的进步。今天我们这节课的第一部分就是练习这些双脚跳动作，同时复习一下每种类型的关键要素。

学习经验：双脚跳与落地复习

让学生分散在公共训练区练习高度跳跃和距离跳跃。观察是否掌握成熟模式的双脚跳；给同学们提供需要的提示。重复练习 2 年级时学过的、建立成熟双脚跳模式需要的任务（所有关键要素）。

学习经验：起跳与落地

观察完学生接近成熟模式的双脚跳后，向他们介绍不同类型的起跳和落地动作。将每种双脚跳动作和比赛、运动、体操、舞蹈中的具体动作联系起来讲解，如单脚到双脚的跳跃应用于篮球中的跳步急停或网球中击球前的小起跳，还有体操和舞蹈中使用的起跳和落地动作。

- 在地板上摆放几排绳子或卷尺，每条之间大概间距 120 厘米（请看下图的摆放方式）。根据绳子或卷尺摆放的排数将学生分为相同数量的小组。最大化利用场地就意味着每条线上的学生较少，可以使学生练习得更多。

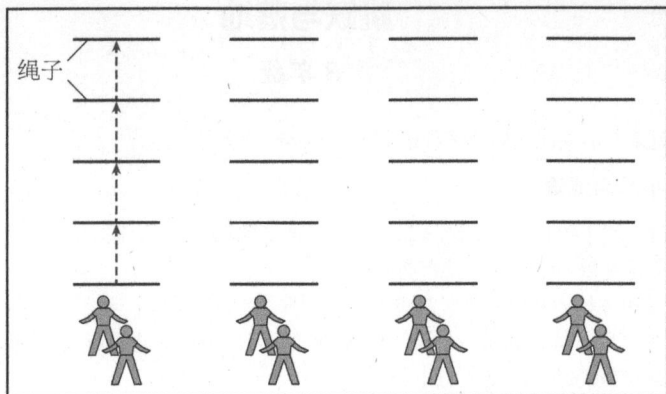

绳子

让每组学生站在第一条绳子（或卷尺）后。小组的第一个人先向前移动，跳过这排所有绳子，跳完最后一条绳子后返回起点线。当前面的人跳过第三条绳子时，后面的人开始跳跃。

双脚到双脚

你在幼儿园和1年级学习的第一个跳跃动作是双脚起跳与落地。当你靠近起跳线时，停顿一下，然后双脚跳过这条线。完美执行每次跳跃动作，不用急于求成。下一次跳跃之前，让自己平稳地停下来。

单脚到单脚（同脚跳）

这个动作比较简单。一只脚起跳然后同一只脚落地是什么动作？就是单脚跳。用单脚跳跳过绳子（或卷尺）。

双脚到单脚

和刚才一样靠近起跳线，双脚起跳、单脚落地。落地时注意保持身体平衡。

单脚到双脚

靠近起跳线，不要停顿，直接单脚起跳，然后平衡身体双脚落地。（想象跳水的动作。）

单脚交换跳

这个动作有些难度——起跳时使用一只脚，落地时使用另一只脚。这就是跨跳。完成这个动作的最好方法是增加助跑——跑步、跑步、跑步、跨跳。完成这个动作要取决于你的移动技能。根据高度和距离来伸展手臂和双腿。（想象：跳过大水坑的动作。）

学习经验："三人行必有我师"

在学生开始进行这些跳跃之前，让每名学生告诉后面的学生他将采取哪种类型的跳跃。完成这些跳跃后，"教练"告知"学员"一个演示正确的关键要素，并告诉他如何完成漏掉的并纠正错误的关键要素。鼓励"教练"具体说明表扬和纠正措施。（标准4）

学习经验：跳跃动作组合

让学生任意选择三种不同类型的跳跃，设计一个动作组合。学生可以向教师、伙伴或小组成员展示自己的设计，也可以在纸上记录下来。

标准

- 该动作组合必须包含开头和结尾姿势。
- 该动作组合必须使用 3 种不同类型的跳跃。
- 应该展示跳跃的成熟模式。
- 动作组合可以包括地板模式、方向改变和路径。

评估

同伴互相评估不同类型的跳跃。

小结

- 今天这节课的重点是什么？
- 这些跳跃和你在 1、2 年级学习的跳跃有什么不同？
- 这个问题比较困难：我们能不能说出使用每种类型跳跃的比赛、运动、体操动作和舞蹈步伐。（回忆下这五种类型的跳跃，讨论一下使用到每种类型跳跃的比赛、体操和舞蹈。再把每种跳跃动作和学生 4、5 年级体育课用到的技巧联系起来。）

反思

- 学生能不能安全地跳跃与落地，落地时屈膝避免摔倒？
- 在演示多种类型的跳跃时，他们有没有取得进步？

创作舞蹈

幼儿园 ~5 年级

对小孩来说，运动就是生命。不管是高兴还是伤心，他们都非常好动，而运动只是为了享受它带来的快乐。舞蹈是一种运动，许多孩童时代的运动都和舞蹈差不多。查尔斯·舒兹（Charles Schultz）在连环漫画《花生》（*Peanuts*）中写给史努比（Snoopy）的文章标题将这点体现得淋漓尽致："舞蹈就是生命。"小孩运动的目的是为了完成学习或工作中的某个任务，他们用运动表达情绪，而运动则给他们提供了创造的机会。

舞蹈在小学教育教育中占据着重要位置，这一点从国家标准中各年级的学习水平成果就可以看出来。本书的教学计划还包括舞蹈"根源"。舞蹈"根源"就是产生舞蹈的想法，移动技能和非移动技能；拉伸、蜷缩和扭曲动作；还有涉及年级水平学习成果的运动概念。舞蹈可以用来表达情感、可以用来讲述故事、可以用来学习运动的要素，或者只用来感受运动带来的快乐。对幼儿园~2年级的学生来说，舞蹈是一项运动，也是运动产生的快乐，教师要经常指导孩子如何跳舞。

对3年级到5年级的学生来说，舞蹈成了一个总结性研究，它可以表达对运动概念和移动动作、非移动运动动作的理解，也可以交流和展示自我表达形式。

运动的质量非常重要；选择什么运动、如何利用概念是由学生决定的。学生的舞蹈具有目的性，他们选择的动作也是为了达成这一目的。然而小学生的舞蹈是"自由"的，高年级小学生的舞蹈是可重复的，也就是经过精心编排和记录的。选择的这些动作都有一定的目标。这样动作有的快有的慢，有的平稳有的多变，有的狭窄有的外延，有的自由有的固定。要精心挑选身体姿势、全身和身体部分动作、首尾姿势、有无伴奏等方面来创作和表达出最终的舞蹈动作。

在移动技能、非移动技能和动作概念的教学计划中，你能看到以下舞蹈"根源"：

- 运动舞蹈 Ⅰ、Ⅱ
- 玩具的错误舞蹈动作姿势
- 变形金刚
- 动作词语
- 慢速运动
- 比萨圈舞蹈
- 变形虫
- 平衡与动作
- 颜色
- 速度反差
- 模仿动物
- 描述运动的句子

具备创造力和表现力的舞蹈是少儿体育教育需要的舞蹈。发展的适合年级水平的民族或文化的舞蹈为促进少儿包括路径、方向、空间意识在内的运动技能，以及与伙伴及与群体的关系创造了一个绝佳环境。儿童文学作品为少儿的表现力舞蹈提供了诸多机会。你应该经常与幼儿园和小学1年级教师聊聊孩子最喜欢的教科书。

对参加体育课程的高年级学生来说，文化舞蹈和适合年级水平的舞蹈拓宽了舞蹈课程。一旦掌握了这些舞蹈，学生在高年级就会加入趣味体育活动中，这可以增强体质，促进积极的社会交往。舞蹈是教学课程的重要一部分，但却常常由于教师的禁止而遭到忽视。移动技能能力会提升学生参加运动的信心，舞蹈也一样，精湛的舞蹈技能给学生积极健康的未来生活多一个选择。

第七章

非移动技能能力教学

儿童体操学习的首要任务是掌握平衡和重心转移的非移动技能。与传统的、奥林匹克式的体操预定技能相比，教育体操的重点是通过个性化教学和以学生为中心的解决问题方法，来掌握平衡和重心转移的技能。本章的教学计划主要讨论教育体操的技能和概念。

技能	概念
平衡	身体姿势
重心转移	高度
伸展、蜷缩和扭曲动作	肌肉张力
跳跃与落地	队列
移动	伸展

教学计划从初始技能到器材设备顺序的高级研究逐渐开展。教学计划进度是针对学生应用体操的技巧和概念的进步而专门制订的。许多课都需要分配练习。虽然可能会利用单独一节课讲解认知性理解，但通过练习来掌握演示技能依然非常必要。

学生在体操训练区活动时，安全是首要问题。尊重自己和他人、合理使用器材、认识到安全的重要性和对自己行为负责（标准4）都关乎儿童的安全。不允许在训练区嬉笑打闹，也不允许落地过猛。

传统的、奥林匹克式的体操需要许多大垫子来保证体操特技的安全

落地过猛

从幼儿园的初步练习到高年级体操，一直不允许落地过猛。如果学生有（肯定会有）落地过猛现象，他们会离开训练区域，走到体育馆边上坐一分钟。看着墙上的钟表，学生知道何时可以重新进入训练区继续练习。

一节有访客在场的体操课上，一个小孩突然走到墙边坐下。这位成年访客心想小孩肯定受伤了，于是他问："你还好吗？"小孩听到后说："我没事，我刚才落地过猛了！"他的回答是承担责任的体现（标准4）。

演练，不管在地板上还是器材上都是如此。

然而体操有练习平衡和重心转移的重点区域，可在不需要垫子的情况下完成。不管有没有垫子，前两节平衡课及肢体伸展、蜷缩和扭曲课都可以安全进行。

重心转移以及伸展、蜷缩和扭曲动作这样的非移动运动技能，对小学体育教育的技能发展非常重要。你会发现这些技能还融入了第八章——操作技能。从基础运动技能到高级体操、舞蹈、比赛和运动，平衡技能对所有领域的运动至关重要。参考这些早期的平衡课程，把它们当作嵌入式技能。

<table>
<tr><td>**重点** ▶</td><td></td></tr>
<tr><td>**次重点** ▶</td><td></td></tr>
</table>

平衡的概念

支撑点

幼儿园

标准 1 具备体育素养的人能够展示多种运动技巧和运动模式。

年级水平学习成果

在不同的支撑点上保持短暂平衡（S1.E7.Ka）。

教学目标

学习者将：

- 识别作为支撑点的身体部位。
- 在选定的支撑点上保持短暂平衡。

材料和器材

- 有足够的空间保证学生安全训练，可以在地板或垫子上进行。
- 条件允许的话，给每名学生发放专用垫子；户外训练需要准备方形垫子。
- 纸和笔。

[第一节体操课就要开始教学生如何安全使用、摆放和保管垫子（S4.E1, E5, E6.K）。]

安全问题

不允许在他人练习时，打扰和触碰他人（体操练习的重要安全协议，适用于任何时候）。（标准4）

引入

今天我们要学习平衡。平衡是什么意思呢？我现在处于平衡状态吗？（单脚站立时身体前倾，摆动胳膊好像快要摔倒。）

我现在是平衡状态吗？（单脚站立，双臂向身体外侧伸展，保持不动。）其实平衡就是静止不动——不要摆动、不要摇晃。我为什么要把胳膊伸出去呢？对，就是为了帮助我站得平稳，也就是为了保持平衡。

向学生简单介绍平衡是体操的重要部分，也是体育技能的重要方面，比如在稍微失衡的状态下踢球、接球，还有躲人和假动作。

伯根思（Brigance）平衡实验

让学生在自我训练区挑战单脚站立3秒，教师计时。向外伸展手臂以保持平衡。

在这一学年中，你的室内任课教师可能会要求你们参与这项活动。请记住保持平衡的秘诀——伸展手臂。

- 换另一只脚站立保持平衡，尽量不要摇晃或摆动。

将目光集中到对面墙上的某一点上或看着另一个人，这也能帮你保持平衡。

- 闭上眼睛重复此动作——这可以增加趣味性。

- 重复此动作，选择一只脚作为支撑点。

在自我训练区用单脚保持平衡，使用其他身体部位摆出与他人不一样的平衡姿势，创造自己别具一格的平衡动作。

学习经验：支撑基础

演示单脚站立平衡姿势。

当我单脚保持平衡时，和垫子或地板接触的身体部位是什么？对，就是我的脚。这就是我的支撑点。当你坐在自我训练区时，你的支撑点是身体哪个部位？平衡状态下，接触垫子或地板的身体部位，就叫作支撑点。

- 让学生演示自己最喜欢的平衡动作，指出支撑点的部位是什么，强调在体操的平衡中，很多身体部位都可以充当支撑点。然后让他们使用不同的支撑点练习平衡动作。
- 让学生尽可能多地创建安全的动作组合。

学习经验：不同位置动作

当我观察大家的平衡动作时，我注意到有的人所有的平衡动作都以站姿完成的，有的人是以坐姿完成的，还有的是躺在地板或垫子上完成的。大家在不同的支撑点上做平衡练习时，可以改变自己的姿势——站姿、坐姿，躺在垫子上。

（如果学生已经学过高度的运动概念，在课堂上涉及高高度、中高度和低高度。）

评估

今天继续我们的平衡练习之前，大家相互说说平衡的标准是什么。如果你听到的答案是"身体保持静止不动"，就是正确的回答。

学习经验：静止

让学生创造一个自己能纹丝不动保持平衡的动作。

大家有的人很难保持平衡；努力保持平衡，就像有人给给你拍照一样，不要摇晃、不要摆动，1001、1002、1003……大家休息一下。

- 让学生重复平衡动作，制订保持 3 秒的目标。给学生几分钟时间探索不同的平衡动作，强调每次数 3 下的时候不能动。
- 通过选择多种支撑点来增加学生的平衡动作。（挑选适合全班学生和个人技能水平的支撑点，如双脚双手、双脚、单手单脚、双手、膝盖和肘部、腹部、背部、肩膀和＿＿，臀部和单手、臀部和肘部。）

注重个人能力，逐渐提升学生的体操技能水平。慎重选择学生演示平衡动作，因为其他学生会模仿自己看到的演示动作，但他们可能还达不到这个难度水平。

学习经验：记录最喜欢的动作

让学生从今天所有尝试过的平衡动作中选出自己最喜欢的，重复练习这个动作，要注意强调静止和支撑点。给学生发放纸和笔，让他们画下或记下最喜欢的动作。让学生标记支撑点。（在写字板上列出可作为支撑点的身体部位，帮助学生书写。）将学生的作品放入档案中保管。

评估

- 学生尝试平衡动作时，观察动作是否安全性和平稳性。
- 用图画和标记支撑点的方式来进行非正式评估。

小结

- 今天这节课的重点是什么？
- 保持平衡的两个测试叫什么名称？
- 告诉旁边的同学，体操中的支撑点是什么。

反思

- 学生能否在多个支撑点上安全地保持平衡？
- 学生练习体操时，是否创造安全环境和尊重他人？
- 学生保持平衡时，是否理解静止的含义？

平衡的概念

姿势、高度

1~2 年级

标准 1 具备体育素养的人能够展示多种运动技巧和运动模式。

年级水平学习成果

- 在不同的支撑点上、使用不同的身体姿势保持静止（S1.E7.1）。
- 结合高度和姿势，在不同的支撑点上保持平衡（S1.E7.2a）。

教学目标

学习者将

- 在选定的支撑点上保持平衡状态 3 秒，演示 4 种基本姿势（1 年级）。
- 在选定的支撑点上保持平衡状态 3 秒，演示不同的姿势和高度（2 年级）。

安全问题

不允许在他人练习时，打扰和触碰他人（体操练习的重要安全协议，适用于任何时候）（标准 4）。

- 安全使用、搬运和保管垫子（S4.E1，E4，E6.1）（S4.E6.2a.2b）。

材料和器材

- 有足够的空间来保证学生安全训练，可以在地板或垫子上进行训练。
- 条件允许的话，给每名学生发放专用小垫子；户外训练需要准备方形垫子。
- 写字板。

引入

在幼儿园第一次学习舞蹈时，我们讨论过平衡的含义并且给它制定了标准。大家能不能想起平衡的两个条件？大家看我单脚站立，告诉我此时是否平衡。（站立时身体前倾、手臂摆动，像快要倒地一样。）我这个姿势平衡吗？不，我快要摔倒了。大家再看（身体站定但手臂依然摆动）。这个姿势呢？我没有摔倒的趋势，这算平衡吗？也不算。平衡的意思是我能完全保持这个姿势静止，而且不能出现摔倒的趋势，不能出现失去平衡。第二条标准是能使这个姿势保持几秒；我们的练习要求是保持 3 秒。大家许多人都能倒立，但很少有人能持续几秒。大家只有能控制了这个技能并保持几秒完全静止，才称得上掌握了这个技能。给旁边同学说说体操中平衡的两个标准。

学习经验：支撑基础

复习支撑点，强调静止动作。通过选择多种支撑点让学生练习。

- 选几名学生用不同支撑点来演示平衡动作。让学生询问旁边同学，说出作为支撑点的身体部位，在写字板上列出来。

头 *　　双手

膝盖　　肘部

腹部	背部
臀部	双脚
肩膀	脊椎底端

- 鼓励学生根据列出的内容，补充出新的支撑点。

* 当学生用头作为支撑点时，必须和身体其他部位结合起来作为支撑。禁止只用头来支撑平衡！

- 让学生尝试教师选出来的下列支撑点。

双手双脚	双手单脚
双脚单手	双肘双膝
双手、头部和双脚	双手、头部和单脚
肩膀和上臂	只用腹部
只用背部	单脚
只用脊椎底端	

- 增加挑战，在每种支撑点上，学生尝试用身体其他部位创造两种不同的平衡动作姿势。

注意：也许需要提醒参加竞技体操社团的学生将一些技能动作留在课堂外练习，因为一些不具备这些技能能力的学生可能会模仿。

学习经验：从宽支撑到窄支撑

在宽支撑点上保持平衡，比如与肩同宽双脚和双手、与肩同宽的双膝与双肘。

- 将身体部位并拢靠近，练习狭窄支撑点上的平衡。
- 与同学讨论宽、窄支撑点的稳定性。

学习经验：减少数量

宽支撑点上的平衡，是由充当基础的身体部位数量决定的，比如双脚、双手。

- 窄支撑点上的平衡是通过减少充当基础的身体部位数量实现的，比如双脚单手、单手单脚。
- 双膝和双肘是从四减少到三再到二的支撑点。
- 使用对侧支撑点进行窄支撑点练习，比如单脚和反方向的手，单膝和反方向的单肘。

学习经验：肌肉张力

在窄支撑点上和在宽支撑点保持静止和平衡有什么不同？用四个身体部位支撑和只用两个或一个身体部位做支撑有什么不同？对。保持平衡会更难。让我们学习困难情况下保持平衡的秘诀——它就是肌肉张力。

让学生坐在自我训练区，绷紧腹部肌肉。（提醒他们保持呼吸。）让他们在垫子上保持姿势不变的情况下，绷紧手臂和腿部肌肉。

- 将脊椎底端作为支撑点来进行练习平衡，让学生挑战坐着时轻微向后振动，直到双脚不接触地面。保持静止的关键是要绷紧腹部肌肉。
- 让学生重复从宽支撑到窄支撑的平衡姿势，强调当支撑点越来越窄时，要绷紧肌肉。

学习经验：平衡与姿势

让学生在不同的支撑点上，以宽、窄、蜷缩和扭曲姿势尝试练习平衡动作。

- 根据教师选择的姿势，学生做出相应的平衡动作。鼓励做出多种平衡动作。
- 让学生挑战，做每种姿势的平衡动作时，使用不同支撑点。
- 学生尝试宽（窄、蜷缩、扭曲）姿势的不同支撑点。通过演示4种姿势下的平衡动作，提高学生的技能。
- 给学生几分钟时间探索每种姿势下的平衡动作，选出每种姿势的最佳平衡动作。
- 让学生演示每种姿势下的最佳平衡动作，在你发出变换到下个平衡动作的口令前保持静止。
- 让学生重复4种平衡动作，注意变换平衡动作时的过渡，使用平稳、有目的的动作来转移重心。

学习经验：平衡与高度（2年级）

复习幼儿园时不同姿势下的平衡动作；复习运动概念课程上的高度内容。

- 让学生在不同高度演示平衡动作——高高度、中高度、低高度。
- 指导学生自我挑战，做一些需要肌肉紧张来保持静止的平衡动作，比如高高度的平衡而不是单脚站立，将身体抬离垫子的低高度平衡，还有在很窄或很少的支撑的中高度平衡动作。

学习经验：平衡、姿势和高度（2年级）

给学生们复习：许多身体部位以及身体部位结合都可充当支撑基础。提醒他们之前课堂（或前面的任务）上他们用许多平衡动作来展示不同姿势。

- 让学生探索高高度、中高度和低高度上的身体姿势平衡。
- 增加挑战让学生创造一个平衡动作，要用到4种姿势中的每一个，还要至少两个高度（高高度、中高度、低高度）。
- 继续增加挑战难度，让学生在每个高度的支撑点上使用每个姿势来演示平衡，如宽、窄和扭曲姿势的平衡，每一项都使用低高度、中高度和高高度的支撑点；还有蜷缩平衡，每一项都在低高度和中高度的支撑点上完成。

评估

1年级

选择4个你最喜欢的平衡动作来代表今天尝试过的4种姿势。再次练习每个动作，确保自己能保持3秒，当你有信心时，让旁边同学来观看你演示。他们观察的重点是：保持静止、能保持3秒，以及肌肉的紧张。根据你平衡动作的稳定性，他们会竖大拇指表示赞扬或倒大拇指表示。

2年级

选出自己最喜欢的平衡动作来演示姿势和高度；每个动作使用不同的支撑点。不断练习每个动作，确保你真的能将该动作保持3秒。从桌子上拿一支笔和一张纸，画下你的每个平衡动作并标出高度和支撑点。绘画完成后，给垫子上离你最近的同学看你的画。如果你的平衡动作符合两条标准，他们就给你"√＋"，如果还需要练习，给"√≈"，如果你不能保持平衡，给"√－"。

小结

- 今天，我们又学习了哪些与平衡练习有关的新内容呢？
- 正确的体操平衡的两项标准是什么？

反思

- 学生是否能够在体操训练时保持平衡3秒，且身体不摇晃、颤抖？
- 学生是否能够利用不同的支撑基础保持身体平衡，并用不同高度、不同姿势完成练习？
- 学生是否能够在具备安全意识的同时，挑战更高难度的体操技能？
- 哪一部分内容还需要教师再次讲解？哪些学生需要教师开小灶？哪些学生可以进行更高难度的技巧训练？

注：一般来说，儿童学习体操课程，只需对其有一个大概的了解和尝试即可，并不需要扎实掌握。因为许多课不是仅用一个课时就能达到掌握的程度的。心急吃不了热豆腐——教师在向学生讲授更深层次的内容前，必须确保学生已经掌握现学技能，方可继续讲授。在这一点上，体操和游戏的操作技能没有差别。

倒立平衡

2 年级

具备体育素养的人能够展示多种运动技巧和运动模式。

年级水平学习成果

- 利用支撑基础练习倒立平衡，注意练习时身体不能左摇右摆（S1.E7.2b）。
- 将平衡和重心转移结合创编一个三部分的动作组合（S1.E11.2）。

教学目标

学习者将：

- 根据教师所指定的支撑点，练习倒立平衡。
- 设计一种倒立平衡方式，并向教师展示。
- 了解体操平衡中的对齐概念。
- 设计并展示三部分的动作组合。

安全问题

学习倒立平衡时，切记：教师需根据不同学生的个性进行个性化教学，并为其制订适宜的训练任务。提到倒立，学生脑子里立即会想到头手倒立，认为这就是倒立平衡练习；在学生进行非体操的倒立平衡练习时，教师的主要任务是确保学生不会受伤。教师要呈现给学生的是适合非专业运动员的、安全的倒立平衡，这一点对教师来说非常重要。

材料和器材

小垫子。可以每人一个，也可准备一块大垫子，让所有学生同时在上面练习；若进行户外练习，需准备小方垫子。

组织管理

教师需制订一系列指令，指挥学生移动、放置垫子、确定训练位置等。

引入

今天，我们将介绍与体操平衡有关的一个新词汇和一门新技能。那就是倒立平衡。但是，当我们进行倒立平衡练习时，并不需要做头手倒立。只要你的头部低于身体的其他部位，那么你就已在进行体操的倒立平衡练习了。

学习经验：平衡和支撑基础

复习在不同支撑基础上的平衡练习、注意安全事项和评估平衡。给学生几分钟时间，让其利用不同的支撑点进行平衡练习，同时教师在旁边观察学生的稳定性，并注意安全问题。

学习经验：倒立平衡

观察你们练习时，我注意到，有些同学在进行倒立练习——头部低于身体其他部位。

向我展示了一个倒立平衡的姿势。（提醒学生使用较宽的支撑点，以确保稳定性。）

- 学生将双腿向上伸展，利用肩部、头部和前臂保持身体平衡。学习对齐概念——身体各个部位垂直于支撑基础上方，比如双腿臀部向上延伸。
- 学生将一条腿向上延伸，用头部、双手和一只脚保持倒立平衡。学习延伸概念——将身体的其他部位充分伸展，比如腿部伸展，脚趾绷直。
- 学生做出倒立平衡，伸展身体的其他部位：
    - 头部、一只脚、一只手
    - 头部、双膝
    - 头部、双手、一只膝盖
- 让学生选择自己最喜爱的倒立平衡方式。教师需向学生强调：成功完成平衡练习的标准是能够保持平衡姿势 3 秒钟，并不是平衡的难度高低。

安全问题

- 当学生将头部作为支撑点时，必须利用身体的另一部位一同作为支撑点。千万不能单单只用头部作为支撑点练习倒立平衡！
- 如果学生开始练习青蛙站和三角式头倒立，并以此方式进行倒立平衡练习的话，教师应该教授学生适当的力学知识，以便其完成练习并保持该姿势 3 秒。
- 当学生将头部作为支撑点时，必须将身体重力平均分散到每个作为支撑点的身体部位。

学习经验：对齐、伸展、肌张力

今天刚开始上课的时候，我就向大家介绍了一个平衡训练中的新词——对齐。在练习时，身体的各个部位要垂直对齐于支撑点，能让我们的平衡保持稳定。

学生将双腿向上伸展，利用肩部、头部和前臂保持身体平衡。（将双腿沿臀部向上伸展，使身体的各个部位垂直对齐于支撑点，并保持稳定和平衡。）

专业的体操运动员在训练时有一个特殊技能。当他们在体操垫或运动器材上完成自己的动作后，他们会迅速站定，双臂向上伸展，并站立在结束位置。在体操动作中，我们将其称作 "ta-da"，这个词来自漫画《加尔文和霍布斯》（*Calvin and Hobbs*）。（演示该动作，说明这样能够帮我们完成良好的对齐姿势。）伸展的双臂要与肩部对齐，肩部需与臀部对齐，而臀部则需与双脚对齐。这种对齐能使我们保持平衡和稳定。

- 将对齐与体操动作的速度、空中技巧以及动作完成后落地的方式联系起来。
- 将学生的对齐加入体操训练的计分当中，如果学生在练习时没有站稳，移动了双脚，则扣除该部分分数。（可用体操比赛中的视频作为示例。）
- 当学生准备好进行头倒立时，对齐动作是否到位是其能否保持倒立平衡的关键因素。
- 加强对平衡训练中伸展概念的理解：
    - 保持平衡和增强稳定性。
    - 从头到脚完全伸展开来，即腿部伸展、脚趾绷直、双臂和手指伸展。
- 加强对平衡训练中肌张力概念的理解：
    - 使肌肉绷紧，以保持平衡。
    - 收紧腹肌，以保持倒立平衡的稳定性。

- 收紧身体延伸部分的肌肉，以保持平衡静止和姿势稳定。
- 让学生利用不同支撑点、身体姿势在不同高度上，复习自己最喜爱的平衡训练方式。
- 学生需展示 3 种最喜爱的平衡方式，并在训练时大声数出自己保持平衡静止的秒数。在学生完成后，教师应当对学生的对齐和伸展动作提出表扬。

注：肌张力、支撑点上部的身体各个部位的对齐和为保持平衡而伸展，对于体操平衡而言都是至关重要的。1、2 年级的学生可能才刚开始接触这些技能。

学习经验：三部分动作组合

到现在为止，在我们学习体操训练的平衡时，已经练习过去创造不同支撑点、不同姿势、在不同高度上的平衡姿，还学习了倒立平衡。并且你们还各种平衡方式中选择了自己最喜欢的一种。而今天我们的课的重点就是要设计一套体操动作组合。通常来讲，一套体操动作包含 3 部分：起始姿势、平衡姿势或动作以及结束姿势。

- 站定位置的起始姿势。
- 平衡方式：学生可根据喜好自行设计，选择一种平衡方式来展示姿势、高度或倒立。
- 结束姿势：ta-da。

魔法数字 3

- 保持静止 3 秒。
- 三部分的动作组合。
- 3 种平衡方式（学生对姿势、高度以及支撑部位的选择），其中有一个必须是倒立平衡。
- 给学生充足的时间，进行平衡练习，自行选择平衡练习的姿势、高度以及支撑点。
- 班级共同确定起始姿势，复习结束姿势 ta-da。
- 每个学生选择自己的 3 种平衡练习方式。
- 让学生自己试着探索各平衡之间的顺序，以便使顺利过渡。
- 给学生几分钟时间，让其练习他们的动作组合，从起始姿势到结束姿势每个阶段都要练到。
- 小组进行展示，根据教师发出的信号变换动作或进入下一阶段。

评估

- 非正式地观察学生的倒立组合平衡练习情况。
- 学生可将自己的动作组合记录在纸上或是用手机拍下来，再让伙伴进行非正式评估。然后教师可以用自己建立的标准进行总结性评估。

小结

- 我们今天这节课的重点是什么？
- "倒立平衡"是什么意思？
- 如果你的支撑点很窄，很难保持平衡，那么你该如何做才能增加支撑的稳定性呢？
- 体操中的对齐指的是什么？它为什么如此重要？
- 为什么伸展身体可活动的部位（手臂和腿）至关重要？

反思

- 学生能否保持倒立平衡?
- 学生是否已经开始在较窄的支撑点上进行平衡练习了?
- 学生能否通过收紧肌肉使身体保持稳定?
- 学生是否对伸展和正位有了初步的理解?

蜷缩、伸展和扭转动作
姿势
幼儿园 ~2 年级及以上年级

标准 1 具备体育素养的人能够展示多种运动技巧和运动模式。

年级水平学习成果

- 对比蜷缩和伸展动作的不同（S1.E10.K）。
- 展示扭转、蜷缩、弯曲以及伸展动作（S1.E10.1）。
- 区分扭转、蜷缩、弯曲以及伸展动作（S1.E10.2）。

这节课的学习对 3 年级的一项级水平学习成果是必不可少的，即利用蜷缩、扭转以及伸展动作进行体操平衡和动作复位的练习（S1.E10.3）。

教学目标

学习者将：

- 明确伸展、蜷缩、扭转以及弯曲动作的概念及要求（幼儿园、1 年级）。
- 展示扭转、蜷缩、弯曲以及伸展动作（幼儿园、1 年级）。
- 利用伸展、蜷缩以及扭转动作进行体操平衡练习（2 年级）。

材料和器材

足够大的运动空间，以保证学生在地面或垫子上练习的安全性。

安全使用、搬运以及保存垫子（S4.E1, E4, E6.1）（S4.E6.2a.2b）。

引入

在之前的体育课中，你们已经学习了身体姿势的相关内容：伸展、蜷缩以及扭转。而今天，我们的重点将放在与这些姿势相关的动作上——蜷缩、扭转以及伸展动作。

（不仅要将这些动作与体操联系起来，而要将其与游戏和舞蹈技巧联系起来。此外，还要将其与小学较高年级的体育教学和日常生活技能联系起来。）

学习经验：伸展、蜷缩以及扭转整个身体

让学生平躺在自我训练区内，之后教师发出口头指令，让其在 8 秒内将身体慢慢蜷缩在一起，注意，整个身体都要蜷缩，且动作要连贯流畅。完成后让学生回复到起始位置。

- 在 8 秒内将身体伸展开来，之后回复到起始位置。
- 在 8 秒内将整个身体扭转至一边。
- 3 个动作联合在一起：在 8 秒内将整个身体扭转至一边，之后再用 8 秒将身体蜷缩在一起，最后再用 8 秒将身体伸展开来。

学习经验：伸展、蜷缩以及扭转身体部位

学生需探索身体的哪个部位能够进行蜷缩、弯曲、伸展和扭转动作。教师指导学生探索，学生应发现或做到以下几点。

- 脊椎是可蜷缩的；其他的部位则可以弯曲。
- 扭转需要将身体固定在一个底座上，然后让身体的其他部分进行扭动。
- 伸展身体的各个部分，顺序是从最小到最大——手指到整个身躯。
- 将各个动作结合起来练习，如扭转手臂、蜷缩脊椎、伸展双腿。

学习经验：高度、姿势和动作（2年级）

将垫子放在低高度处，让学生坐或躺在上面，之后让其尝试利用伸展动作进行新类型的平衡练习，并设计新的练习姿势——有时可以改变支撑点，有时可利用原支撑点在较低高度练习。

- 学生尝试利用蜷缩动作进行新类型的平衡练习，并设计低高度的新练习姿势。
- 学生尝试利用扭转动作进行新类型的平衡练习，并设计低高度的新练习姿势。
- 让学生在中高度继续重复上述动作，并根据自己所选的支撑点进行平衡练习。
- 单脚站立，在高高度进行平衡练习，学生试着向不同方向伸展身体，向前面、侧面蜷缩脊椎，扭转身体的可活动部位。

学习经验：将平衡练习与动作相结合——集体舞蹈

每组4个学生（S4.E4.1），设计一个统一的集体造型，每个学生用自己喜欢的支撑点平衡。发出信号后（信号方式可由教师或是学生决定），每个学生便开始用伸展、蜷缩、扭转以及弯曲动作进行移动。教师发出下一个信号时，学生恢复到起始的平衡姿势作为结束。

（这种舞蹈可难可易、可长可短，完全取决于教师和学生。平衡和动作练习的情况可记录在纸上或拍摄下来，存档。）

变化

- 所有学生需在相同时间，按同一顺序展示伸展、蜷缩、扭转以及弯曲动作。
- 每位学生选择自己想要展示的动作，之后所有学生同时进行展示。
- 每位学生选择自己想要展示的动作。一个学生在进行展示时，另外3个学生需继续保持平衡静止。教师发出信号后，下一个学生再开始展示，以此类推。

学习经验：颜色

说出一种颜色，如红色，并向学生提问：当他们说出这个词的时候，脑袋里第一时间想到的是什么。

姿势

让学生做出一种姿势来描述说到这个颜色时想到了什么。

- 对于年龄较小的学生而言，教师可让其说出一种物体的名称，如一个球或体育馆大门。
- 对于年级较大的学生而言，教师可让其说出一种情绪的名称，如生气或关心。低年级学生能做出的姿势仅限于伸展、缩紧、蜷缩和扭转这几种，而高年级学生所做的姿势可能会超出这些。

动作

- 给学生几分钟时间,让其尝试着像某件物体那样移动。
- 物体是否会伸展、蜷缩、弯曲或扭转呢?
- 物体是否会滚动、弹跳或摇摆呢?
- 物体是重是轻,移动得是快是慢?

(红色可以代表一个弹跳的球,一个扭动的虫子,泼溅的颜料。此外,红色还可以代表爆发的愤怒。它的表现姿势是扭转;它的动作可以是飞奔、扑袭,冲入太空。)

- 让学生展示颜色的舞蹈,开始时展示代表红色的姿势,然后展示动作,最后回到原始姿势,结束展示。
- 增加挑战,让学生自己选择一种颜色。创作一个展示某些物体或情绪的舞蹈,一个能表现该颜色的故事,可独立完成,也可两人一组完成,也可小组一起完成。

学生创作代表绿色的舞蹈的草稿——3 年级

事物	姿势	动作	描述词语
龙	缩紧	爬行	对称
桥	蜷缩	摇摆	曲线
滑冰	扭转	颠簸	碰撞
毛虫	收紧	迟缓	蠕动

评估

- 形成性评估:观察学生对不同指定方向和任务的反应以及动作的正确性。
- 总结性评估(2 年级):记录每组舞蹈伸展、蜷缩、扭转动作的正确性,起始和结束姿势,以及团队合作情况。

小结

- 我们今天这节课的重点是什么?
- 在蜷缩动作中,主要是身体的哪一部分在活动?
- 在练习扭转姿势时,会发生什么?
- 幼儿园、1 年级:学生明确动作要点后,分别展示伸展、蜷缩以及扭转动作。
- 2 年级:今天我们主要学习了体操动作的伸展、蜷缩以及扭转动作。(现在,需要大家努力想一想,在体育运动和舞蹈中,有哪些情况是需要参与者进行伸展、蜷缩以及扭转的?伸展是为了接住队友的空中传球,扭转是为了用棒球棒击球,扭转是为了守住刚接到的球,伸展是为了舞者在空中利用整个身体和伸展双臂进行跳的动作,蜷缩是为了前滚翻,扭转是为了避免被触杀,蜷缩是为了接住位置较低的传球。)课程学到中间,我们还会复习一遍这些动作。

反思

- 学生能否正确地展示伸展、蜷缩以及扭转动作?
- 学生能否根据所选的支撑点,并利用这些动作创造新的平衡方式?
- 学生练习体操时,是否安全?有没有哪一部分是需要强调训练安全的?
- 有没有个别学生在尝试存在安全隐患的平衡练习?

重点 ▶	**平衡**
次重点 ▶	肌张力、对齐、延伸、伸展、蜷缩、扭转动作

3 年级

标准 1 体育素养的人能够展示多种运动技巧和运动模式。

年级水平学习成果

- 在不同支撑点上进行平衡练习，展示肌张力以及身体自由部分的延伸（S1.E7.3）。
- 将对齐概念应用到体操和舞蹈练习中（S2.E4.3a）。

教学目标

学习者将：

- 用不同支撑点进行平衡练习时，展示出肌张力。
- 延伸身体的自由部分，以保持平衡。
- 使身体各部位与支撑点对齐，保持稳定性。
- 从普通的平衡向有目的、有选择的平衡动作过渡。

安全问题

- 学生在训练时不得触碰扰乱、他人训练。无论是在何时，此项安全规范对于体操训练而言都至关重要。（标准 4）
- 安全使用、搬运和保管训练垫子。

材料和器材

每人一块训练垫子，或准备一块能够容纳所有学生同时训练的较大的垫子，抑或是轮流使用一块垫子（学生排好次序，有序地使用垫子；没有分到训练垫子的同学可在一旁观看正在训练的同学，并将发现的问题反馈给训练者。）

引入

之前，我们已经学习了体操平衡的相关内容，你们也已经学会了用不同支撑点进行平衡练习；以宽的、窄的、蜷缩和扭转各种姿势进行平衡练习；还学了在不同高度进行平衡练习。我们甚至还尝试了高难度的倒立平衡练习。作为 3 年级的学生，你们中一部分同学会每天训练更窄的支撑点倒立平衡挑战自我；而另一部分同学则继续进行与自身能力相符的平衡练习。我们今天的课并不是为了创造新的平衡方式，而是继续打磨我们之前所学的平衡，使其达到体操训练中的满分水平。为了达成这一目标，我们将重点关注 3 个概念上，这 3 个概念你们在 1、2 年级就已经学过，即肌张力、对齐和延伸。

学习经验：肌张力

增加挑战，让学生进行下面练习。

- 窄的支撑点，进行倒立平衡练习，或是之前学过的需进一步加强的平衡练习。
- 学生训练时，教师在旁走动观察，主要注意学生的肌张力情况，对学生说："当我从你身旁走过时，可能会触碰你，看你的肌肉是否达到体操平衡所需的紧张水平。如果达到，我可以帮你倒立拉起，而你的姿势还需保持原样不动。"

- 在支撑点上展示最擅长、难度最高的平衡姿势。提醒学生，肌张力是能保持3秒的关键。
- 能展示宽的、窄的、蜷缩以及扭转姿势，最擅长难度最高的平衡动作。在练习时，要能够看见肌肉紧绷。
- 能展示低高度、中高度以及高高度的最擅长、难度最高的平衡动作。提醒学生，要想保持体操训练中的平衡，就必须具备肌张力。
- 最擅长、最具挑战性的倒立平衡，且需能坚持3秒。

肌张力动作

学生所完成的4种平衡练习连起来是一套结合了支撑点、姿势、高度以及倒立的动作组合（每种动作对应一种平衡练习），该动作组合强调：肌张力展示了各种支撑点、姿势、高度及倒立的能力。经过几分钟的训练后，教师可让学生进行小组展示，展示时根据教师口令改变平衡方式。

为了增加乐趣，可让学生加入一个在高高度上的起始动作，并以ta-da作为结束动作。

学习经验：延伸

- 增加挑战，让学生将身体的自由部位延伸出支撑点以外。
- 利用脊椎作为支撑点进行平衡练习。双腿和双臂分别以宽的、窄的以及宽和窄二者结合的姿势向外伸展。
- 利用双膝和手肘作为支撑点，进行平衡练习，之后再将支撑点缩小为一只膝盖和一只手肘（肌张力）。训练时，可将另一条腿和手臂向外延伸，保持身体平衡。

（平衡力：如果身体的一部分向支撑点的一个方向延伸，那么为了保持平衡，必须将身体的另一部分向支撑点的另一个方向延伸。）

- 学生可尝试将只向支撑点的一个方向延伸，必然会失去平衡。
- 用头部、双手和一只脚支撑，另一条腿向上伸展进行平衡练习。
- 利用双手和一只膝盖支撑，进行平衡练习。另一条腿向上伸展进行平衡练习。
- 利用一只手和一只膝盖支撑，进行平衡练习。尝试如何将身体的其他部分延伸，能保持平衡。
- 让学生从目前为止所创造出的平衡练习中选出他们最喜欢的练习方式，但是所选方式必须是其能够完全掌握的，还要能够坚持3秒的平衡静止。增加挑战，在练习时，让学生将身体的其他部位伸离支撑点，以此获得身体平衡。

延伸动作

让学生从所有包含延伸动作的平衡练习方式中选出一个最喜欢的。让学生尝试所有伸展的方式，强调一定要注意伸出和收回时动作的流畅性。延伸动作将创造出一套新的动作组合。询问学生以下问题：

- 身体的哪几部分能够延伸出支撑点以外呢？
- 延伸的方向有几种？高度有几种？

完成了延伸动作后，让学生将此套动作向伙伴展示，获取伙伴的建议，进一步提升自我水平，同时还能够得到伙伴的鼓励和称赞。组队练习，队员们共同选择一种起始和结束姿势；开始和结束时都要使用这个姿势。

学习经验：对齐

上一学年，我们学习了一个词，叫作"ta-da"，它代表体操的结束动作。两人一组，一个向同学阐述"ta-da"在体操中的含义。而另一个则向同学展示该动作。

复习所学内容：ta-da 的意思就是，训练结束后，将身体的各个部位与支撑点对齐。对齐能够使训练者保持平衡和稳定。对齐使体操运动员在竞技比赛中呈现完美的落地姿势。

- 学生利用肩部支撑和双腿进行平衡练习，双腿先向上延伸，再然后弯曲贴近身体，再伸展扭转。将双腿与臀部对齐，以保持平衡。

倒立平衡的秘诀是身体各个部位与支撑点对齐——脚趾与膝盖对齐，膝盖与臀部对齐，使整个身体呈一条直线。

- 让学生练习自己创造的倒立平衡姿势，注意身体各部分的对齐位和肌张力，保持稳定性。
- 用头部和双手支撑平衡，摆出青蛙站的姿势（双膝抵着手肘）。
- 收紧腹肌，抬升双膝，使臀部和肩部对齐。

注意：在进行倒立平衡练习初期，教师需要教授一些技能，以保证其训练安全，如返回到脚支撑、保护头部、失去平衡时做前滚翻。在学生失去平衡或感觉到不安全时，可以随时用这些安全措施避免受伤。

安全问题

个性化教学和学生个人的准备状态是倒立平衡和所有体操动作练习的关键，尤其是对 3 年级及以上的学生而言。

学习经验：过渡

教师需给每位学生发放一个大的平衡训练目录，向学生展示训练时的支撑点、身体姿势、高度以及倒立方法。给学生几分钟的时间，让其从这些目录中选择自己最喜欢的一类进行练习。

截至目前，你们已经练习了很多的体操动作了，同时我也观察了你们所有的训练情况，现在我决定，你们可以进行下一项平衡练习了。至于 3 年级的学生，你们现在可以进行动作之间的过渡练习了。切记，在训练时，你们不仅要保持身体平衡，还要学会从一个平衡动作过渡到另一个平衡动作。

- 让学生继续使用自己最喜欢的方式进行平衡练习，并且在练习时，有计划、有意识地进行平衡动作之间的过渡练习。
- 复习伸展、蜷缩、扭转动作，以便更顺利地进行过渡练习。
- 让学生尝试按照顺序进行平衡练习，并且达到各动作间的平滑过渡。
- 让学生选择 3 种最喜欢的平衡练习方式，并将其置于训练顺序中。切记，排放的顺序要能够使 3 个动作之间的过渡最顺畅才可以。
- 让学生向自己的训练伙伴展示自己的平衡练习，着重展示平衡动作之间的过渡转变。同时在旁观察的那名学生需要向展示的学生提出建议，帮助其提高静态平衡能力（肌张力、对齐、延伸）以及平衡动作之间的流畅过渡。

评估

对静态平衡能力的非正式观察评估；肌张力、对齐以及延伸；平衡动作之间的流畅过渡。

小结

- 今天，我们更加深入地学习了肌张力、对齐以及延伸的相关内容。假设有一名学生升到了 3 年级，那么你该告诉他有关体操肌张力的哪些知识内容呢？为什么这些知识如此重要？
- 为什么在体操中，延伸动作至关重要？什么是平衡力？
- 对齐是如何帮助我们进行倒立平衡练习的？
- 花点时间，想一想自己最喜欢的平衡练习方式：包括练习的姿势、高度、倒立方式和支撑点。告诉你的朋友，为什么你所选择的练习方式是你最喜欢的。
- 我们今天学习了一个新的概念，那就是过渡。那么学习了这一概念后，我们的体操动作又增加了哪些新的内容呢？

反思

- 学生是否对肌张力、延伸以及对齐有了认知性的理解（认知和表现）？
- 随着训练难度的不断升级以及对个人能力要求的升高，学生还能否进行安全的体操训练？
- 学生对所学习内容是否有不清楚的地方，且需要教师再次讲授？是否有学生在训练时需个人帮助，以使其获得体操训练的安全感，同时提升自我能力。

重心转移

幼儿园 ~2 年级

标准 1 具备体育素养的人能够展示多种运动技巧和运动模式。

对于学生而言，体操中的许多技能，如前滚翻和倒立平衡，是无法通过单一课程掌握的。分配练习、重复讲授技能以及其要点是必不可少的。

年级水平学习成果

- 身体缩紧，进行侧滚翻练习（S1.E9.K）。
- 以缩紧或蜷缩的姿势进行侧滚翻练习（S1.E9.1）。
- 以缩紧或蜷缩的姿势朝不同方向进行侧滚翻练习（S1.E9.2）。
- 将重心由双脚转移至身体不同部位，或不同的支撑点（或不同的移动方式）（S1.E8.2）。

教学目标

学习者将：

- 身体缩紧，进行侧滚翻，进而转移重心，进行伸臂滚动练习。
- 身体蜷缩，进行侧滚翻，进而转移重心，进行蜷缩滚动练习。
- 身体蜷缩，进行前滚翻，进而转移重心，进行前滚动练习。
- 利用翻滚动作，如伸臂滚动、安全滚动、蜷缩滚动、前滚动进行重心转移，脱离平衡状态。
- 利用翻滚动作，如伸臂滚动、前滚动进行重心转移，进入平衡状态。

安全问题

教师在向学生教授翻滚技能时，一定要注意两点：一是个性化教学，二是要为每位学生制定合适的训练任务。对学生而言，前滚翻必须一直作为选学的内容。

材料和器材

单人垫子（每人一块）；或一块可供多人使用的大训练垫子（为了安全起见，最好轮流使用）。

引入

在之前的体操学习中，你们已经学会利用不同支撑点，采用不同身体姿势，在不同高度进行平衡练习，而且，还学习了高难度的倒立平衡练习。这些练习中我们强调的重点是对身体的控制（收紧肌肉、对齐）和保持平衡3秒。这些练习很有趣，这些新技能也很有挑战性。但是它们强调的是静止。我们曾经讨论过体操的动作部分，还练习过平衡动作之间的流畅衔接。今天，我们的学习重点将放在体操众多动作中的一个翻滚。

学习经验：身体缩紧，进行翻滚练习

让学生以缩紧势躺在垫子上，然后在小垫子上翻滚，翻滚过程中注意保持紧缩姿势。
- 翻滚到垫子上的左边再翻滚到右边，翻滚距离为垫子的长度。

- 有意识地控制翻滚速度，要慢一些。
- 可以提升翻滚的速度，但还是要控制。

2 年级

- 绷紧肌肉，保持直线翻滚。
- 利用臀部引领进行翻滚动作。

学习经验：身体蜷缩，进行翻滚练习

将垫子放在学生前面，学生站在垫子后面，面对教师，与教师之间的距离为垫子长度。让学生站立在垫子后面，用双脚保持平衡，之后根据教师的示范进行以下动作。

- 将双手打开置于垫子上，与肩同宽。
- 将脊柱弯曲呈弧形。
- 下颌抵着胸部。

动作只需进行到这里即可回到起始姿势，不需要翻滚。

安全检查：对学生而言，一个传统的前滚翻必须作为选学内容。练习前，教师必须向学生提供指导：如询问学生是否做好训练准备，是否有足够强大的臂力，能够短暂地用双手支撑起身体重量以及倒立时是否感到舒服。

- 教师需在指导学生练习时示范以下动作。
- 将双手放在垫子上，用力支撑身体。
- 弯曲脊柱。
- 下颌后收。
- 双腿微伸，抬起臀部。
- 将头部置于双腿之间。
- 翻滚（整个翻滚身体始终保持蜷曲姿势）。
- 重复一遍，让学生跟着一起做。

     1. 放下手。
     2. 弯曲脊柱。
     3. 下颌后收（始终保持该姿势；头部不要触碰垫子）。
     4. 臀部抬起。
     5. 翻滚。

步骤 1、2、3 时要边讲解边做示范，步骤 4、5 时观察学生做。

常见错误

- 下颌没有后收或是将头部抬了起来，做了前移运动——头部触碰垫子。
- 一只手推的劲大，另一只手推的劲小，导致翻向了一边。
- 学生伸开了脊柱，导致翻完后后背贴在垫子上。

给学生几分钟的时间，让其根据教师的指示，从步骤 1 练习到步骤 5。学生练习时，教师需在旁走动，观察是否存在上述常见错误；并且在有需要时，向其提供指导帮助，进一步提升动作的规范度和质量，强调整个动作过程中，身体需保持圆形，且头部不与垫子接触。

学习经验：利用翻滚动作，脱离平衡状态（2 年级）

- 让学生利用双膝和手肘作为支撑点，保持身体平衡。
- 学生将身体慢慢降低接近垫子，之后将双臂和双腿收紧贴住身体，或缩紧身体。
- 让学生利用双膝和手肘作为支撑点，保持身体平衡。之后降低一边肩部，收拢双臂和双腿，翻滚脱离平衡状态；这就是安全翻滚动作。
- 让学生利用腹部作为支撑点，延伸双臂和双腿，保持身体平衡。之后将身体降低接近垫子，缩紧身体，进行侧滚翻。
- 让学生用头部、双手青蛙式站立，保持身体平衡，或是用头部、双手以及一只脚保持身体平衡。收回头部，双臂用力推，进行前滚翻，或是慢慢降低身体，接近垫子，缩紧身体，进行侧滚翻练习。
- 学生尝试用翻滚动作从其他平衡方式和各种身体姿势中脱离。

学习经验：利用翻滚动作进入平衡状态（2 年级）

学生站立，蹲下或是降低至低高度位置，翻滚进入平衡状态，用各种支撑点进行支撑，注意：翻滚和平衡的连贯性。尝试朝不同方向翻滚，以及从不同的位置翻滚进入平衡状态。

评估

- 总结性评估：所有学生都应该成功完成代木滚动。
- 常规学习性评估：记录哪些学生需要进行额外的训练才能达成前滚翻的训练要求；记录哪些学生在进行前滚翻时存在安全问题。

小结

- 今天这节课的重点是什么？
- 如果你能够成功完成翻滚动作，请举手向教师示意。相信你们每个人都可以完成！在进行翻滚练习时，你可选择收紧或蜷缩姿势。
- 为什么回收下颌对完成前滚翻至关重要？
- 当利用蜷缩姿势进行翻滚时，头部是否应该触碰垫子？
- 前滚翻中双手的作用是什么？
- 告诉你朋友前滚翻的 5 个步骤。

反思

- 学生是否意识到翻滚动作中的安全因素？
- 在进行前滚翻时，学生是否回收下颌，双手用力推？
- 学生是否能够独立完成前滚翻动作，或是仍需要教师在旁指导？

重点 ▶   **重心转移**

次重点 ▶   利用双手撑起身体重量

2~3 年级

该课程包含了一种既适用于 2 年级又适用于 3 年级年级水平学习成果的新运动技巧。

标准 1 具备体育素养的人能够展示多种运动技巧和运动模式。

年级水平学习成果

将重心从双脚转移至双手，并短暂地支撑（S1.E8.3）。

教学目标

学习者将：

- 将重心从双脚转移至双手，短暂地维持平衡。
- 将重心从双脚转移至双手，完成移动。

材料和器材

准备足够数量的训练垫子，以便所有学生都能够进行练习。

引入

体操训练最基本的技能有两点：平衡和重心转移。平衡是静止的，而重心转移则是动态的，二者结合便会创造出精彩刺激的体操动作。训练既可在垫子上，也可在器材上进行。上一节课，你们已经练习了通过翻滚动作在垫子上移动，以及将重心从双脚转移至后背或整个身体。今天，你们将要学习如何将重心转移至双手，进而在垫子上移动。专业的体操运动员在这些方面都具备非常高的素质能力。真希望我们能够有像大力水手一样的超能力，只需吃点菠菜就能使手臂变得强壮，轻松完成重心转移至双手的练习。但事实并非如此。不过你们全年的体能训练在不知不觉中已经增强了你的手臂肌肉力量。

注：任何将重心从双脚转移至双手的练习，都必须使用个性化教学，并为每位学生制定合适的训练任务。

学习经验：自我训练区的重心转移练习（双脚至双手）

让学生将垫子放置在面前，站在垫子之后，随后将双手打开，与肩同宽，置于垫子之上，然后让双腿踢起来，短暂地将重心转移到双手上。给学生几分钟时间让其练习这一动作。（要想进行下一步的重心转移至手部的练习，有两点至关重要：一是训练时，学生要感觉舒服，不能有勉强之感，二是重心转移动作完成返回起始动作时，要保持平衡，不能东倒西歪。）

- 在利用抬起腿部进行前后站位练习时，学生需将一只脚踢起，另一只脚放在地面上。
- 个人目标：渐渐增加双手支撑身体重量的时间。今天的目标是增加 1 秒。
- 当学生已经能够顺利完成重心转移至手部的训练后，可增加难度，将脚踢得更高一些。

安全问题

如果你在训练时，觉得自己马上就要失去平衡或是跌倒时，可将身体微微侧倾，将双脚放下。如果你的双脚抬得过高，无法回位，那么可回收下颌翻滚，以避免受伤。

学习经验：双脚到不同的地方

在前后站位的练习中，学生将重心转移至双手，同时扭转身体，使双脚移动一个新的地方。

- 任务拓展：双腿抬得更高一些，在空中并齐，身体扭转90°，使双脚移动一个新的地方。
- 变化：身体朝不同方向扭转90°和180°。
- 伸展双腿之后，迅速将双腿并在一起，并扭转180°。

注：练习时，髋部与肩部对齐，以保持身体平衡。

学习经验：在垫子上将重心从双脚转移至双手，再转回到双脚（3 年级）

在前后站位练习中，学生将重心由一只脚转移至另一只脚，一只手转移至另一手，再由另一只脚转回到初始的那只脚，进而在垫子上移动。当学生有信心进行手与手之间的重心转移练习时，教师应给学生几分钟时间让其练习；有些学生还可以学习初级阶段的侧手翻动作。（在练习单脚落地动作之前，通常都要练习双脚同时落地，而非先后落地；并且只有通过大量的练习和相信自己能够做好，才能够掌握单脚落地的技能。）

当学生掌握了倒立行走之后，可让其在练习时，将双腿向上伸展至空中。秘诀是第一只手落地时，手向下，不要侧偏。

注：对于3年级学生以及4年级年级水平学习成果来说，这是一种新的练习技巧。3年级学生在练习时，应增加双手支撑身体重心的时间。

4 年级

增加双手支撑身体重心的时间，双腿完全伸展：抬腿、侧滚翻、初级头倒立，注意身体的对齐。

评估

这节课主要针对分散式练习和重难点再次进行教学设计，无正式评估。

小结

- 我们今天学习了一种新技能，是什么呢？
- 将重心由双脚转移至双手时，身体的哪一部分需要强大的肌肉力量支撑？
- 利用双手支撑身体重心时，最困难的是什么？（将答案列在白板上，这样一来，学生就能够看到别人也有与自己相似的问题，从而心理的压力也会减少许多，因为别人也与自己有同样的技能掌握问题。）

反思

- 学生能否瞬间将重心转移至双手？
- 学生在尝试重心转移和倒立练习时，是否能够保护自己免受伤害？
- 在脱离平衡状态时，学生是否能够微微扭转身体，安全落地？
- 学生是否能够在练习时，将双腿抬到指定高度，从而使臀部与肩部齐平呢？
- 有没有学生还没有准备好练习将重心瞬间转移至双手？教师是否准备好为这些学生制定更加合适的训练任务呢？

重点 ▶ 　　　　　　　　　重心转移

次重点 ▶ 　　　　　伸展、蜷缩和扭转动作

3 年级

标准 1 具备体育素养的人能够展示多种运动技巧和运动模式。

年级水平学习成果

- 利用蜷缩、扭转和伸展动作进入和脱离体操平衡状态（S1.E10.3）。
- 将对齐概念应用于体操和舞蹈训练当中（S2.E4.3a）。
- 将利用肌张力保持平衡的方法应用到体操和舞蹈训练当中（S2.E4.3b）。

教学目标

学习者将：

- 利用扭转、蜷缩和伸展动作进入和脱离体操平衡状态。
- 创造一套结合平衡和重心转移练习的体操动作（垫子上练习）。

材料和器材

准备足够的垫子供学生安全训练使用。

引入

就目前我们学习的体操内容来讲，你们已经掌握了在不同支撑点和高度，利用不同姿势进行体操平衡练习的方法，而且还学会了难度较高的倒立平衡。回家之后，向你的好朋友说出两条成功保持体操平衡的标准。

给学生时间，让学生之间多互动交流。

此外，同学们之前还学习了过渡的相关内容，即平衡动作之间的衔接动作。我们这节课的重点就是要研究几种具体的过渡动作，即利用伸展、蜷缩以及扭转动作完成平衡动作之间的过渡。对于经验丰富的体操运动员来讲，每个动作都是有计划、有目的地进行的，从起始姿势到结束姿势，无一例外，绝非随意做出的。

学习经验：复习伸展、扭转、蜷缩动作

学生站在自我训练区内，尽可能地将手臂向两边伸展。拉伸躯干，腹肌和背部肌肉要有绷紧的感觉才是标准的。

- 渐渐弯曲脊椎，直到背部呈弧形，之后再慢慢挺直脊椎，然后再重复弯曲。
- 在自我训练区双脚紧紧贴在地面，扭转躯干。

学习经验：利用伸展动作进入和脱离平衡状态

利用一只腿保持身体平衡，双臂向前伸展，自由腿向后伸展，使得前后平衡，学生应不断向前伸展双臂，直到坚持不住失衡为止。他们倒在垫子上建立新的平衡和新的支撑点。

- 给学生几分钟时间，让其尝试利用不同支撑点进行平衡练习，练习时，将身体

朝一个方向伸展,直到坚持不住,重心发生转移失衡为止。

学习经验:利用扭转动作进入和脱离平衡状态

- 利用一个肩部、后背上部、头部以及双臂作为支撑点,同时将双腿伸至空中,保持身体平衡。不断将双腿向上伸展,之后扭转双腿和身躯,直到坚持不住失衡为止。这时,学生便会自然地利用其他支撑点,从而形成一种新的平衡姿势。
- 利用双脚保持身体平衡,向不同方向扭转身躯,直到坚持不住失衡为止。这时,学生便会自然地将重心转移至另一个支撑点。
- 给学生几分钟时间,让其尝试利用不同支撑点,扭转身体任意部位或全身,以及将重心转移至另一个支撑点的方式进行平衡练习。

学习经验:利用蜷缩动作进入和脱离平衡状态

- 利用双膝和一只手肘保持身体平衡,同时将另一只手臂伸到身体下方,这样一来,便会使身体失衡。这时,将身体蜷缩在一起进行侧滚翻动作,利用该动作脱离平衡状态。

学生挑战难度的变化

- 利用头部和双手保持身体平衡(青蛙站),这时学生可利用双手使劲将身体向上推,同时回收下巴,之后进行前滚翻动作。
- 利用双手和一只脚保持身体平衡,同时将任意一条腿伸出去,回收下巴,利用双手使劲将身体向上推,之后进行前滚翻动作。
- 利用一只脚保持身体平衡,同时将双臂向前伸展,并将任意一条腿向后伸展,使得前后平衡,之后再将双臂向前伸展,直到坚持不住失衡为止。
- 当学生失衡"摔倒"之后,应将身体重心降低,使其接近垫子,之后伸展,但是要收紧身体各部位,再进行侧滚翻动作,进而在垫子上移动。
- 任务拓展:当学生失衡"摔倒"之后,应将重心转移至双手,同时回收头部,蜷缩后背,进行侧滚翻动作,进而在垫子上移动。
- 给学生几分钟时间,让其尝试利用不同支撑点以及蜷缩脊椎的方式(或将双臂和双腿紧贴身体)脱离平衡状态。
- 增加挑战,让学生重复上述平衡练习,以及利用上述动作脱离平衡状态并以另一种姿势练习平衡状态。

学习经验:平衡和动作

想一想,我们在学习支撑点、身体姿势、高度以及倒立时,同学们都创造了哪些平衡方式,且如何利用这些方式让自己在训练中保持平衡?利用伸展、蜷缩以及扭转动作使平衡重心发生转移,进而进入失衡状态,之后再以一种新的方式进入平衡状态。

给学生充足时间,让其在复习支撑点、身体姿势、高度以及倒立练习时,也尝试并练习利用重心转移的方式脱离和进入平衡状态。

- 让学生选择3种最喜欢的平衡练习方式,但是必须要利用通过伸展、蜷缩以及扭转动作使重心方式转移的方法才可以。增加挑战,让学生通过3组动作来展示重心转移，分别是翻滚、伸展和扭转。

- 待学生掌握上述练习后，可让其练习动作转换之间的流畅度、平衡动作转换的最佳顺序以及最喜欢的重心转移方式。
- 同伴之间可相互评论对方的静态平衡练习和动作之间的流畅度。

评估

让学生之间互相练习，同时对所进行的三组平衡和动作练习进行电子记录。记录的重点是动作之间的过渡衔接。

评估

- 教师需观察学生对这些动作的理解情况、静态平衡练习情况以及学生的训练潜力。
- 让学生分别为评估活动制定相关标准，并利用视频进行展示，之后再让每位学生根据这些标准进行自我评估。

小结

- 我们今天这节课的重点是什么？
- 我们今天所学的伸展、蜷缩以及扭转动作与之前在体操单元所学习的有何不同？
- 告诉同学，自己觉得最难完成的 3 组动作是什么，并说明原因。（之后，可让班里所有学生举手回答困难的原因，并对其进行讨论。）
- 为什么在体操运动中需要进行重心转移的练习呢？体操运动的重点就仅仅是平衡而已吗？

反思

- 是否所有学生都已掌握重心转移的技巧，以及平衡动作之间衔接的过渡方法？
- 教师是否根据学生的不同情况（如熟练度较高和较差）制定了相应的训练方案？
- 当体操训练的难度增加时，学生是否能够独立且安全地完成训练任务？

平衡和重心转移：构建一套组合动作

3~5 年级

该课程需经过一系列小节课程的学习方可完成，而非单单一节课。

具备体育素养的人能够展示多种运动技巧和运动模式。

年级水平学习成果

- 结合平衡和重心转移构建一套三部分的动作组合（如舞蹈、体操）（S1.E11.2）。
- 将平衡及重心转移与移动相结合，构建一套体操动作组合。可借助器材或设备完成，也可独立完成（S1.E12.4）。

教学目标

学习者将创编出一套结合平衡和重心转移训练的体操动作组合，并在体操垫上进行展示（3 年级），4、5 年级学生也可选择学习该课程。

材料和器材

准备足够的体操垫，以便所有学生能够安全地进行训练。

引入

复习之前学过的平衡和重心转移训练课程：如支撑点、姿势、高度、倒立、伸展、蜷缩、扭转、肌张力、对齐、延伸以及过渡。

将创编的体操动作与实际的体育运动联系起来，使学生能够极大限度地参与到此活动中。在练习时，可增加配乐练习以及戏剧排练，最终以此种形式将学习成果呈现出来。

尽管学生们已经利用课堂时间创作了一套体操动作，但期末评价标准还是要看学生最终所呈现的平衡和重心转移的体操动作——这是一项创新性的教学计划，能够展示每一位学生的技能、体现认知理解能力以及独特性。

学习经验：在垫上进行动作组合

学生需通过以下 3 个步骤，并在教师的指导下进行训练——平衡及重心转移、复习结束姿势、研究并练习起始姿势。

- 起始姿势：学生站在体操垫末端（或一角）。学生可在教师的指导下选择任意位置站立，只要有助于动作完成即可。
- 平衡及重心转移：
  - 3 年级：利用不同支撑点以及平衡间的重心转移方式进行 3 组平衡能力练习
  - 4 年级：利用不同支撑点进行 4 组平衡练习，且每组的练习姿势需不同——可伸展、收缩、蜷缩、扭转；以及平衡间的重心转移训练
  - 5 年级：利用不同支撑点和不同的姿势进行 5 组平衡练习，且需要在 3 种不同的训练高度上进行（高、中、低）；至少做一组倒立平衡练习；以及伸展、蜷缩、扭转 3 种姿势的重心转移练习

- 结束姿势：ta-da。保持站立姿势，手臂向上伸展，与肩部、髋部以及双脚对齐成一条直线。

学习经验：学生学习计划

给学生充足时间，让其慢慢尝试起始姿势、平衡和重心转移练习并复习练习结束姿势，之后再与同学讨论终极训练计划。告知学生该计划的构成部分都有哪些、评估标准是什么以及完成学习成果的步骤。

（在墙上粘贴身体各个部位的训练图表，如支撑点、训练姿势、动作以及训练高度。）

与同学讨论完成体操训练计划的步骤，具体步骤如下。

- 在纸上记录起始和结束姿势。
- 在纸的另一面画出平衡和重心转移的训练图解（可使用简笔画或象形文字）。
- 按顺序将平衡训练动作进行排序。
- 记住训练顺序。
- 邀请一位朋友观看一场自己的带妆体操排练。
- 准备就绪后，请教师对自己的训练进行评估。

评估标准

- 平衡训练图解的绘制情况。
- 利用不同支撑点进行平衡训练的能力（3 年级）。
- 平衡训练及姿势的标准度（4 年级）。
- 平衡训练、姿势标准度、训练高度以及倒立训练的情况（5 年级）。
- 平衡训练动作的排序情况，以及按照顺序所进行的训练的表现情况。
- 起始和结束姿势。
- 训练顺序的记忆程度。
- 对肌张力、对齐、训练姿势、训练高度以及其他与体操相关的基本概念的理解情况。
- 加分项：创新性。（能够打动我！）

注：为了保证期末训练计划工作顺利进行，教师可要求学生提前准备一张作业单（详情见示例）。帮助成功完成训练计划的建议：将一张纸折成 3 部分，按照折痕将其分为第一部分、第二部分和第三部分。学生只需要关注教师所要求其完成的部分即可，并且要在完成后向教师报告，以便继续下一阶段的学习。由于学生的年龄较小，因此这种方式可以很好地集中其注意力，对其非常有益。

在进行一连串的体操动作练习时，可先让学生进行平衡和重心转移的训练，并将训练情况记录在作业单的第二部分中，之后再将动作图解附在背后。（教师需要观察学生是否存在理解问题和能否独立完成训练动作，并在学生需要的时候提供帮助。）

期末体操动作训练情况表

姓名：_____ 班级：_____

第一部分：起始姿势

第二部分：平衡和重心转移
将平衡训练的动作图解绘制在表格背面，并标注出支撑点和重心转移的位置。

第三部分：结束姿势

选自 S. Holt/hale and T. Hall, 2016, *Lesson Planning for elementary Physial education.*

评估

- 对学生的进步以及作业完成情况进行常规学习评估。
- 总结性评估：学生对体操的平衡和重心转移能力的认知理解以及整体表现的总结性评估标准为——学生最终呈现的一连串体操动作、对于肌张力概念的理解情况、对齐、训练姿势的标准度、难度水平以及其他与体操相关的内容。

注：当学生正在进行体操动作训练时，教师就应当完成对每位学生的评估工作。之后，为每一位学生制订完整的训练计划。

小结

- 今天，我们主要完成期末体操动作训练情况表的第二部分。同学之间相互告知第二部分的完成要求。
- 肌张力是教师评价的一个重要参考标准吗？为什么？
- 如果你在平衡训练的任何一个环节中进行过延伸，请举手。在体操动作训练时，延伸对保持平衡性有何作用？
- 下节课，我们将主要完成第一部分与第三部分的内容——起始和结束姿势。
- 下节课，我们将主要对体操动作进行练习及排练，并在教师评估学生表现前，学生先向一位好朋友进行展示。
- 教师评估后，学生便可充当小教师的角色，帮助其他学生训练。

反思

- 学生独立完成体操动作时，是否存在安全隐患？
- 学生是否掌握平衡和重心转移训练，是否理解肌张力、对齐以及延伸的概念？是否能够将其应用到实际的体操动作中？
- 有没有学生需要就此项训练任务进行再次训练？有没有学生需要进行额外的平衡和重心转移训练？

低矮器材上的平衡和重心转移

双人练习

3~5 年级

标准 1 具备体育素养的人能够展示多种运动技巧和运动模式。

只有当学生掌握并理解在体操垫上进行的平衡和重心转移训练之后，才可利用低矮器材练习平衡和重心转移。这一课程，即在低矮器材上训练平衡和重心转移，需要几节课来完成，而不是为一节课设计的。

年级水平学习成果

- 结合移动训平衡练和重心转移训练，创编出一套无须器材或设备连续的体操动作（S1.E12.4）。
- 结合动作、平衡和重心转移创编出一套需要器材或设备并双人合作的体操动作（S1.E12.5）。

教学目标

学习者将：

- 结合平衡和重心转移，在矮器材上练习体操动作。
- 结合平衡和重心转移，低矮器材上练习一套连续的体操动作。
- 结合平衡和重心转移，在矮器材上练习一套连续的体操动作，之后再与伙伴一同在低矮器材上练习该动作（5 年级）。

复习双人练习：两人合作或进行；一人带领，另一人跟随，以并排比赛、面对面镜面反射的方式进行练习。

材料和器材

- 多种低矮器材：30 厘米高的跳箱、矮平衡木、体操凳、矮桌子以及有氧运动专用的脚蹬盒。
- 足够的垫子，环绕训练器材布置以保护学生的安全。

组织管理

- 教师需要建立一套规则，包括听到口令如何回应，如何站位和如何轮换场地。
- 设立站点（见下图的"练习平衡和重心转移的低矮器材"示例）。

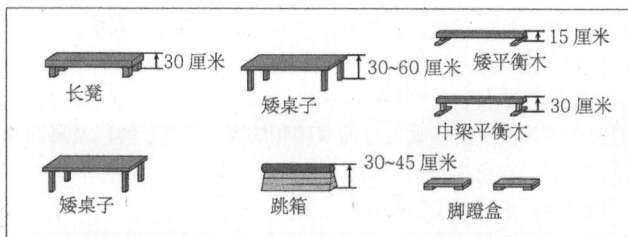

引入

在学习体操之中，你们已经能够在不同支撑点和不同的高度上、利用不同姿势掌握平衡；并且已能够通过伸展、蜷缩以及扭转练习重心转移；此外，还创编了一套在体操垫上动作组合。今天，我们会增加训练难度，将上述所有技能应用到较小的训练器材上——桌子、体操凳、木条和箱子。要想在大型设备上进行体操训练，首先必须要保证在低矮器材上训练的安全性。

安全问题

教师要告诉学生：其他学生在体操设备上训练时，千万不可打扰或触碰他们！（标准 4）

将学生分为若干小组，每组人数相等，分别在不同的训练场进行训练。最好保证足量的训练设备，将每个训练场的人数控制在 4~5 名学生。

- 第一轮：将所有学生分散至所有的练习站点。
- 第二轮：让学生选出自己最喜欢的两个练习站点，且每个场地人数不得超过 5 人。
- 第三轮：让学生选出自己最喜欢的练习站点，用来进行体操动作的组合练习。

学习经验：低矮器材上的平衡练习

复习之前所学的支撑点的相关内容，以及平衡的合格标准。

- 尝试利用不同支撑点在低矮器材上进行平衡练习。每次轮换到一个不同的训练场时，学生需利用一个不同的支撑点进行平衡训练。
- 任务拓展：在桌子和跳箱上练习倒立平衡。

指导性发现：一些在地面上很容易的平衡，一旦换到低矮的训练器材上，就变得困难了，比如金鸡独立、燕式平衡，而有些平衡训练则在器材上更容易。

学习经验：低矮器材上的重心转移练习

复习伸展、蜷缩和扭转动作以及肌张力、对齐、平衡力的相关内容。

- 让学生在低矮器材上尝试重心转移。
- 增加挑战，让学生在训练器材上进行平衡动作间的过渡。

学习经验：上下器材

让学生探索怎么上到低矮器材上。

- 通过复习跳跃和落地介绍踏跳起跳。学生从距器材 3~5 米处靠近器材，用脚踏上器材。
- 不用脚而用身体的其他部位位移到器材上，如双膝、双手、大腿上部和腹部。
- 任务拓展：尝试用双手短暂地移到器材上。

让学生探索从器材上下来的多种方式：

- 复习安全落地的关键步素：弯曲双膝和脚踝，肩部、髋以及脚踝并齐成一条直线。
- 跳下器材时，在空中摆出姿势。
- 跳下器材时，进行 270° 旋转。

任务拓展：由用双脚变为用双手在器材上，然后从矮器材上下来；使身体在垫子上保持低高度平衡，然后把重心转移到手上，再以滚翻动作下至地面。

学习经验：低矮器材上的体操动作练习

- 靠近器材：学生站在离体操凳、桌子或低矮平衡木 5 米处，选择一种移动方式或一种重心转移动作，再从起始位置移动至训练器材处。
- 上器材：双脚起跳、双脚落地单脚起跳、双脚落地，单脚起跳、单脚落地。任务拓展：膝盖撑跳青蛙站。
- 平衡和重心转移：
    - 3 年级：支撑点
    - 4 年级：支撑点、姿势、高度、重心转移
    - 5 年级：支撑点、姿势、高度、倒立、重心转移
- 下器材：
    - 起跳和落地：双脚起跳、双脚落地，跳跃时旋转 90°，跳跃时旋转 180° 跳时在空中做出动作。
    - 任务拓展：由用双脚变为用双手在器材上进行练习，然后从矮器材上下来；使身体在垫子上保持低高度平衡，然后把重心转移到手上，再以滚翻动作下至地面。
- 结束姿势：ta-da。

在所有站点练习轮换完之后，让学生选择自己最喜欢的两个站点练习平衡和重心转移。给每位学生充足的时间，让其在两个场地练习平衡、重心转移和上下器材。

在对结课任务即低矮器材上的体操动作组合（该任务的构成部分、评估标准以及完成步骤）进行讨论之后，让学生选择准备该任务的最佳场地。

- 复习完成体操项目的具体步骤：
    - 在纸上记录靠近器材、上下训练器材的步骤以及结束姿势。
    - 在纸的背面绘制平衡动作和重心转移动作（用简笔画或图形）；标上支撑点。
    - 给平衡动作标上顺序。
    - 记下来。
    - 邀请一位朋友观看最终排练。
    - 准备好后，找教师进行评估。

评估标准

- 书面作业完整。
- 动作组合的记忆和完成情况与纸上的记录相符。
- 每个平衡有不同的支撑点（3 年级）。
- 平衡和身体姿势（4 年级）。
- 平衡练习、身体姿势、高度和倒立（5 年级）。
- 倒立组合与学生技能水平相称。
- 加分项：创新性（能够打动我！）。

向学生发放作业单，用以完成在平衡木、体操凳、桌子或脚蹬盒上（根据学生的选择）的训练任务。

期末体操动作训练情况表（低矮器材上进行）

姓名：_____ 班级：_____
低矮器材：_____ 训练伙伴：_____

第一部分

1. 靠近低矮器材的方式

2. 上器材的方式

第二部分

1. 平衡：在该表背面绘制每种平衡方式，并标出支撑部位
2. 重心转移，过渡，移动

第三部分

1. 下器材
2. 结束动作（ta-da）

选自 S. Holt/hale and T. Hall, 2016, *Lesson Planning for elementary Physial education.*

评估

3 年级

3 年级学生的总结性评估依据：体操垫上完成的体操动作组合，低矮器材的动作组合包括不同支撑点的平衡方式和上下器材的动作。学生可让同伴为自己进行评估，也可以记录下来进行自我评估。

4 年级

最终的体操动作组合将作为总结性评估，考察学生对体操平衡和重心转移的认知性理解和执行性理解，以及肌张力、对齐、姿势、高度等概念。（形成性评估已居学习过程中。）

5 年级

如果学生相较于零散设备更喜欢低矮器材，可以选择在低矮器材上进行期末体操动作组合评估。

在站点上完成对每个学生的评估，一些学生进行评估时，其他学生可以继续训练。学生可以选择将动作组合拍摄记录下来。评估完成后，将完成的任务放进每个学生自己的作品集里。

小结

- 今天体操训练与往日有何不同？又增加了哪些新的挑战？
- 在体操垫上进行平衡练习与在低矮器材上进行平衡练习有何不同？
- 哪一种器材最适合进行倒立平衡训练？
- 哪种姿势最容易？哪种最难？

4、5 年级

- 比较你在体操垫上和在低矮器材上的平衡技能有何差别。
- 比较在体操垫上和在低矮器材上进入和脱离平衡有何差异。

反思

- 学生在低矮器材上进行体操训练，是否安全？
- 学生脱离平衡状态时（无论有意还是无意），是否能保证安全？
- 学生是否具备在低矮器材上进入或脱离平衡的能力？
- 学生是否达到特定的技能水平具备责任承担意识，为在大型体操设备上进行训练做好了准备？

正式器材上的平衡和重心转移

3~5 年级

当学生能够在体操垫以及低矮器材上成功完成平衡训练动作后，便可在大型体操设备上进行更高难度的训练，包括双杠、奥运会用的平衡木、跳盒，以及攀登架、爬梯、斜坡和体操桥等。

小学生在选择体操训练器材的时候，要选择尺寸和结构适宜的设备。训练初期的内容应包括：探索训练设备、安全问题、身体控制以及培养责任感。年龄较小的学生会迫不及待地想用"大型器材"进行训练。

在大型设备上的技能发展进程，体操垫和低矮器材上非常相近，都包含以下内容：在器材上进行平衡、支撑点、平衡间的流畅过渡以及靠近和上下设备。

技能提升以后，学生还将学习在设备上通过重心转移进入和脱离平衡、平衡和重心转移的结合以及除跳跃以外上下器材的方式。

> **平衡木**
> **安全检查：**
> **毯子准备就绪。**
>
> **落地：**
> **所有落地动作均用双脚完成。**
> **不得落地过猛！**

某些体操训练器材，如双杠和平衡木，需要学生能掌握在体育课上安全地靠近和上下设备的方法。每种训练器材相关的安全规则应张贴在训练设备附近的墙上。下面以平衡木为例。

3 年级

利用不同支撑点进行平衡训练、训练器材上的重心转移训练、靠近和上下器材训练（跳跃和落地）。

4、5 年级

期末体操动作组合评估的准备工作与在低矮器材上的准备工作一样。

所有学生轮流去每个站点训练，并选择两个自己最喜欢的站点，最终选出一个站点进行期末测评。

- 4 年级：将平衡和重心转移训练与移动相结合，创编出一套体操动作组合。
- 5 年级：将重心转移与动作、平衡相结合，独自或与同伴一同创编出一套体操动作组合。

期末体操任务（在训练器材上）

- 接近器材
- 上至器材
- 器材上的平衡、重心转移以及移动训练
- 下至地面
- 结束姿势：ta-da

期末项目评估的方法与之前的一样，包括：低矮器材上的平衡和重心转移、完成步骤、评估标准以及作业单。

学生将在自己选择的训练器材上，利用与自己平衡和重心转移能力相符的技能进行动作组合的创作、记录以及表演。体操中进行个性化指导和对学生成长的合理期望，对学生而言至关重要。

第八章

操作技能能力教学

本章内容包含一系列课程计划，对每项《美国 K-12 体育教育的国家标准及年级水平学习成果》中所提到的、适用于小学体育教学的运动操作技能进行讲解（SHAPE America，2014）并且每一系列教学计划的安排都是由简到难，以便学习者能够循序渐进地进行学习，先大致了解这些技能，之后更加扎实地掌握这些技能的要领（如成熟的训练模式）。

此课程计划旨在提升学生能力，使其从独自训练移动技能提升到将运动概念与技能相结合的高度，进而能够在小学体育之外的动态环境中熟练应用这些技巧。

课程计划是经过精心设计的，因此学生应当按照年级水平学习成果中所安排的详细步骤进行学习。课程计划对本书中所提及的年级等级都是适用的，并且是为那些已经学习过之前课程的学生制订的。如果学生未学习过之前的课程，那教师必须适当修改任务内容，并为其重新设计课程计划，让其能够掌握这些必备技能以及新课程计划中的各类概念。

此课程计划中每项任务目标都是让学生进行实践学习，而非让学生利用 30~45 分钟来完成一份纸质的训练计划。学生需要学习一系列教材编写者认真编写的适用于学生的实践技能，并且有足够的时间来练习这些技能。虽然该课程适用于所有接受体育教育的学生，但该课程的重点还是要求学生熟练掌握这些操作技能，而仅仅了解远远不够。

最后，一定要记住：根据学生之前的体育学习经历以及每周用来进行体育学习的天数改变体育教学的环境。本章所涉及的所有操作技能以及技能提升深度都完全符合国家标准及年级水平学习成果，但是最终，操作技能以及提升深度的教学还是由小学体育教师决定。附录 B 中的全年教学计划便是一个总体的学习规划方案，切实反映了美国国家标准的广度以及深度。

肩下投掷

路径

幼儿园 ~2 年级

标准 1 具备体育素养的人能够展示多种运动技巧和运动模式。

年级水平学习成果

- 投掷手在前肩下投掷异侧脚（S1.E13.K）。
- 肩下投掷的成熟运动模式应具备五项关键要素，学生需展示其中的两项（S1.E13.1）。
- 用成熟的运动模式练习肩下投掷动作（S1.E13.2）。

投掷的关键要素（肩下投掷模式）：

- 面朝投掷方向，做好投掷动作的准备。
- 一只手臂向后，做好投掷动作的准备。
- 当进行投掷动作的那只手臂向前伸展时，同时迈出异侧脚。
- 球掷出的高度在膝盖和腰之间。
- 投掷手臂向目标方向跟进。

教学目标

学习者将：

- 识别异侧手和异侧脚（幼儿园）。
- 通常情况下能迈出异侧脚，用肩下投掷的方式把手掌大小的物体投出去（幼儿园）。
- 在肩下投掷与手掌大小相似的物体时，有正确的起始姿势和异侧脚在前(1年级)。
- 在肩下投掷与手掌大小相似的物体时，有正确的起始姿势和在投掷时可以同时迈出异侧脚（2年级）。
- 可以用肩下投掷把球投向标靶（1、2年级）。

安全问题

练习者与目标位置之间必须留有足够的安全距离，以确保投掷和反弹的安全性。

材料和器材

- 每位学生一个线球或羊毛球。
- 每位学生一张贴纸。
- 训练场设备：6个铁环、壁带、几何图形、4个牛奶箱或牛奶盒。

引入

今天，我们将学习如何才能成为一名优秀的投手。含有投掷动作的游戏都有哪些呢？（给学生几分钟的时间，让其反思并回答。）今天，你们主要练习肩下投掷动作，投掷的路径可以是直线形，也可以是如彩虹一般的曲线形。练习过程中，我们会设置一些目标物体，使练习更加有趣。

学习经验：肩下投掷——注意手臂动作

假装你正在一张隐形的纸上书写自己的名字。你握笔的那只手就是你要用来进行投掷的那只手。站在自我训练区内，将那张隐形的纸揉成一团。

- 用沙包或无弹力球示范肩下投掷，示范时让学生注意手臂的摆动。将动作重复几次。
  提示：手臂前后摆动。
- 让学生在说出"滴答"后，将那颗隐形的纸球向你扔过来（同时注意观察学生手臂的前后摆动，一定不要向侧面摆动，必须是前后摆动）。
- 让学生用沙包或是线球练习肩下投掷动作，站在界限后面，手臂在肩下"滴答摆动"。每完成一次后，学生将沙包或是线球收回，并准备利用同一只手准备下一次投掷动作。（提醒学生，练习时要用自己惯用的那只手；可以是右手，也可以是左手；幼儿园和1年级的一些学生仍在探索自己习惯用哪只手。）

安全检查：提醒学生要等教师发出信号或指令后才可进行投掷。此外，年龄较小的学生还未具备成熟的投掷空间安全意识，教师在指导这类学生时要格外注意。

学习经验：沿弧线形或是曲线路径投掷——注意球的释放点

让学生重复上述练习，但此次的关注点是：投掷物体在空中的运动轨迹需呈弧线形或曲线形（如同彩虹的形状一般）。给学生几分钟的练习时间，随后让学生对投掷物体的释放点及其对曲线路径和直线路径的重要性进行讨论。以不同的释放点示范不同路径的肩下投掷。

- 给学生几分钟时间，让其练习并感受曲线路经的释放点位置。增加挑战，让学生分别练习曲线路径和直线路径投掷，每种练习各5次，并且在练习时，要格外注意不同路径的释放点的位置的差异（1~2年级）。

学习经验：肩下投掷——注意异侧脚的前迈动作

让学生做好投掷前的准备姿势，及异侧脚在前(站在投掷界线之前)。教师发出信号后，学生开始进行肩下投掷。
提示：异侧脚在前或是同侧脚在后均可（部分学生经这一提示能做得更好）。
- 学生继续练习，并且在每次投掷前，应检查自己的前后脚姿势是否正确。（对于那些搞不清哪只脚的学生可在其对侧脚上贴上贴纸。）

学习经验：远距离投掷

让学生练习肩下投掷动作，并且让其尽自己所能将球投到训练区最远的位置。
提示：使劲用力投掷。
常见错误：释放点位置过低，导致投掷物抛得过高。
- 利用带子或是场地的界线作为标记，从起点线开始，将投掷范围划分为3个等级：3米、4.5米、6米。
- 区域1（练习5次）。
- 区域2（练习5次）。
- 区域3（练习5次）

让学生继续在不同距离范围练习肩下投掷；同时让其不断挑战自己，每次投掷都试着扔得更远一点。

- 1、2年级：挑战的学生将自己的目标投掷区域告诉自己身后的伙伴，之后有意识地进行投掷，以使得投掷物体最终落在该区域内。
- 2年级：让学生讨论，长距离投掷、短距离投掷以及有意识的目标区域投掷分别对应哪种投掷路径，是直线形还是曲线形？

学习经验：肩下投掷——注意向前迈异侧脚动作（1、2年级）

现在，你们已经准备好像一个成熟的投手那样投掷了，就好像垒球里的投手一样。投掷的起始姿势应为：双脚左右分开，站在投掷线内。

描述并展示以下动作：面朝投掷方向，双脚左右平行站立，将投球的手臂后摆，当该手臂前摆时异侧脚也向前迈步。多复述上述动作。让学生根据你的信号或指令进行模拟投掷练习。

- 让学生根据你的信号将投掷的所有步骤都练习一遍。
- 加入起始位置和练习投掷迈步。让学生重复练习远距离定点投掷。

注：该课程计划呈现了一个成熟的肩下投掷动作模式所具备的5项关键要素。记住：这5项关键要素对于儿童学习投掷动作来讲至关重要；教师需将这五大要素分5次向学生进行讲解，并要求练习和掌握。一定要确保学生对前一个要素扎实掌握后，方可教授下一个要素。

学习经验：定点投掷

将墙壁作为目标点，让学生进行投掷练习。

- 利用直线形路径进行练习（将投掷手臂伸向目标点）。
- 尝试增加投掷距离，同时注意投掷的精准度。（注意，该动作还是肩下投掷，不可变换。）

学习经验：站点练习

- 站点练习1：让学生瞄准墙上的定点X进行投掷；学生可自行选择投掷距离。轮

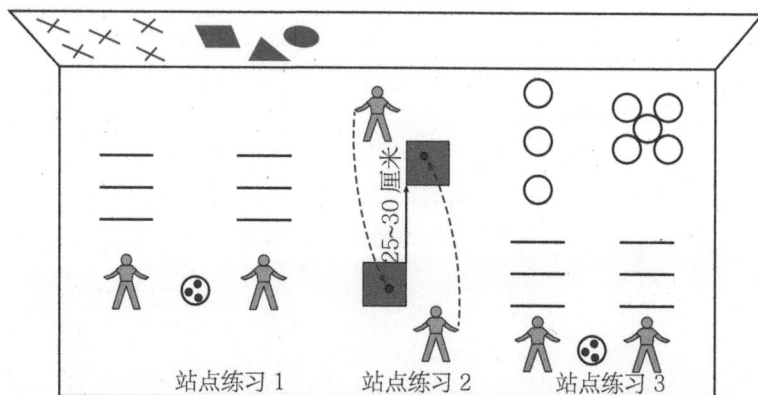

站点练习1　　　　站点练习2　　　　站点练习3

换位置，继续练习定点投掷。

　　2 年级：你身后的人会观察你练习投掷。如果你站姿正确，他（她）会给你加 1 分，如果你能够击中目标，则会再得 1 分。

- 站点练习 2：学生利用曲线路径练习投掷，以使球或沙包最终落在盒子或箱子上；学生可自行选择投掷距离。
- 站点练习 3：学生利用曲线路径练习投掷，以使球或沙包最终落在呼啦圈内；学生可自行选择投掷距离。互换位置，继续练习定点投掷，使球落在不同的呼啦圈内。

　　2 年级：当你准备投掷时，告诉你后方的人哪一个呼啦圈是你的定点目标。如果球最终落在该呼啦圈内，则给自己加上 2 分。

评估

- 学生互评：如站姿、动作标准，可互相举手比赞，并加 1 分。
- 课后小测：选一幅图示，上面画有一个人，双手抱球，双脚左右站立，之后让学生将 X 标记贴在应该迈步的那只脚上（幼儿园、1 年级）。

小结

- 我们今天的学习重点是什么？
- 双脚在肩下投掷动作中的重要性是什么？
- 如果右手拿球，那么哪只脚应在后面呢（幼儿园、1 年级）？
- 在练习肩下投掷动作时，选择投掷路径（直线形和曲线形）的决定性因素是什么（2 年级）？

反思

- 通常情况下，学生能否避免同手同脚的问题？
- 当手臂向前摆动时，学生（1、2 年级）是否向前迈步？

肩下投掷

动作概念、双人练习

3~5 年级

标准 1 具备体育素养的人能够展示多种运动技巧和运动模式。

年级水平学习成果

- 利用肩下投掷将物体投向伙伴或是目标位置，尽可能地保证投掷的精准性（S1. E13.3）。
- 学会应用技能进行投掷（S1.E13.4）。
- 在非动态环境中（闭锁性移动技能），利用不同大小、不同类型的物体练习成熟模式的肩下投掷（S1.E13.5a）。
- 利用肩下投掷将物体投向目标位置，并保证投掷的精准性（S1.E13.5b）。

等到 2 年级快结束的时候，学生应该已经具备展示肩下投掷五项关键要素的能力。根据《美国 K-12 体育教育的国家标准和年级水平学习成果》（SHAPE America, 2014）中所涉及的学习范围和顺序表明，3 年级的学生应该已经完成了肩下投掷动作的初步学习，而且也已经开始进入肩下投掷成熟阶段的学习。3 年级到 5 年级，学生应继续练习肩下投掷，并重新理解该动作的内涵。通常来讲，这些练习都嵌入在其他与之相关的课程中。

以下是一些适用于 3~5 年级学生的肩下投掷练习。

- 投进目标（呼啦圈、箱子、盒子）。
- 投向伙伴。
- 将墙面作为目标。
- 用力将球投向墙面（就像投垒球一样）。
- 投给一名击球手。
- 投给一位手持扁板或小网球拍的伙伴。
- 滚动撞击物体，就好像保龄球、室外地滚球或其他瞄准游戏一样。
- 某些特定的技能，如抢球游戏中的"投球"（用不同大小、不同类型的球）。

重点 ▶

次重点 ▶

接球

肩下投掷

幼儿园 ~2 年级

标准 1 具备体育素养的人能够展示多种运动技巧和运动模式的能力。

年级水平学习成果

- 抛出一个球，并在其二次反弹前，抓住它（S1.E16.Ka）。
- 接住一个由熟练的投手投出的体积较大的球（S1.E16.Kb）。
- 自己抛出一个较为柔软的物体，并在其反弹前抓住它（S1.E16.1a）。
- 接住由自己抛出或专业投手抛出的不同大小的球（S1.E16.1b）。
- 用双手接住一个自己抛出或是熟练投手抛出的球，且身体不能摇摆（S1.E16.2）。

  接住投掷物体的关键要素：
- 伸出双臂去接球。
  - 收起拇指，去接腰部以上的球。
  - 张开拇指，去接腰部或腰部以下的球。
- 一直注视着球的运动轨迹，直到接住为止。
- 只用双手接球，且身体不能摇摆。
- 接住球后，双手抱住球，向身体内侧回收，以缓冲惯性。
- 身体包绕球微微弯曲。

教学目标

学习者将：

- 伸出双臂，摆好手部姿势，准备接住由专业人员投出的球（幼儿园、1 年级）。
- 只用双手接球（1、2 年级）。

安全问题

确保投掷的安全距离，以便给学生留出足够的投掷和接球的空间。

材料和器材

- 使用大小不等(18~22厘米)的轻质量球，有弹性的(塑料、橡胶、泡沫材料均可)、不同大小的球，豆袋。
- 场地设备：球网（180~240 厘米）、由硬纸板或塑料制成的两个斜坡。

引入

我们今天要学习的技能是接球。注意，一定只能用双手接球，不能用身体的其他部位。我们会让大家练习接住各种各样的球体。当我在进行投掷和接球示范时，大家一定要注意看。球投掷的位置只需略高于头顶即可，让它反弹然后接住。请同学们再看一遍。在接球时，我的双臂和双手在干什么呢？（给几分钟时间，让学生向教师提问和交流，并向学生讲解，接球时的"双臂和双手的准备动作"，同时强调，只能用双手接球，不能用身体的其他部位。）

学习经验：抛出并在反弹后接住一个体积较大的球

先进行较为简单的抛球。让学生站在自我训练区内，之后轻轻将球向上抛出（利用双手抛球，抬起双臂，并在球到与眼睛水平之前松手），让球反弹一次，再将其接住。

提示：抛出、反弹、接住。

让学生多练习几次抛球和接球，直到其掌握要领为止。

- 让学生继续练习此项任务，但此次的关注点要放在"只能用双手接球"上。（展示错误的接球方式——身体抱球。）提醒学生，在接球时，双肘应微微弯曲，双臂不能僵硬。

提示：只用双手接球

- 继续进行此项练习任务，但此次的关注点却要放在"观察球在空中的运动轨迹，直到接住为止。"

提示：观察球。（提醒学生，"观察球在空中的运动轨迹"十分重要，即便是大学生，而且还是专业的篮球、足球、橄榄球、棒球运动员，教练也会每天在其耳边重申这一技能。）

- 增加挑战，让学生进行连续的动作练习，即抛球、反弹、接球，看看其总共能做多少次。

学习经验：抛出并接住一个体积较大的球，没有反弹

重点要放在"只能用双手接球"上。给学生几分钟的时间，让其继续练习抛球和接球，但球没有反弹。观察学生，如果他们能够抓住不用反弹的球，那么教师告诉学生的练习高过头顶接球和身体中部前方接球的练习。观察学生，如果他们能够抓住不同水平高度的球，教师可教授学生张开拇指和收起拇指的接球方式。

提示：收起拇指接球（适用于腰部以上位置的接球），张开拇指接球（适用于与腰部平齐或是低于腰部位置的接球）。

- 给学生几分钟的时间，让其以身体为参照物，在不同位置练习抛球和接球，并尝试利用伸拇指和收拇指的方式接球。

学习经验：将球抛向墙面，并在其弹回后接住（2年级）

该动作的重点是要注意双手准备姿势和双脚快速移动。让学生将球抛向墙面，并在其进行了一次反弹运动后将其接住。给学生几分钟的时间，让其练习并体会将球抛向墙面的力道。

提示：双手的准备姿势。

- 学生继续练习抛球、触墙反弹、接球。提醒学生，目前为止，我们所学习的投掷和接球练习的关键要素有以下几点：观察球在空中的运动轨迹、只能用双手接球。当学生能够做连续接球动作后，教师便可向其教授下一项关键要素了：接球时把球向身体收回。

提示：接球、回收。

- 任务拓展：学生应在球反弹前接住球，有意识地移动，时刻做好接球的准备姿势。

提示：双脚快速移动。

学习经验：抛出并接住一个体积较小的球

该动作的重点是掌根靠在一起，接住球后用手指包住球。学生在自我训练区内，将一个体积较小的球向上抛出，使其超过头顶，在其触地反弹前将其接住。

> 提示：该动作就像是捕蝇草的捕食动作一样；接球手的手套。

- 展示以下动作：掌根靠在一起，接到球后用手指包住球。之后，再展示一个错误动作：双手接到球后，手指并未将其紧紧抱住，进而使球触碰到双手后又反弹到空中。
- 学生继续练习此项任务，并在练习时注意，一定要用双手接球，不能只用一只手接球。注意：接球时，一定要主动地利用双手去够球，不能被动地等球落在自己的身体上。

1、2年级

增加挑战，让学生分别进行5次、10次或15次连续的接球练习。在计分的时候，可能需要一人在旁提醒学生张开拇指和收起拇指的接球动作。

学习经验：站点练习（提醒及教师评估）

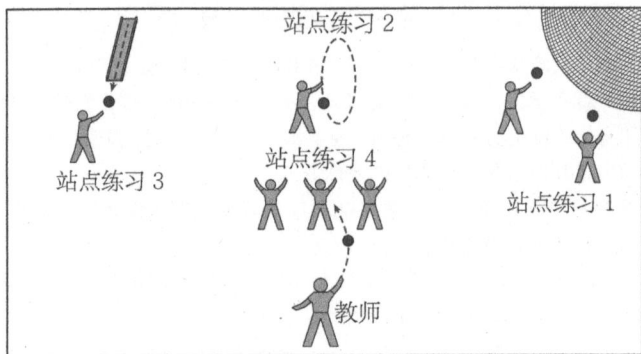

站点练习1

学生将一个体积较大的球（直径18~22厘米）抛入一个悬挂在空中的球网（距地面180厘米）中，之后再将其接住，练习时，球网后部应高于前沿，以便球能够滚动起来。

- 幼儿园：一次反弹后接住球。
- 1年级：一次反弹或反弹前接住球。
- 2年级：反弹前接住球。

站点练习2

学生利用不同种类的球进行接球练习。每一类球进行5次接球练习，之后更换另一类球，继续练习。

- 幼儿园、1年级：一次反弹或反弹前接住球。
- 2年级：反弹前接住球。

站点练习3

利用一个斜坡或将一个盒子末端去掉，背面抵住墙面，使其形成一个坡度较缓的斜坡。

学生将抛向斜坡，并在其滚落下来时将其接住。

- 幼儿园：一次反弹后接住球。
- 1年级：一次反弹或反弹前接住球。
- 2年级：反弹前接住球。

站点练习4

评估站点。幼儿园的学生使用体积较大的球，1、2年级的学生既可使用体积较大的球，也可使用体积较小的球。教师先示范一次肩下抛球的动作。在球触地反弹一次后，学生要将其接住，之后再将其抛向空中，随后再让第二名学生继续重复上述练习。教师需在旁边观察，并就以下几方面的表现对学生做出评估。

- 幼儿园：伸出双臂、双手的接球准备动作、观察球在空中的运动轨迹。
- 1年级：只能用双手接球。
- 2年级：双手主动够球；正确利用伸拇指和收拇指的动作接球；接到球后，双手抱住球向身体内侧回收。

评估

根据评估标准所制定的教师评估表格。

小结

- 我们今天的学习重点是什么？
- 学生是只使用双手接球，还是使用双臂和双手一同接球？
- 由学生向教师展示接球时正确的双臂姿势。记住：微微弯曲、不要僵硬。
- 为什么在接住球后，手指要紧紧包住球呢？

反思

- 在接球时，学生的双臂和双手是否已经做好准备姿势？
- 在接球时，学生是否能做到双臂微微伸展且只用双手接球，抑或是有些学生仍然利用身体来抱球？

重点 ▶

次重点 ▶

接球

肩下投掷、双人练习、高度

2~3 年级

标准 1 具备体育素养的人能够展示多种运动技巧和运动模式的能力。

年级水平学习成果

- 用双手接住自己抛出的或是由专业人员抛出的球，不能用身体抱球（S1. E16.2）。
- 让伙伴轻轻抛出一个手掌大小的球，之后用双手将其接住，并且接球动作要展示成熟动作模式五项关键要素中的四项（S1.E16.3）。

接球的关键要素：

- 伸出双臂，主动去够球。
  - 收起拇指，去接腰部以上位置的球。
  - 张开拇指，去接与腰部平齐和腰部以下位置的球。
- 观察球在空中运动的轨迹，直到接住为止。
- 只能用双手接球，不得用身体抱球。
- 接到球后，双手抱着球，向身体内侧回收。
- 身体包绕球微微弯曲（该动作只有在特定的接球动作中才会用到）。

教学目标

学习者将：

- 接住自己抛的球，并在不同高度进行练习，注意接球时手的位置以及主动够球和双手抱球向身体内侧回收这些细节。
- 换成体积较大的球进行练习，可自己抛出也可由伙伴抛出，之后再用双手接住，注意主动够球和双手抱球向身体内侧回收这些细节（2 年级）。
- 继续练习，接住技术熟练的伙伴抛出的球，注意接球时手的位置，以及主动够球和双手抱球向身体内侧回收这些细节（3 年级）。

安全问题

练习者与目标位置之间必须留有足够的安全距离，以确保投掷和反弹的安全性。

材料和器材

使用直径大小不等（18~22 厘米）的轻质量球，但必须有弹性（塑料、橡胶、泡沫材料均可），不同手掌大小的球。

引入

上节课，你们已经练习了只用双手接球的动作。并且大多数的接球位置都是中高度的。但是，当我们在做游戏或是进行体育运动时，来球不可能总是落在我们想让其落下的位置，即我们的右手边。为了顺利地进行体育运动和做游戏，我们必须要能够接住不同位置和不同高度的来球。今天，我们就要来练习这一技能，即接住未落在自己理想范围内的来球。还跟之前一样，你们可以与自己的伙伴组队进行抛球和接球练习，这样也可以使练习的乐趣大大增加。

学习经验：复习接球

学生自己抛球，自己接球。教师注意观察抛球和接球动作的关键要素：只用双手接球、观察球在空中的运动轨迹、张开拇指和收起拇指接球的手的正确姿势、主动够球、双手抱球向身体内侧回收。如果有必要，教师需帮助学生复习上述内容或是重新讲述。

- 让同学之间互相讨论主动够球的重要性（如在篮球项目中，手臂多延伸2厘米都会在抢篮板时呈现出完全不同的效果；除篮球外，在许多游戏中，只要涉及抛接动作，主动够球都扮演着十分重要的角色）。让学生在自我训练区内练习抛球和接球，以及主动够球和双手抱球向身体内侧回收这两个动作。
- 增加挑战，让学生在抛球时，尽可能地往高、往远抛，这样一来，学生在接球时就会下意识地伸展自己的双臂，因为只有这样，他们才能接住球——可向前、向右、向左抛球——但是，在接球时，双脚一定要站在自我训练区内，不可越界。

提示：主动够球。

- 给学生几分钟的时间，让其练习，并加入双手抱球向身体内侧回收的动作。

提示：主动够球、双手抱球向身体内侧回收。

学习经验：复习接住触墙反弹的球

让学生站在距离墙面3~3.5米处，向墙面抛球，待球触墙反弹后，再将其接住。给学生几分钟的时间，让其练习并控制向墙面抛球的力道，以及把控与墙面之间的距离。

提示：主动够球、双手抱球向身体内侧回收。

- 让学生尝试在不同角度和不同高度练习接球和抛球动作。

提示：主动够球、双手抱球向身体内侧回收。注意双脚要快速移动。

- 增加挑战，让学生变换抛球的力道，并在中高度和低高度练习接球。此外，还可拉远或缩短与墙面的距离进行练习。

学习经验：接住不同高度的球

学生独自练习抛球和接球，并在练习时注意手的位置，而且只能用双手接球。

- 学生将球向上抛出，使其超过头顶，到达高高度，进而练习高高度的接球动作。
- 学生将球抛出，到达中高度，进而练习自己理想范围内的接球动作。
- 学生继续练习低高度的接球动作（低于双膝），注意，低高度的接球练习应在球刚刚触地反弹后将其接住。

提醒学生，让其将球抛出，超过头顶，但是要等球落到低高度位置时，再将其接住。

（选择：在进行低高度位置的接球练习时，对于那些无法抓住正确接球时机的学生，可放宽标准，可以让球先触地反弹一次，之后再将其接住。）

自我评估

让学生在理想范围内进行30秒的抛球接球测试。目标是：失误次数不得超过两次。增加挑战，变换接球高度，进行同样的评估练习。

学习经验：利用体积较大的球进行多人抛接练习

让学生站在规定界线后方，面对各自的训练伙伴，之间的距离保持在 2.5~3 米。给学生几分钟的时间，让其练习向对方的胸部位置抛球，注意抛的时候一定要轻一点，重点注意接球的动作。

提示：双手的准备姿势。收拇指接球。只用双手接球。

- 在完成 10 次连续后，站在界线 B 处的学生向后退两步，之后继续练习。（提醒学生，练习的重点是接球动作：抛球时动作应轻一些，并且与伙伴之间的距离不宜过远。）
- 与伙伴进行了 2 分钟的练习之后，让所有学生站在界线 A 处，静止不动，而站在界线 B 处的学生向右转，进而寻找新的训练伙伴（见下图）。之后站在原始的起始线处，与新的训练伙伴继续练习。每隔两分钟交换一次训练伙伴。

3 年级

学生将球抛向伙伴的右侧，这样一来，他就必须要伸展身体才能接住了。之后再向其左侧抛，这样重复练习。

安全检查：各组学生之间的训练距离应加大一些。

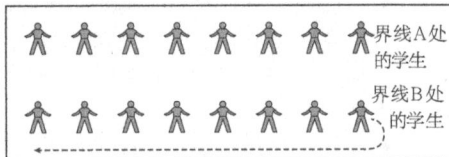

界线 A 处的学生

界线 B 处的学生

学生将球抛向训练伙伴头部以上的位置，使其练习高高度的接球动作。

- 学生将球抛得更高一点，要让训练伙伴伸展双臂才能接住。
- 学生可通过突然抛球来增加训练接球难度，抛球的高度可以是高高度、中高度，位置可以是右边、左边。接球手必须迅速做出反应才能够接住球。

评估

- 自我评估：10 次接球或是持续接球 30 秒钟。
- 将图示与接球高度相匹配：张开拇指或收起拇指接球。
- 有关训练提示的书面测试。

小结

- 我们今天所学的接球动作的重点是什么？
- 向教师展示高高度和低高度接球时的手部位置。
- 为什么在你接住球后，要双手抱球向身体内侧回收，并且只有这样才算是一个完整的接球动作呢？
- 为什么不同高度的接球练习至关重要？

反思

- 学生能够将身体伸展至高高度接球吗？
- 学生接球时双手的位置是否正确？
- 学生接球时，是主动够球还是被动等球落在自己身上？
- 学生接到球后，是否用双手抱住球向身体内侧回收？

重点 ▶	**接球**
次重点 ▶	肩上投掷、伸展和扭转动作、空间意识

4~5 年级

标准 1 具备体育素养的人能够展示多种运动技巧和运动模式。

年级水平学习成果

在非动态环境中，利用成熟的动作模式，分别接住位置位于头部以上、胸部或腰部以及以下位置的球（S1.E16.4）。

接球的关键要素：

- 伸出双臂，主动去够球。
  - 收起拇指去接腰部以上位置的球。
  - 张开拇指去接与腰部平齐和腰部以下位置的球。
- 观察球在空中运动的轨迹，直到接住为止。
- 只能用双手接球，不得用身体抱球。
- 接到球后，双手抱着球，向身体内侧回收。
- 身体包绕球微微弯曲（该动作只有在特定的接球动作中才会用到）。

教学目标

学习者将：

- 自己抛球接球，并在练习时展示伸展和扭转动作。
- 接住伙伴完美抛出的球，并在练习时展示伸展和扭转动作。
- 利用成熟动作模式中的五项关键要素接住不同高度的球。
- 在公共训练区内慢走或慢跑，并接住自己抛出的球。

安全问题

练习者与目标位置之间必须留有足够的安全距离，确保投掷和反弹的安全性。

材料和器材

各种样式、各种大小的球和沙包。

引入

我们今天的学习重点主要放在：要接住身体不同位置以及不同高度的来球。在游戏或体育运动中，来球一般不会直直地朝我们抛过来，有时我们必须要伸展甚至是扭转身体的某些部位才能将其接住。今天，同学们将使用不同类别的球来练习如何接住不同训练伙伴抛来的球，并且来球还可能位于身体任意位置和任意高度。

学习经验：不同高度的接球练习

此项练习任务的重点在于：一套成熟接球动作中所有的关键要素。给学生充足的时间，让其进行技能性的练习，同时教师需在一旁观察动作的关键要素。

- 让学生在自我训练区内练习接住中高度的来球：

- 连续接球 30 秒钟，且不能出现失误。
- 利用不同类型的球进行练习。
- 让学生练习接住高高度的来球，在接球时，需向上伸展双臂，接到球后，双手抱住球，向身体内侧回收。（注意：强调伸展和收回动作。）
- 增加挑战性，让学生跳起来接住更高位置的来球。让学生之间互相讨论篮球中的抢篮板动作，足球中的跳接动作，以及橄榄球守门员接到球后，双手抱球，向身体内侧回收的动作。
- 让学生使用不同球类进行练习。

自我评估

- 学生在不跳起的情况下，10 次能够接住几次来球？
- 学生在跳起的情况下，5 次能够接住几次来球？

同伴互评

训练伙伴之间互相监督，看对方在接球时是否做出了伸展动作，以及接到球后，是否双手抱球，向身体内侧回收。

- 让学生练习接住低高度的来球，并且要在球接触地面前接住球。
- 让学生利用不同类型的球练习接球动作。

学习经验：接住身体不同方向的球（前方、两侧、后方）

- 给学生几分钟的时间，让其尝试利用扭转和伸展动作接球，提醒学生，每次接到球后，必须要用双手抱住球，向身体内侧回收。
- 让学生：
  - 利用一只脚牢牢站立在地面，就像是粘在地上一样，之后伸展身体，直至失去平衡为止，利用此方法接住前方的来球。
  - 只用一只手（左边或右边）。
  - 向高处伸展身体接球，向低处伸展身体接球。
  - 将球抛向身体一侧，之后微微向后转动身体，利用扭转动作接住球。

学习经验：移动、抛球、伸展、接球

让学生在公共训练区内移动，并注视着开放空间。之后向前方抛球，随后立即伸展身体，接住球，并用双手抱住球，向身体内侧回收。

- 练习接住不同高度的来球。
- 跳起来，接住高高度的来球——伸展、接球、向身体内侧回收。

安全问题

学生在练习时，一定要注意公共训练区内其他正在训练的同学。

- 让学生将球抛向右侧，之后做一个滑步动作，紧接着再做一个伸展动作，最后将球接住。之后再将球抛向左侧，并重复上述练习。
- 当教师发现学生已经能够熟练一边移动一边抛球接球时，便可在训练中加入慢跑动作。让学生在公共训练区内通过慢跑的方式将球抛出，并接住不同高度位置的来球。

- 在慢跑、抛球以及接住不同高度位置的来球练习中，空间意识十分重要。

学习经验：双人抛接球练习

双人练习。让学生模拟棒球或垒球中上一垒的方式投球接球，记住，抛出的球一定要达到一定的高度，要让训练伙伴伸展身体才能接住。

- 向右侧。
- 向左侧。

后转游戏：伙伴 A 背对伙伴 B，转体，看右肩，同时双手做好接球的姿势。而伙伴 B 则需瞄准伙伴 A 的双手，再将球投出，之后伙伴 A 再接住球即可。之后两人互换角色，继续练习。

- 重复上述练习，这次可将球抛向接球手的左侧。
- 终极挑战：当教师发现学生已经能够熟练地利用站姿接球时，可将慢走或慢跑动作加入其中，让学生利用此动作进行肩上投掷的接球练习。

    安全检查：每位学生慢跑的方向须保持一致。

这些训练任务是进行投球和接球预习，适用于小型训练环境，并且也适用于双方处于移动状态（S1.E16.5b）。

评估

观察学生的动作是否具备应当具备的关键要素。

小结

- 我们今天学习了一个新的接球技能，是什么？
- 为什么练习接住身体四周不同位置的来球如此重要？
- 什么情况下，你需要用单手接球？

反思

- 接球时，学生是否伸展双臂，并在接住球后，是否用双手抱住球，向身体内侧回收？
- 由学生自己或是其训练伙伴抛出的球，是否是需要学生伸展身体才能接住的？

重点 ▶ ## 肩上投掷

次重点 ▶ 力量

2~4 年级

标准 1 具备体育素养的人能够展示多种运动技巧和运动模式。

年级水平学习成果

- 肩上投掷展示成熟的模式五项关键要素中的三项（S1.E14.2）。
- 学生肩上投掷需在非动态环境（闭锁性移动技能）根据不同距离，使用不同的力量来展示成熟的模式五项关键要素中的三项（S1.E14.3）。
- 在非动态环境（闭锁性移动技能）中，利用成熟的模式练习肩上投掷（S1.E14.4a）。

投掷的关键要素（肩上模式）：

- 将髋部和脊柱转向目标，准备投掷。
- 手臂后引并伸展，将肘抬到与肩部平齐的高度或略高于肩，准备投掷；用肘部引领动作。
- 当拿球的手臂向前挥动时，异侧脚前迈。
- 当进行投掷动作时，再将臀部和脊椎转回原位。
- 投掷手臂向目标方向跟进，穿过身体。

教学目标

学习者将：

- 利用肩上投掷动作投球。
- 侧对投掷目标，用不同距离和不同力量从肩上投掷投出一个物体，注意投掷时异侧脚前迈（2 年级）。
- 侧对投掷目标，注意投掷时异侧脚前迈。投掷时要注意手臂动作规范（3 年级）。
- 不同距离和不同力量进行用肩上投掷投出一个物体，注意投掷过程中髋部和脊柱的转动、手臂准备、异侧脚前迈、投掷完成后的髋部和脊住回位（4 年级）。

安全问题

确保投掷和取回器材的空间合适。

材料和器材

- 尺寸较小、弹力较低的球类（如室内垒球、威浮球或其他类似球类），每位学生一个。
- 毛线球或是无弹力的球，每位学生一个。
- 以一面较大的墙壁作为目标物体（要是在练习时有流行音乐就更棒了）。
- 要是户外任务的话，每组学生可准备一桶或是一箱旧网球（8~10 个即可）、3 个沙包或 3 个有标记的标志筒。

引入

之前，你们已经学习了肩下投掷，今天，我们将开始练习肩上投掷。在许多涉及距离、力量以及精准度的游戏和体育运动中都会用到这一技能。有些游戏的投掷目标是人，有些则是物体或目标位置。今天，你们将学习与力量有关的投掷动作——学习如何利用双臂、双腿以及身体完成一个漂亮的投掷动作。

学习经验：肩上投掷（距离练习）

注意：在开始时，侧对目标迈出异侧脚。使用一个毛线球或是无弹力的球进行练习。练习时，学生需站在规定界线内，迈出异侧脚。（提醒学生，当一次投掷动作完成后，应回到起始姿势，等待教师下一次的投掷信号。）

- 让学生继续练习，注意力开始集中在侧对目标上。站立时，双脚打开与肩同宽，然后迈出异侧脚。
- 4年级：投掷前，让学生面对目标位置，之后再扭转髋部和脊柱至侧对目标位置。
- 让学生拉远与目标位置之间的距离，进行投掷练习，注意练习时手臂回收。
- 4年级：练习时，学生应注意将结合回收手臂和扭转手臂的动作。

学习经验：肩上投掷（力量）

专注在挥动手臂同时，迈出异侧脚。使用弹力较小的球类（室内垒球、威浮球或其他类似球类）练习。学生站在距离墙面大约4.5米处，用力将球投出，使其碰到墙面。（可利用胶带或其他标志物体在地面上标示出起始线。）

由于空间有限，因此练习时，最好两人一组或三人一组。

- 让学生重复上述练习任务，将球向更大的纸靶抛出，注意投掷时的力量。

同伴互评

评估人应站在投手的一侧，以便更好地观察其投掷情况。

- 2、3年级：若在投掷时，手臂后引，加1分；若击中目标，加1分。
- 4年级：若在投掷时，有髋部和脊柱做扭转动作，加1分；若击中目标，加1分。

注：要想讲授下一项关键要素，教师必须确保学生掌握目前的所学。本章课程已经包含了所有成熟投掷动作应该包含的关键要素。因此，若是仅仅只学习一堂课，学生是无法掌握肩上投掷动作的。要想掌握该动作，学生必须经过系统课程并分布在一学年练习方可成功。

学习经验：远距离投掷（户外，3、4年级）

此部分内容的学习重点是：注意投掷准备和投掷完成时髋部和脊柱的扭转动作、手臂后引和伸展动作。将学生分为3组，每组分发一桶或一箱8~10个网球、3个沙包或3个带有标记的标志桶（见下页图）。一位学生充当投手（使用桶里或箱子的球）；另外两名同学站在对应位置。外野手1号负责收球，并将其放在另一处；外野手2号负责利用沙包或带有标记的标志桶标记投手投出球的最远位置。

- 之后，让学生进行远距离的投掷练习，并逐渐提升每次投球的远度，尝试创下个人最佳纪录。

提示：面对场地。扭转身体向目标位置。手臂后引。投掷前，迈脚或"鸦式跳投"。

如果空间允许的话，学生可独自练习，并在所有球投完后，自行转换角色。若空间有限，

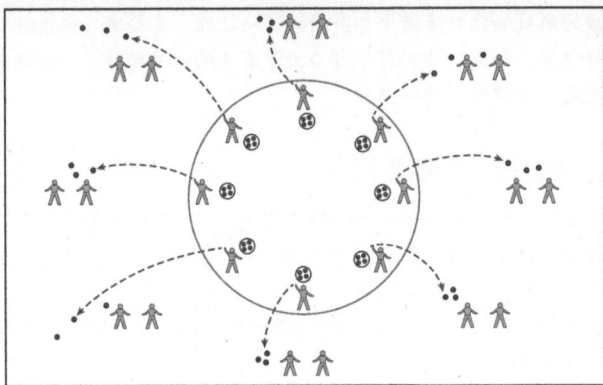

学生可根据教师的信号练习投掷。

评估

- 同伴互评。看对方在练习时是否具备此项任务所包含的关键要素。
- 课后小测（3、4年级）：在练习与力量和距离有关的肩上投掷时，为什么要扭转髋部和脊柱？

小结

- 我们今天的学习重点是什么？
- 肩上投掷和肩下投掷的相似之处是什么？
- 让教师观看自己的投掷动作，看看是否还有亟待加强的地方。（根据2、3、4年级的年级水平学习成果，每个年级要求掌握的关键要素都是不同的。）
- 多多练习涉及距离和力量的肩上投掷。自己找一个球，找一块场地，在放学回家后或是休息时练习。

反思

- 学生在练习肩上投掷时，能否展示正确的前后脚姿势？在投掷时，能否迈出异侧脚（3、4年级）？
- 2年级：投掷前，学生是否侧对投掷目标？
- 3年级：是否有部分学生在投掷前将髋部和脊柱扭转至目标位置，并在投掷结束后再将其扭转回原位？
- 4年级：是否大部分学生在投掷前将髋部和脊柱扭转至目标位置，并在投掷结束后再将其扭转回原位？
- 准备投掷时，肘的高度是否高于肩部？是否以肘引领进行投掷？

重点 ▶

次重点 ▶

肩上投掷

精准度、力量

4~5 年级

标准 1 具备体育素养的人能够展示多种运动技巧和运动模式。

年级水平学习成果

- 在非动态环境（闭锁性移动技能）中、用成熟的运动模式练习肩上投掷（S1. E14.4a）。
- 在非动态环境（闭锁性移动技能）中，用成熟的运动模式和不同尺寸、不同种类的球练习肩上投掷（S1.E14.5a）。
- 在合理的距离范围内，用肩上投掷的方式将球投向队友或目标位置，注意投掷的精准度（S1.E14.4b）。
- 利用肩上投掷的方式将球投向目标位置，注意投掷的精准度（S1.E14.5b）。

投掷的关键要素（肩上投掷模式）：

- 侧对投掷目标准备投掷。
- 手臂后引并伸展，将肘抬到与肩部平齐的高度或略高于肩，准备投掷。用肘部引领动作。
- 当拿球的手臂向前挥动时，异侧脚前迈。
- 当进行投掷动作时，异侧脚前迈。
- 投掷手臂向目标方向跟进，穿过身体。

教学目标

学习者将：

- 利用肩上投掷动作，使用不同力道投出一个物体，注意投掷过程中髋部和脊柱的转动、手臂的准备姿势、异侧脚前迈、投掷完成后的髋部和脊柱回位、向着投掷目标的跟随动作（4 年级）。
- 根据与目标位置的距离调整投掷力度。
- 解释如何根据精度和距离调整投掷力度。
- 精准地将物体投向目标位置和训练伙伴。
- 利用适当的力度准确地将物体投向目标位置和训练伙伴，并且要展示出成熟的动作模式（5 年级）。
- 利用不同尺寸、不同类型的球练习，并且要展示出成熟动作模式中的关键要素（5 年级）。

安全问题

确保投掷和取回器材的空间是合适的。

材料和器材

- 每位学生一个手掌大小、弹力较小的球（如室内垒球、威浮球）。
- 直径 13~18 厘米的高密度泡沫球，每一个组合一个。

- 不同大小、不同类型的球。
- 纸靶。

场地设备

- 4 个带有网球的黏板。
- 4 个铁环和铁环架。
- 纸靶，每个靶子上标出 3 种颜色——大号纸靶的尺寸为：120 厘米 × 120 厘米；中号纸靶的尺寸为：60 厘米 × 60 厘米；小号纸靶的尺寸为：30 厘米 × 30 厘米
- 12 个保龄球瓶。
- 两个休息区。

引入

在之前的投掷课程中，你们已经学习了与力量和距离相关的肩上投掷练习。现在谁能告诉我，我们都学了哪些投掷动作的关键要素呢？今天，我们将继续练习与力量相关的投掷动作，但是，除了力量以外，我们还要新增一项内容，那就是精准度。

有时，你可能需要改变你投掷方式，以确保投掷的精准度。接下来我会给大家做一个示范，分别展示向距离较近的位置和距离较远的位置投球，请大家注意看。（让学生注意观察教师向近距离位置投掷时的手臂姿势，这时教师的手臂刚好在头部后方作手臂后引动作。）你在每次投掷时的投掷方式和手臂姿势刚好一样吗？为什么？

改变投掷方式，来完成任务目标：当学生掌握了成熟的操作技能后，可让其进行改变投掷方式准备任务。要想完成此项任务目标（如提升投掷的精准度，确保训练伙伴能够接住自己投出的物体），可能要减小投掷力度，这就改变投掷方式。当学生在动态环境中训练时，改变投掷方式很有必要。

学习经验：投掷（力量）

- 注意投掷的准备和结束动作。使用弹力较小的球练习。将目标设置得大一些，学生站在距离墙面大约 4.5 米处用力将球投出，使其碰到墙面（可利用胶带或其他标志物体在地面上画出起始线）。
- 给学生几分钟时间，让其复习投掷的关键要素：手臂后引时，扭转身体侧对目标，伸展，异侧脚前迈。

提示：夸张的屈体动作。

（教师在旁观察学生，并在需要的时候提供帮助）。

学习经验：投掷（精准度和力量）

注意跟随动作。学生站在距离目标位置 4.5 米处，用力将物体投向目标位置的中部，强调手臂的跟随动作。

- 自我挑战和评估：如果 5 次投掷中成功了 3 次，学生便可继续按照远距离练习。但是如果命中率低于 3 次，学生需缩短与目标位置之间的距离，并减小投掷力度，以提高投掷的精准度。若成功命中目标，学生可向后退一步。让学生继续尝试拉远与目标位置之间的距离，并用力将物体投向目标位置的中部，且精确命中目标。
- 让学生利用更小的目标练习上述动作。

- 5年级：学生尝试使用不同类型。利用不同大小的球练习之前两项投掷。

学习经验：根据距离变化投掷力度

让学生两人一组，站在体育场中间，两人之间的距离约为120厘米。使用13~18厘米的高密度泡沫球进行投掷练习，一名学生投球，另一名接球。一组训练完成后，双方各向后退一步，之后继续练习，完成后，再向后退，直至体育场的边界为止；之后两人调转方向，向前移动，继续练习，直至回到起始位置为止。如果出现接球失误，则两人的距离保持不变，继续练习。注意，训练的次重点是：抛球的力度要与两人之间的距离相匹配。（如果场地无法容纳所有学生一同训练的话，可先让一半学生练习，另一半学生在旁观察，看其动作是否含有投掷的关键要素，之后再让双方调换角色，继续练习。）

- 让学生之间互相讨论，投掷距离如何影响肩上投掷力度和投掷方式。（如果场地不能够让所有学生同时练习，那么在旁观察的学生便可回答上述问题。）

学习经验：站点练习

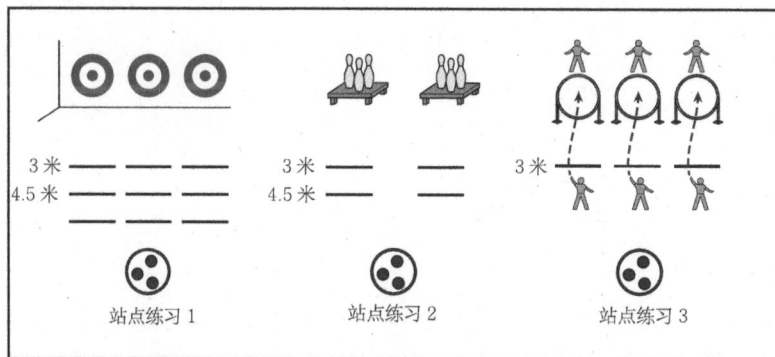

| 3米 | 3米 | 3米 |
| 4.5米 | 4.5米 | |

站点练习1　　　　站点练习2　　　　站点练习3

- 站点练习1：学生在每个起始位置处有五次向目标位置投掷的机会。他们可自行选择目标的大小（大、中、小）或与目标位置之间的距离（4年级）。学生使用预先设定好的目标大小进行5次投掷练习，并对比精准度（5年级）。
- 站点练习2：学生用力将物体投出，击倒了地上的保龄球瓶。
- 站点练习3：投掷站点。投手与接球手之间的距离为3~3.5米，一名学生投球，另一名学生接球，即投手和接球手。在环架上竖直放置一个铁环。接球手蹲在铁环后面，手持黏板。另一个伙伴为投手，用肩上投掷投球直到击球手出局（铁环外4次）。若击中铁环，视为界外球。

如果没有黏板和环架，那么可以让接球手平稳接住球，以此来进行双人练习。练习时，接球手可将双手放在球飞来的位置，保证准确无误地接住球。如果接球手在没有移动双手的情况下接住了球，则投的是好球，若接球手在接球时移动了双手，则投的是坏球。

评估

- 同伴互评对方在练习时是否用到了投掷动作的关键要素（评估时注意观察一项关键要素即可）。

- 列一张表单判断，哪些关键要素未发生改变。

小结

- 我们今天的学习重点是什么？
- 当你和训练伙伴目标位置的距离拉近时，投掷方式发生了怎样的改变？为什么？
- 说出一种体育运动的名称，并且在此项运动中，大力投掷和远距离投掷都是至关重要的两项内容。具体谈谈，为什么在此项运动中远距离投掷如此重要？
- 精准投球在什么时候比其他因素更为重要？又在什么时候与其他因素同等重要？
- 要想成为一名优秀的投手，必须要经过大量练习。因此请同学们在回家后和课余时间多多练习。

反思

- 哪些关键要素未发生改变？
- "为保证投掷的精准度，需不断调整投掷力度"，学生对这句话是否理解？

传球接球

力量、高度

4~5 年级

具备体育素养的人能够展示多种运动技巧和运动模式。

年级水平学习成果

- 在非动态环境（闭锁性移动技能）中，利用成熟的运动模式，分别接住不同高度的来球，如头部以上、胸部或腰部位置以及腰部以下（S1.E16.4）。
- 在双方都在移动的情况下，保证接球的精准度（S1.E16.5b）。
- 在非动态环境（闭锁性移动技能）中，向正在移动的接球手投球，并注意投球的精准度（S1.E15.4）。
- 在双方都在移动的情况下，保证投球的精准度（S1.E15.5a）。

接球的关键要素：

- 伸出双臂，主动去够球。
- 用收拇指动作去接腰部以上位置的球。
- 用打开拇指动作去接与腰部平齐和腰部以下位置的球。
- 观察球在空中运动的轨迹，直到接住为止。
- 只能用双手接球；不得用身体抱球。
- 接到球后，双手抱着球，向身体内侧回收。
- 身体包绕球微微弯曲（该动作只有在特定的接球动作中才会用到）。

投球的关键要素（肩上投掷模式）：

- 对侧投掷目标准备投掷。
- 手臂后引并伸展，将肘抬到与肩部平齐的高度或略高于肩，准备投掷；用肘部引领动作。
- 当拿球的手臂向前挥动时，异侧脚前迈。
- 当做出投掷动作时，再将髋部和脊柱转回原位。
- 投掷手臂向目标方向跟进，越过身体。

教学目标

- 接住由训练伙伴投出的球。
- 伸展身体将球接住，之后立即弯曲身体，保护接到的球。
- 精准地将球传给训练伙伴。

安全问题

练习者与目标位置之间必须留有足够的安全距离，以确保投掷和接球时的安全性。

材料和器材

- 利用适合青少年使用大小的篮球，每位学生一个。
- 利用各种类型的球或物体，练习投掷，如适合青少年使用的足球、飞盘、手掌大小的球、直径 15~18 厘米的泡沫球。

引入

你们在开学之初和前几年级已经练习过投掷和接球动作了。那么，现在让我们一起来复习一下接球和肩上投掷的关键要素。（给学生几分钟时间，让他们回忆和复习。）今天，还要继续学习接球，但是会增加一定的难度，但是也更符合真实的游戏情景。此外，我们还会将传球加入到投掷练习当中。传球的关键要素与肩上投掷是一样的，和有些肩下投掷的关键要素也很相似。当你在游戏中传球时，你要确保你的队友能接住你的投球。

学习经验：复习如何接住不同高度的、体积较大的来球

利用大小适合青少年使用的篮球练习。学生分散站在自我训练区内，将球抛出，然后再跳起来将其接住。

- 学生需伸展身体，接住位置较高的球。

假设这是篮球中的抢篮板动作（注意接球时的伸展动作和跳跃的时机）。

- 学生继续练习接住位置较高的来球，注意接住球后，应用双手抱住球，并向身体内侧回收，之后要弯曲身体保护球。

让学生在公共训练区内练习移动、向高处抛球、伸展身体、接球、双手抱球回收。

提示：弯曲身体，保护球。

学习经验：对墙传球

学生用双手将球从胸前推出，向前迈步，等球触墙反弹后接住球。（展示胸部传球动作，用手指向前推出，收拇指。）

- 让学生慢慢感受传球的力度，要保证球传出后，触墙反弹之后正好被接住。
- 学生继续练习胸部传球，同时伸出双臂接住来球，向身体内侧回收，弯曲身体包绕着它，就好像是防止球被对手抢走那样。

学习经验：双人传球

训练者面对面站立，两者之间的距离约为 3 米。利用之前练习的胸部传球动作，瞄准对方的胸部位置，互相传球。给学生几分钟时间，让其感受传球的力度，要保证球传出后对方可以将其接住。

提示：传球的精准度至关重要。目标位置为胸部。

注：提醒学生，将球推出时，一定要用双手，并且目标位置要瞄准对方的胸部，同时还要注意脚下动作。接球手在接球时，则需做好手的准备动作——手指伸开、收拇指、双手摆在胸前位置。

- 10 次练习后，两人各向后退一步，继续练习传接球。
- 之后两人继续增加彼此间的距离，直到极限为止，但是仍需保证传接的精准度。

自我评估

当双方都能够精准地完成传球练习，且 10 次练习中的失误次数不超过 2 次时，双方便可在极限距离处练习了。

- 选择不同的物体（足球、飞盘或其他球类）练习。学生继续练习传接球，但这次需增加挑战难度。学生分别站在原始起点处，之后再渐渐拉大两人之间的距离。

- 与学生讨论，面对不同大小、不同类型的球时，所运用的投掷方式有何不同——胸部传球、肩上投掷和肩下投掷。（教师利用几分钟的时间指导学生练习如何利用足球或飞盘做投掷动作。这样的练习十分有必要。）

接球手应注意：以双手作为对方的投掷目标。

投手应注意：将球传向目标位置。

- 每当练习距离达到极值时，双方需更换一种球类，方可继续练习。
- 学生需更换训练伙伴，感受在面对不同伙伴时，投球的力度和距离差异。（标准4）

讨论这类游戏的胜利方法，以及精准传球的重要性。

学习经验：双人传球、接住朝向身体不同位置的来球

学生自己选择一种球，接球手摆好接球姿势，将双手作为目标，举过头顶。投手再以曲线（似彩虹般）路径将球抛出，以便接球手能够接住。

- 接球手接住高高度的来球，接到球后，用双手抱住球，向身体内侧回收，弯曲身体，保护球。
- 接球手伸拇指，接住低高度的来球，接到球后，用双手抱住球，向身体内侧回收，弯曲身体，保护球。
- 加大挑战难度，投手可向接球手的任意方向投球，如左、右、上、下。
- 加大挑战难度，让接投双方尽自己所能创下个人的最佳纪录，如投掷距离、精准度或高度。

评估

学生制作一本练习日记，描述自己成功掌握此项技能的原因——精准度和力量。

学习经验：在移动中传接球（5年级）

安全检查：若双方在移动状态下进行接投练习，空间意识则显得尤为重要——最好能在较为开阔的室外场地练习。

接球手确定好移动方向后，向右迈2~3步；投手将球传向接球手的正前方。

- 接球手应复习之前学过的内容。现在，目标位置为接球手面前的空间。给学生几分钟时间练习，因为很难掌握投球的时机。
- 接球手接到球后，用双手抱住球，并向身体内侧回收，之后再将其投给投手练习时，最好能有一个明显的信号，以便在移动时能把握好接球的时机）。提醒学生，只有接球手能移动，投手需保持静止。
- 此项练习完成后，接球手再向自己的左边迈2~3步。
- 接球手提升迈步的速度，并在每次迈步时，双手都应做好接球姿势。
- 学生尝试使用不同球类和飞盘练习。

（接球手的迈步范围不得超过2~3步。此项练习的重点为：引导或传球以及传球的精准度，以接球手能够轻松接住为准。）

学习经验：移动和接球

训练伙伴彼此面对同一方向，并排站立。伙伴A为第一投手，伙伴B为第一接球手。

接球手可利用多种路径（直线形、曲线形、Z字形）从投手身边跑开，给投手提供一个目标。目标被确定后，投手应全力奔跑，超过接球手。

安全检查：体育场中所有学生应朝同一方向移动。

- 接到球后，接球手慢跑回到投手身边，之后两人交换角色继续练习。

扭转身体，接住肩部以上位置的来球。重复先前的练习，除了接球手以直线形路径慢慢从移动的投手身边跑开。准备就绪后，接球手扭转身体，将双手作为目标，微微抬起，放在肩部以上。投手尝试将球投到接球手的手中。

投手需要注意：传球应允许接球手继续慢跑。

接球手需要注意：只扭转身体的上半部分，双脚仍要持续向前慢跑。

- 刚开始学生可在短距离范围内练习，熟练之后，可渐渐拉大距离提醒学生，此项训练成功的关键是精准度，并非距离长短。

评估

练习日记：为什么你要根据距离长短改变投掷力道？为什么和不同的伙伴或同学练习时，你需要改变投掷力道？

小结

- 为什么在一些情况下，接到球后，需要弯曲身体抱住球呢？
- 近距离和远距离的投掷动作的差异是什么？
- 什么样的情况下，你需要面对你的训练伙伴练习投掷动作？什么样的情况下，你又需要侧对你的训练伙伴练习投掷动作？

反思

- 学生是否利用伸展动作接球？
- 接到球后，是否弯曲身体抱住球？
- 学生投掷的最低精准度是否达到80%？
- 学生是否能够掌握不同情况下投掷力度的大小？
- 5年级的学生，在练习时，投手能否跑到接球手的前面，同时掌握好投掷的时机？

动态环境中的传接球

空间意识、双人练习

5 年级

标准 1 具备体育素养的人能够展示多种运动技巧和运动模式。

年级水平学习成果

- 在两人移动中，能够精准接球（S1.E16.5b）。
- 在两人移动中，能够精准投掷球（S1.E15.5a）。
- 在小范围动态练习中，能够相对精准投掷球（S1.E15.5b）。

接球的关键要素：

- 手臂外伸触球。
  - 收起拇指接腰部以上的球。
  - 张开拇指接腰部以下的球。
- 注意球的运行轨迹。
- 只用双手接球；不能用身体抱球。
- 接球后，向身体内侧回收。
- 身体包绕球微微弯曲（该动作只有在特定的接球动作中才会被用到）。

发球的关键要素（肩上模式）：

- 侧对投掷目标，准备投球。
- 手臂后引并伸展，将肘抬到与肩平齐的高度或略高于肩，准备投球；用肘部引领动作。
- 当拿球的手臂向前挥动时，异侧脚前迈。
- 当进行投掷动作时，扭转髋部和脊柱。
- 投掷手臂向目标方向跟进，越过身体。

教学目标

学习者将：

- 两人移动中，接住伙伴传的球。
- 给移动中的伙伴传球要相对准确。
- 在消极防守下，投球相对准确。
- 在消极防守下接球。
- 在其他人试图防守和断球的情况下，相对精确地发球、接球。

安全问题

确保移动发球和接球时，空间是合适的。

材料和器材

- 操场、适合青少年的篮球，确保学生人手一个。
- 用来投掷的各式球类或物品，如青少年橄榄球、飞盘、手掌大小的球。
- 直径 18~22 厘米的泡沫球。

- 标志桶。
- 5个铁环。

引入

大家已经自行练习过发球和接球了，还有在同伴静止与移动几步情况下的传接球。今天，我们要在游戏中练习更多传接球。我们会增加移动、距离和速度，还要加上防守队员。

学习经验：和同伴复习传接球

与同伴相距 3~4.5 米，进行 10 次成功的传接球。

- 扩大间距，再完成 10 次传球。
- 使用不同的球类或物体，重复此练习。

接球手提示：给出一个目标、伸出手臂、回收手臂。

投手提示：寻找目标。

- 学生在高高度和低高度，向右和向左传接球。

学习经验：复习移动过程中的传接球

训练伙伴彼此面对同一方向并排站立。A 为第一投手，B 为第一接球手。接球手按自创的路径从投手身边跑开，提供一个目标给投手。目标被确定后，投手应全力奔跑，超过接球手。投接球完成后，接球手返回起始位置，两人换角色。

安全问题：所有学生在体育馆或操场沿着同一方向移动。

- 扭转身体完成肩上接球。接球手以笔直路径慢跑，远离投手。准备就绪后，接球手转动身体，双手举过肩准备接球。投手尽量将球投到接球手的双手处。只有成功完成此练习，学生才可扩大距离。

投手需要注意：领前传球允许接球手继续慢跑。

接球手需要注意：只扭转身体的上半部分，双脚仍要持续向前慢跑。

学习经验：传切配合

在地上喷漆或贴胶带，设置一个约 7 米 × 7 米的正方形场地。将 4 个标志桶（两种颜色）放在正方形四个角上（参考右图）。

根据正方形场地的数量，将学生分成双人小组。两人练习传切配合；学生等待观察接球手的目标手并领前接球手。

A 站在正方形一个角上拍球，向 B 发出准备移动的口令。B 站在不同颜色标志桶处，开始沿对角线朝着相同颜色的标志桶移动。B 的双手就是传球目标；A 给 B 超前传球。

B 接到球后，A 等待 B 的信号，然后沿对角线方向移动。B 给 A 超前传球。每

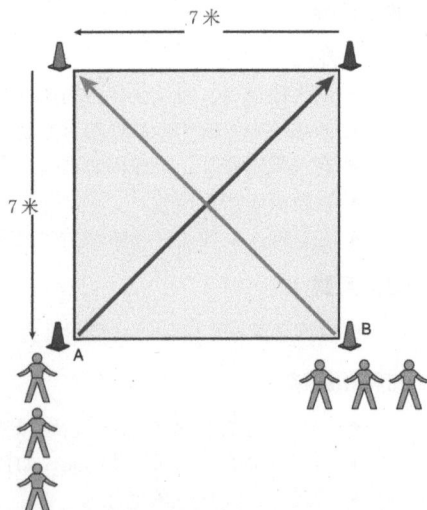

组完成两次传球后，下一组开始练习。
- 学生可自行选择空中传球或击地传球。
- 学生可自行选择使用的球类或飞盘。
- 给学生增加消极防守。当传球时，防守者移动至投手和接球手的中间位置。
- 防守者只能用身体站位，不得用手或胳膊断球。
- 防守者站在传球路线上，不得靠近投手。

学习经验：移动过程中传接球

在体育馆或操场一端，两人相距约 3.5 米。两人在操场移动时传接球。当同伴完成传接配合时，等小组其他学生全部到达时再回传。每组伙伴在正前方搭档完成两次传球后开始移动。
- 强调领先接球手、获得控球和回传。
- 学生可自行选择球类和飞盘。
- 结合游戏或篮球的运球技能。

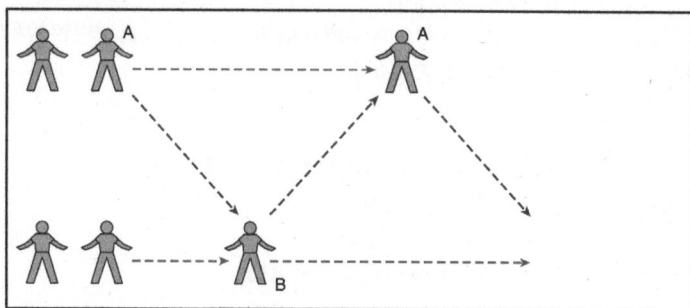

学习经验：在防守者移动防守下接球

由第三名学生扮演防守者试图断球，让学生重复之前的练习。
- 接球手通过改变路径和加速来创造空位。
- 投手把握接球手的空位时机。
- 防守者在投手和接球手之间活动。

学习经验：传球、接球—断球

将训练场地划为 4 个区域。每个区域布置 5 个铁圈。将学生分为 5~6 人的小组，确保他们传接球技术相当。每个区域里，3 名学生站在圈内，剩余的 2 个圈不站人。2 名学生在方形场地内散开（参考下页图）。

进攻方（站在圈内的学生）开始传接球。投手必须站在圈内投球；接球手接球时可以向圈外迈出一步。接球手可以在铁圈之间移动，但接球时必须确保至少一只脚站在圈内。

防守方可任意移动，但不能与进攻方接触，也不能用手断球。
- 练习 45~60 秒后，进攻方与防守方互换角色。给学生几分钟练习创造空位的技能和策略。

- 每完成传球一次，进攻方得 1 分；若传球没完成或遭到阻截，防守方得 1 分。任何一方得到 7 分，双方互换角色。

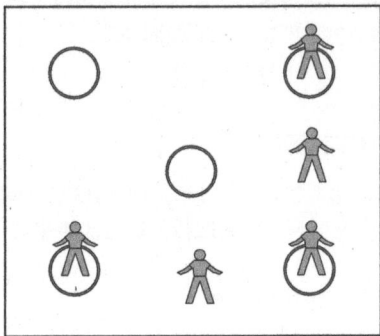

评估

移动过程中传接球和传球、接球—断球为真实性评估提供了绝佳环境，这时注重的是关键要素而非得分。提前告诉学生观察或评估的重点。比较真实性评估和以前非动态环境下的形成性评估，分析它们的关键要素。

小结

- 加入比赛因素后，今天我们练习的技能有什么变化？
- 为什么在模拟比赛环境中，技能会下降？
- 为什么传球和接球技能密不可分？
- 说出什么比赛或运动中发球和接球非常重要？

反思

- 学生是否基本熟悉了传接球技能？他们是否具备完成技能的能力和信心？
- 是否需要重新练习无防守下的传接球？

踢地滚球

距离与力度

幼儿园 ~2 年级

标准 1 具备体育素养的人能够展示多种运动技巧和运动模式。

年级水平学习成果

- 原地踢静止球，演示成熟踢球模式中 5 个关键要素的 2 个（S1.E21.K）
- 助跑踢静止球，演示成熟模式中 5 个关键要素的 2 个（S1.E21.1）

踢球的关键要素（距离或力度）：

- 手臂向前伸，呈准备踢球动作。
- 触球点在球中心正下方（空中球）；触球点在球中心正后方（地滚球）。
- 用鞋带处或脚背触球。
- 身体稍向后倾，准备踢球。
- 踢球的腿对准目标向前、向上伸，有跟随动作。

教学目标

学习者将：

- 以静止姿势踢静止球，让球贴地滚动（幼儿园）。
- 靠近静止球，踢地滚球（1 年级）。
- 伸展双臂，用脚踢球中心的正后方（幼儿园，1 年级）。
- 伸展双臂，用鞋带处踢球中心的正后方（2 年级）。
- 根据目标或伙伴的距离调整踢球力度（2 年级）。

安全问题

确保在空间足够、知道其他学生所处的位置的情况下练习踢球和回传。

材料和器材

- 球，学生人手一个 *。
- 塑料带。
- 5~6 个铁圈。
- 1 升左右的空塑料瓶。
- 大号、上色的目标。
- 距地面 90~120 厘米悬挂绳子。

* 廉价塑料球用过一两年后会稍稍泄气，也不能充气，但却很适合用来踢。给每个球标上大写"K"，学生就知道这些球是用来练习踢的。

组织管理

具体动作参考第 171 页站点练习图。

引入

今天，我们要上一堂特殊的踢球课。你们要学习踢地滚球；到了明年，你们要具备踢地滚球和空中球的能力。大家知道哪些比赛或运动需要这两种技能吗？足球运动员需要踢地滚球和空中球。橄榄球运动员要学习凌空踢球和发定位球。踢也是儿童足球游戏的重要一部分。不管是男孩还是女孩，都需要掌握这项技能。

同其他移动技巧一样，仅用一节课还不足以掌握脚踢技能。关键在于整个学年内都要复习这个动作。当你发现学生掌握了关键要素时，给他们介绍新的部分。

学习经验：对墙练习

注意用脚背触球。在每名学生面前的标记处放置一个球，与墙相距约 3 米。听到教师口令后，学生把球向墙壁踢去，然后把球捡回来，将球放在标记位置准备下一次练习。为了安全，听到教师的口令后，学生方可踢球。捡球时提醒他们注意其他人。

在户外可对着挡板和篱笆练习踢球。在地上或草皮上踢球能培养学生正确掌握关键要素，因为踢球需要一定力度。

- 让学生练习几次，观察学生脚的触球点。
- 让学生重复用鞋带处或脚背踢球的动作；给他们几分钟练习时间。
  提示：鞋带。
- 让学生换只脚练习，然后交替使用左右脚来确定哪只脚是惯用脚。
- 继续练习，着重强调起始姿势时支撑脚的位置（支撑脚的位置有助于用脚背踢球）。
  提示：鞋带。踢球脚向后；支撑脚位于球旁边。
- 将胶带标记贴在墙上，距地面约 90 厘米。让学生对着墙壁练习踢球，触点在标记以下。
  提示：紧盯着球（踢球中心下方）。
- 给学生几分钟练习时间，观察关键要素的完成情况，必要时给学生提供个别辅导。

评估

学生找一个朋友观察下述方面。

- 幼儿园：你注意球了吗？是否用鞋带处踢球？
- 1、2 年级：你是否用鞋带处踢球的后面，从而让球沿地面滚动？支撑脚是否在球旁边？

如果你朋友对这两个问题的回答都是"是"，向后迈两大步然后再开始踢球。现在是从距墙约 4.5 米处踢球（在 4.5 米的距离上用胶带标记。）

提示：伸出双臂保持平衡（因为此次踢球需要更大力度）。

- 让学生挑战大力踢球，使球接触墙壁后反弹回来（要提醒学生，这依然是静止位置踢静止球，不要助跑加速）。
- 选择不同距离，让学生练习几分钟。此次练习的目的是让球沿地面滚动并能直线滚动，并用足够力度让球反弹回。

学习经验：助跑与踢球（1、2 年级）

跟前面一样，将球放在距墙壁 3 米处的胶带标记上。让学生向后迈一步。在起始位置，支撑脚做一个踏跳动作，在球旁边站定，然后用另一只脚踢球。听到口令后，踢球并捡回。

提示：踏跳步。伸出双臂保持平衡。

给学生几分钟练习时间，观察关键要素的完成情况，必要时给学生提供个别辅导。

2 年级

继续使用之前的练习设置。让学生向后迈三大步。从起始位置接近球，然后将球踢向墙壁。听到口令后，踢球并捡回。

提示：紧盯着球（鞋带处接触球）。踏跳步，从后面踢球。

如果助跑后触球点在球上方或支撑脚未能在球旁边站定，就不算完成动作，给学生做演示，有助于他们理解这个动作。

- 常见错误：跑向球，停下，然后踢球。
- 踢球应该是助跑和踏跳的连贯动作，不会停止。让学生继续练习，强调助跑和踏跳动作。

提示：跑、跑、跑，踢球。

- 让学生挑战助跑后用力踢球，使球触墙后反弹回来。成功演示三次后，学生向后迈三大步再继续练习。

学习经验：站点练习

这些站点设计是为了练习踢静止球并让球沿地面滚动。每个站点处，学生都能选择距离。所有站点中，对于幼儿园学生而言，球和踢球人都是静止的；对于 1 年级的学生而言，可以选择静止或助跑；对于 2 年级学生，使用助跑。

每个动作中，踢完球后学生快速捡球，注意别撞到其他人，然后回到起始线准备下次练习。

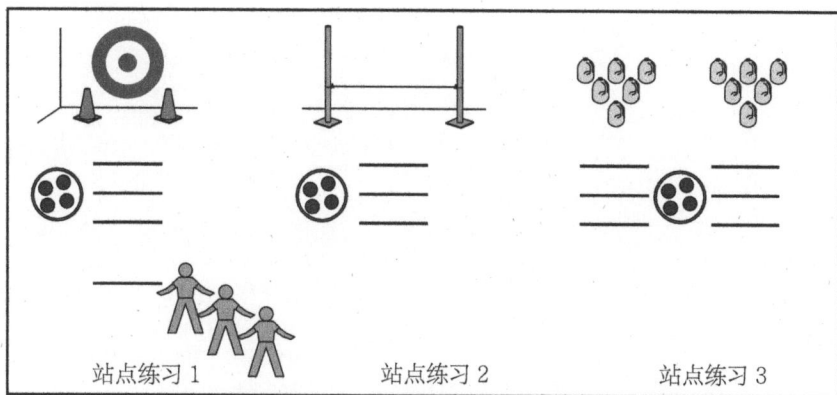

站点练习 1　　　　站点练习 2　　　　站点练习 3

- 站点练习 1：足球目标。学生将球放在自己选择的起始线上。利用三四步助跑将球踢向墙壁，让球触碰到路锥间的墙壁。
- 站点练习 2：绳子下方。学生踢地滚球，让球触碰悬挂绳子的下方。
- 站点练习 3：保龄球游戏。学生站在球后面的起始线上。踢地面球，让球冲向水壶，看看能击倒多少只水壶。

评估

通过形成性的教师和学生评估来帮助个别学生，并计划下次踢球课。

小结

- 这节课的重点是什么?
- 大家练习了哪两种踢球动作?
- 将你的手放到踢球时的触球点上。
- 踢地滚球时的触球点在哪?
- 1、2年级:支撑脚应放在哪里?
- 2年级:为什么支撑脚的踏跳动作如此重要?

反思

- 学生能否做静止姿势时踢静止球,使其沿地面滚动?
- 他们能否完成脚背、鞋带处触球?
- 支撑脚永远置于球旁边吗?
- 他们能否使用助跑让静止球沿地面滚动?

踢地滚球与空中球

双人练习、力量

2~4 年级

此课程包含两部分。

标准 1 具备体育素养的人能够展示多种运动技巧和运动模式。

年级水平学习成果

- 连续助跑后踢移动中的球，演示成熟模式 5 个关键要素中的 3 个（S1.E21.2）。
- 连续助跑后专门踢一次地滚球和空中球，演示每个动作成熟模式 5 个关键要素中的 4 个（S1.E21.3a）。
- 连续助跑后能精准踢静止球（S1.E21.3b）。
- 使用成熟模式踢地滚球和空中球（S1.E21.4）。

把握踢球距离和力度的关键要素：

- 手臂向前伸，呈准备踢球动作。
- 触球点在球中心的正下方（空中球）；触球点在球中心的正后方（地滚球）。
- 用鞋带处或脚背触球。
- 身体稍向后倾，准备踢球。
- 踢球的腿朝着目标向前、向上伸，做跟随动作。

教学目标

学习者将：

- 伸出双臂，用鞋带处踢球中心的正后方完成地滚球。
- 伸出双臂，用鞋带处踢球中心的稍下位置完成空中球。
- 在不同距离能精准地对着大型目标或伙伴踢球。
- 助跑后踢移动中的球。
- 助跑后踢静止球，演示踏跳动作。
- 执行踢球动作与跟进动作（3、4 年级）。

安全问题

确保在空间足够、知道其他学生所处的位置的情况下练习踢球和回传。

材料和器材

球，学生人手一个。

引入

之前我们学习过踢地滚球。谁能告诉我成功踢球的关键是什么，手臂怎么动、如何触球？（演示之前学过的关键要素会让年纪较小的学生从中获益。）今天我们要加入踢空中球和踢球给伙伴的技能。我们是否曾经在比赛或运动会中需要用到这两种技能？（让学生举例。）

1. 室内地滚球

学习经验：复习踢球

让学生对着墙壁练习踢球（听教师口令）——踢球人和球静止。跟随教师口令练习几分钟后，学生开始自主练习。学生捡回球，观察空间距离合适后，就继续练习，无需等教师口令。

评估

之前在课堂中的练习让教师很好地观察了关键要素的完成情况，根据需要提供了对全班或个人的反馈。这种形成性评估能指导教师让学生继续练习还是重新教学补救。

- 学生选择继续练习踢球，距墙约 3 米或 4.5 米（在起始位置地上贴上胶带）。
- 让学生助跑，对着墙壁练习踢球。同样，先在教师的统一口令下练习，然后根据你对踢球的安全性和精准性的观察进行独立练习。

  （观察学生助跑时踢静止球。学生是否准备好在移动中踢移动的球了？）
- 学生选择踢球练习——踢球人和球均静止，助跑踢静止球，选择与墙的距离。
- 让学生挑战：将球面向墙壁直线踢出，并使出足够力度使球能返回至起始位置。

学习经验：伙伴间精准练习——助跑，静止球

学生自己选择想要一起练习的伙伴。两人站在距离 4.5~6 米的地方。A 将球放在自己前方 90~120 厘米。A 助跑后用踢地滚球的方式将球踢给 B。然后 B 将球放在地上，助跑距离为 90~120 厘米，将球再踢给 A。

切记，助跑并直接从球后踢球！

安全问题

让学生在体育馆内面朝同一方向练习。

拓展任务

- 助跑踢球或不助跑踢球。
- 缩小或增加与伙伴的距离。
- 让学生挑战给伙伴踢 10 次地滚球，伙伴接球时的移动不能超过两步。增加难度，若 5 次传接成功，接球者向后迈一大步。

极致精准

A 按照之前的选择踢球；B 站立时双脚与肩同宽。A 尝试直线传地滚球，球要从 B 双腿间穿过。B 捡回球后，两人互换角色。给学生几分钟时间练习。（若室内场地里踢球者后面没有墙壁，变成 3 人小组：踢球者、接球者（目标）和接球者身后捡球的外场员。踢 5 次后轮换位置。）

学习经验：助跑，移动中的球

两人面对面站立，距离约 4.5 米，B 将球轻轻滚向 A，A 助跑将球踢给 B。练习 5 次后，两人互换位置。

提示：紧盯着球。跑、跑、跑，踢球。地滚球要踢球中心后面。

安全问题

第一次尝试增加助跑和移动球练习时，要注意精准度而非力度。

注意：两个人的间距取决于伙伴肩下抛球的技术、空间大小和安全因素。对于2、3、4年级学生而言，距离各不相同。

- 学生适应助跑和移动球后，可增加两人间距增加挑战。
- 让学生使用足够力度和精准度踢球，接球者接球时移动的距离不能超过原地两步（2年级），或只能原地接球（3、4年级）。提醒学生所有的踢球都是地滚球。

评估

- 对原地踢静止球和助跑踢静止球的关键要素进行总结性评估。
- 对助跑踢移动球以及精准踢球的关键要素进行形成性评估。
- 2年级：5个关键要素中的3个。
- 3年级：5个关键要素中的4个。
- 4年级：掌握成熟模式。

小结

- 这节课重点是什么？
- 今天踢球时增加了什么新技能？
- 和旁边同学讨论自己最难掌握哪种踢球方式，是原地踢静止球、助跑踢静止球还是助跑踢移动球，以及为什么对你来说它最难。

反思

- 学生练习三种踢球方式时，能否始终踢地滚球？
- 踢球过程中和踢球后，学生能否控制身体，也就是说，能否保持平衡？
- 学生是否具备踢空中球的能力？
- 能否向学生引入踢悬空球技能（3年级）？

2. 户外踢球，地面球与空中球

户外踢球为增强踢球力度、踢球高度、完善关键要素和真实环境中练习提供了良好的机会。

材料和器材

稍泄气的球，学生人手一个。

安全问题

确保学生踢球和捡球时有空间意识（在组织管理时参考面朝外围圈的图示）。

学习经验：复习踢地滚球

- 让学生练习原地踢静止球，用最大力度将球踢远。给学生几分钟，确定与伙伴之间的直线最大传球距离。
- 让学生练习助跑踢静止球，注意以下关键要素：
  - 大力将球踢到最远距离。
  - 精准地将球直线踢给伙伴。

提示：手臂张开（平衡）。从球的后面踢球。

学习经验：踢空中球

我们之前的所有练习都是踢地滚球。大家现在可以踢空中球了。我演示的时候注意看（演示几次踢空中球）。这样的踢球方式与之前有什么不同？地滚球和空中球又有哪些共同之处？

学生课堂讨论几分钟后，向他们介绍新的关键要素——轻轻踢球中心下方。

学生练习向伙伴踢空中球。给他们几分钟摸索空中球的技能。

提示：踢球中心下方。跑、跑、跑，踢球。紧盯着球。

结合力度和助跑的踢球动作需要，介绍触球时的踏跳步和跟随动作。给学生演示几次。

- 给学生几分钟集中练习踏跳步动作和踢球后的跟随动作。教师应当演示跟随动作，因为腿部高度对踢空中球很重要。
- 观察新的关键要素的完成情况，必要时给学生提供个别辅导。

精准空中球

让学生练习踢空中球，确定自己的踢球范围。与伙伴练习几次后，让学生挑战踢球接球。提醒每组伙伴，他们可以决定踢球接球的距离。

远距离空中球（3、4年级）

使用喷漆设置3个区域。A作为踢球者站在起始线后，旁边放置几个球；B作为捡球者站在区域内负责捡球。

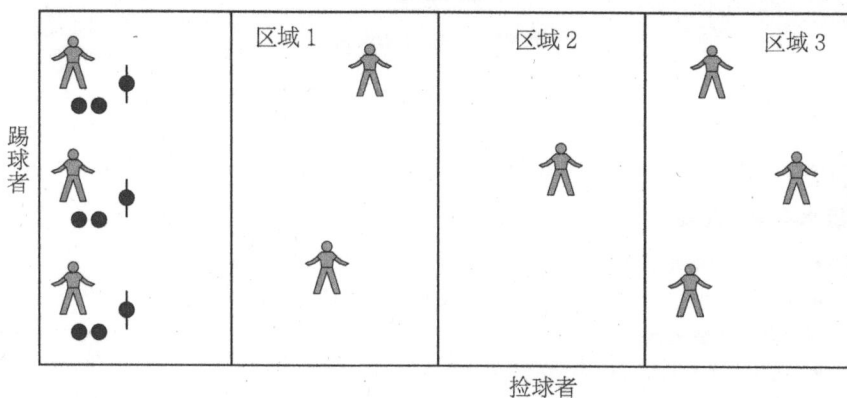
距离区域

踢球者

捡球者

　　踢球者站在球后 5~6 步处，助跑后以踢空中球的方式将球踢向最远处（每名踢球者有 3 个球）。踢完 3 个球后，捡球者将球捡回。两人互换位置。

精准远距离空中球（4 年级）

　　让学生各自确定自己能够保证动作精准度时的最佳距离,试着将 3 个球踢向那个区域。学生告诉伙伴自己的目标区域，然后尝试向此区域踢球 3 次。

评估

　　年级水平学习成果（SHAPE America，2014）提醒，要学生掌握踢球技能需要进行分散练习和针对性练习。

- 3 年级：踢空中球，演示 5 个关键要素中的 4 个。
- 4 年级：踢空中球，演示成熟模式。

　　向目标区域踢球算得上是评估。要注重关键要素而非踢球距离。

小结

- 这节课的重点是什么？
- 告诉旁边同学同地滚球相比，踢空中球的关键是什么。
- 踏跳步对踢球有什么影响？
- 踢地滚球和空中球的跟随动作有什么不同？

反思

- 同室内练习相比，户外练习踢地滚球是否更有助于学生培养技能？
- 引入踢空中球技能是否适合于学生？
- 学生是否理解每个关键要素的作用和重要性？
- 学生（4 年级）能否调整力度将球踢向理想位置？

悬空球

力度、空中轨迹

3~5 年级

标准 1 具备体育素养的人能够展示多种运动技能和运动模式。

年级水平学习成果

- 熟练掌握地滚球、空中球和悬空球（S1.E21.4）。
- 在小的实战任务环境中能熟练踢地滚球和悬空球（S1.E21.5）。

悬空球的关键要素：

- 使用踏跳步助跑并短暂滞空。
- 双臂前伸，踢球腿前摆时放下球。
- 伸展踢球腿和踢球脚；踢悬空球时，用鞋带处或脚背触球。
- 身体后倾，呈准备姿势。
- 踢球的腿向前、向上摆动时到腰部以上。

教学目标

学习者将：

- 掌握悬空球的放球和触球（3 年级）。
- 成功地踢悬空球（4 年级）。
- 演示悬空球成熟模式的所有关键要素（4、5 年级）。
- 使用特定方向和力度踢悬空球并命中目标（5 年级）。

安全问题

确保踢球和捡球时，户外场地空间足够。

材料和器材

- 稍微泄气的球，学生人手一个。
- 给每名踢球者设置自我训练区的标志碟。

引入

今天，我们要讲的是大家期待已久的踢球技术，它在很多体育运动中都令人惊叹，那就是——悬空球。悬空球和其他的踢球技术类似：助跑、脚背踢球、跟随动作。对，最重要的可能是——盯着球！悬空球有什么不同之处？踢球之前球是不挨地的。我做示范时大家注意认真看。

演示几遍悬空球动作，每次让学生注意观察一个关键要素——如鞋带、跟进动作和放球动作。

学习经验：放球和触球

将学生分散在公共训练区，每人脚旁边放一个球。让学生伸展前臂，模拟拿球的动作，然后将踢球脚前伸，以鞋带处为踢球面。听到口令后，学生张开双臂，假装放下球的动作并将其踢向空中。让学生重复几次，注意放球动作。

- 让学生拿球呈准备姿势，听你的口令。
  - 准备：伸展手臂，双手持游戏球。
  - 放球：对着伸出的脚，将球放下（不要发力掷球）（球要落到脚上然后掉到地上）。
- 演示放球动作。语言提示学生注意放球动作并伸出踢球脚。学生根据口令做几次练习。
- 让学生将踢球腿伸展在身后，练习放球和触球的时机。捡球并重复练习。

提示：放球。触球。不要踢球。

轻踢悬空球

让学生练习放球和触球将球轻轻踢到空旷场地（提醒学生踢球不能超过头的高度）。听口令，让学生练习几次，并观察放球动作。

提示：放球。鞋带处触球。

学习经验：踏跳步，伸展

两人面对面站立，距离约 10 米。将球放在踢球者旁边。踢球者站成一排，捡球者面对着踢球者也站成一排。

大家之前学习熟练踢球时练习过踏跳步。要想掌握好悬空球，踏跳步尤其重要。我们会通过虚拟放球，练习踏跳步。

- 让学生伸展双臂，好像拿着球准备踢。听到口令后，向前迈一步，假装放球，再用另一只脚踢球。重复几次动作，注意迈右腿左脚踢球或迈左腿右脚踢球。
- 让学生加大踢球力度，注意提起身体、伸展踢球腿。

提示：踏跳步。伸展。

观察学生是否能正确演示踏跳步和伸展踢球腿。必要时重新教授如何踢球或给个别学生提供帮助。

- 待学生做好准备时，让他们开始用泄气的球练习。听到口令后，踢球者将悬空球踢给伙伴；捡球者捡到球后等听到口令再踢回给伙伴。

提示：放球。鞋带处触球。紧盯着球。

建议把握不好时机的同学等球反弹后再踢。这样整个动作就成了放球、反弹、踢球。成功后再鼓励他们在球反弹前踢悬空球。

安全问题

确保在空间足够、知道其他学生所处的位置的情况下练习踢球和回传。

- 让学生继续听口令练习悬空球，每次强调一个关键要素，如紧盯着球、伸脚后用鞋带处触球、放球而不要向上抛球。观察学生有哪些常见错误。

注意：小学生接触悬空球时，可能完全踢不到球，有时将球踢过头飞到身后，有时球掉在地上。跟他们一起享受这个体验，并告诉他们熟能生巧。

三步法

学生们用三步法来踢足球，从非惯用的脚开始，走三步，然后踢球：左，右，左，踢；

或右，左，右，踢。

　　提示：踏跳步。

学习经验：精准悬空球（4、5年级）

　　让学生使用足够的力度和精准度踢悬空球，使接球者迈出一到两步就可以接到球。

* 学生踢悬空球，接球者迈出一到两步就可能接到球。
* 让学生挑战踢悬空球，让接球者站在原地就能接到球。

学习经验：远距离悬空球

　　用室外喷漆标示3个距离区域。A站在起始线，旁边放几个球；B站在区域内负责捡球。

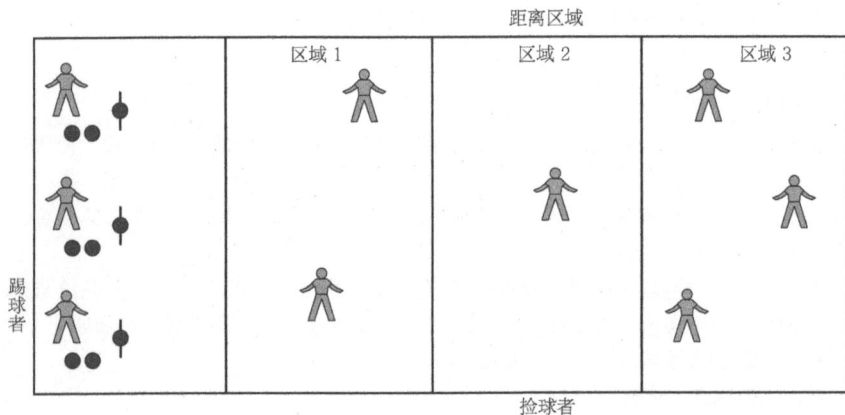

距离区域

区域1　　　区域2　　　区域3

踢球者

捡球者

　　踢球者站在起始边界后3~5步，用三步法踢悬空球至最远距离。（每名踢球者有3个球。）踢完3个球后，捡球者将球捡回。两人互换位置。

远距离精准悬空球

　　让学生各自确定自己能保证精准度的最佳距离，试着将3个球全部踢进那个区域。

* 增加挑战，让学生告诉伙伴自己的目标区域，然后尝试将3个球全部踢进此区域。

有目的的悬空球：方向、力度和精准度（5年级）

　　让学生挑战踢定位球，按指定距离向左、向右踢悬空球。踢球者站在起始边界后3~4步；伙伴站在目标区域。用三步法试着将球踢向接球者。（每人有3个球。）踢完3个球后，捡球者捡球。然后两人互换位置。

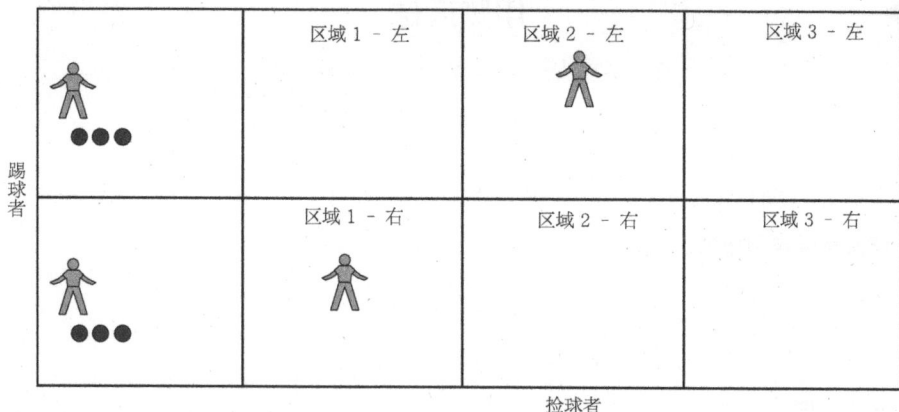

踢球者			
(踢球者，●●●)	区域1-左	区域2-左 (人)	区域3-左
(踢球者，●●●)	区域1-右 (人)	区域2-右	区域3-右

捡球者

评估

- 全年悬空球形成性评估。
- 悬空球关键要素的总结性评估（4年级）。

小结

- 这节课的重点是什么？
- 大家已经学习了4种踢球方式。和旁边的同学合作说出这4种踢球方式。

  提示：一年前学过两种踢球方式。

- 写字板上列出了4种踢球方式。左边列出的是需要踢球的运动和游戏。大家互相合作，看看能不能将运动或游戏和所需踢球的方式对应起来（5年级）。这个任务轻松实现了对踢球方式的认知性评估。

反思

- 学生能否在球落地前触球（3年级）？
- 有哪些关键要素需要重教吗？
- 4年级：在非动态环境下踢悬空球的学习中，全班学生是否在向成熟模式靠近？
- 学生能否调整力度把握距离和精准度？
- 5年级：学生能否调整力度和方向踢定位悬空球？
- 学生能否将踢球方式和相关游戏或运动对应起来？

课程整合

讨论区域1、区域2和区域3中悬空球飞行轨迹的角度，也就是画出球在空中飞行的角度和路径。

用脚运球

空间意识、力度、时间和速度

幼儿园~2 年级

标准 1 具备体育素养的人能够展示多种运动技能和运动模式。

年级水平学习成果

- 用脚内侧轻轻将球向前踢出（S1.E18.K）。
- 在公共训练区行走时，用脚内侧运球（S1.E18.1）。
- 在公共训练区运球时，控制住球和身体（S1.E18.2）。

教学目标

学习者将：

- 用脚内侧轻轻将球向前踢出（幼儿园）。
- 在公共训练区行走时，用脚内侧运球（1 年级）。
- 带球时逐渐增加力度和距离（2 年级）。
- 在公共训练区移动时，用脚内侧双脚交替运球（1、2 年级）。
- 用脚运球时，控制住身体和球（2 年级）。

安全问题

确保学生在公共训练区运球时，注意到了其他位置的学生。

材料和器材

稍泄气的游戏球、足球和塑料球（学生人手一个）。

引入

今天我们要学习的踢球技术跟之前不同，在足球运动中，通常将这种轻踢球方式称为运球。今年一年里，你们将会学到正确的足球运球技巧以及停球和射门技术。今天我们重点学习通过运球来控制球。

学习经验：运球

学生在原地按"左右左右"的顺序用脚内侧轻轻触球，让球在双脚之间来回移动。我们称这种动作是带球或触球而不是踢球，踢球使用的是脚背。

- 学生用脚内侧运球，让球向前移动。

提示：轻轻触球。

- 学生运球时将球向前送出，但每次和身体的距离保持在 60~90 厘米。
- 带球向前时自行换脚。

提示：轻轻触球。

学习经验：控制身体和球

- 学生在公共训练区运球，让球每次往前移动的距离保持在 60~90 厘米。

  提示：紧盯球。

- 让学生慢慢带球移动，改变路径来避让其他同学。

如果你是足球运动员，你就会学到在带球移动过程中停球或控制球的技巧，今天，我们将通过将一只脚放在球上来使球停住。

- 让学生继续运球，在公共训练区慢慢移动。听到口令后，一只脚放在球上使球停住。

- 让学生挑战在听到口令后 3 秒内使球停住。给他们数"一、二、三"。

1、2 年级

让学生在公共训练区单独练习，在行走过程中运球、停球，再运球。然后增加挑战，让学生慢跑着来练习带球（2 年级）。

学习经验：在球未完全停下之前控制住球（2 年级）

在公共训练区带球，任何时候靠近他人或变向时，学生都要"检查"自己的移动路线。

- 在公共训练区带球，始终保持球的移动距离不超过 90 厘米。听到口令后，学生"检查"球的前冲力是否符合标准，短暂停一下，再继续带球移动。和同学们讨论保持球的距离不超过 90 厘米对停球和变向等动作的重要性。

- 让学生挑战在公共训练区带球移动 30 秒，不要丢球或撞到别人。

- 提升挑战难度，不定时地发出停顿信号，让学生"检查"球的前冲力。

- 带球移动的挑战时间 60~90 秒。

将学生划分为两组，每个人在另一组找一人配对。配对的两个人中一个人双腿分开站立，设置一个"宽隧道"；另一人运球。运球者带球时试着让球穿过"隧道"，然后继续穿过其他"隧道"。

提示：脚内侧；轻轻触球。

观察学生是否轻轻触球而非踢球，在继续运球之前控制住球。

- 练习 60~90 秒后，两人互换角色。

- 学生很乐于数成功穿过的"隧道"数。若出现丢球或碰撞，则扣除 2 分。

学习经验：引入踢球动作（脚内侧）

让学生站立在距墙壁或栅栏 150 厘米处，用运球中的触球动作轻轻踢球。

提示：脚内侧。踢球。

注意：这种踢球动作是运球时触球动作的一种延伸动作，增加了一定的力量，它是为 3 年级学生给伙伴传球做准备。

评估

观察学生向适当的年级水平成果进展的情况进行形成性评估。

小结

- 这节课的重点是什么？

- 我们为什么将这种技巧叫作运球而不是踢球?
- "检查"球的前冲力是什么意思?
- 为什么运球技巧很重要?
- 告诉旁边同学哪种更难——运球还是"检查"前冲力? 为什么?

反思

- 学生是否理解运球时轻轻触球的概念?
- 运球时,他们能否始终将球保持在距身体 90 厘米以内?
- 移动带球时,学生能否控制球和身体?

用脚运球

时间、路径、方向、空间意识

2~4 年级

标准 1 具备体育素养的人能够展示多种运动技能和运动模式。

年级水平学习成果

- 用脚运球时控制住身体和球（S1.E18.2）。
- 慢速和中速慢跑带球，控制住身体和球（S1.E18.3）。
- 用脚内侧给原地站定的伙伴传接球，接球时回撤缓冲（S1.E19.3）。
- 运球加速、减速，控制住身体和球（S1.E18.4）。
- 在非动态环境中使用脚内侧给移动的伙伴传接球（封闭式运动技能）(S1.E19.4a)。
- 用脚外侧和脚内侧给原地站定的伙伴传接球，接球时回撤缓冲（S1.E19.4b）。
- 带球时结合其他技能（如传球、接球和射门）（S1.E20.4）。

从上面冗长的年级水平学习成果清单说明单独的一节课不足以让学生掌握全部技能。分散练习和针对性练习（不是做游戏）对学生熟练掌握技能来说是必不可少的。

教学目标

学习者将：

- 在运球时控制身体和球。
- 慢速到中速的运球前进。
- 运球时加减速（4 年级）。
- 在非动态环境中用脚内侧传接球。
- 结合运球和移动技巧射门（4 年级）。

安全问题

确保学生知道其他学生位置，控制住身体和球。

材料和器材

- 稍泄气的球，学生人手一个。
- 足球（可选）。
- 塑料球（2 年级）。
- 标志桶。

引入

之前学习运球时，我们重点关注了对球和身体的控制，并通过加快移动速度和让其他人同时在公共训练区移动，提升练习的难度。今天我们重点关注在运球时有目的地改变速度、方向和路径。作为挑战，你们还将和伙伴一起练习传接球。

学习经验：复习带球

重点强调的是球和对身体的控制（保持球在附近，避免碰撞）。

- 学生在公共训练区运球几分钟。（观察学生表现，必要时进行个别辅导。）

提示：控制速度。

- 在公共训练区放置标志桶，增加任务难度，放置的标志桶越多，任务难度就越大。让学生练习运球，躲避其他学生和标志桶时注意控制球和身体。

提示：保持球在身体附近随手可够到。"检查"速度。

- 让学生每当 90 厘米范围内有人或标志桶时，就"检查"球的前进速度。（提醒学生，"检查"速度并不是完全停下来，而是短暂停顿后再继续移动。）

评估

下面是对运球和控球技能进行自我评估的方法。活动的目的就是运球时避免碰撞和丢球。活动的名称是"完美到底——零分"。每名学生由零开始计分，出现以下现象就会扣到负分：

- 撞到他人或他人带的球。
- 撞到标志桶。
- 丢球。

约 30 秒后暂停练习，让学生心算个人得分。用相同的时间或更长的时间，再进行一次。（时间长短取决于学生的年龄和技能水平；目的是给学生带来挑战，而不是让他们感到挫败。）

你做得怎么样？记住自己的分数。下次努力争取拿高分。

学习经验：加速和减速（3、4 年级）

撤走公共训练区的标志桶。让学生运球时尝试加速和减速。提醒他们注意控制球和身体。

提示：保持球在附近。注意他人的位置。

- 开始时让学生在公共训练区以慢速到中速运球。听到口令后，学生开始加速，注意控制身体和球。再次听到口令后开始减速，回复至慢速到中速继续运球。

提示：控制。

- 听到口令后，学生自行选择速度在公共训练区运球。每隔 30 秒，发出口令进行加速或减速。每次下口令时，有的人加速，有的人减速。（所以学生的移动速度会各不相同。）

提示：加速或减速。可控范围内的最大速度。

学习经验：改变方向、路径和速度

学生在公共训练区运球，每当有人出现在 90 厘米范围内时，就改变速度。

提示：检查后继续移动。

- 每当有人出现在 90 厘米范围内，学生就改变方向——向左、向右、向后，然后继续前进。

你知不知道用脚后跟轻轻触球，就可以将球向后送，改变方向？

学生继续练习运球和改变方向和路径时，教师做示范。

- 学生在开阔区域改变路径（直线形、曲线形和Z字形）。让他们站在自我训练区内，在脑海里画一张路径图，融合直线、曲线和Z字形路径。听到口令后，学生开始沿着自己设计的路径图带球移动。让学生使用同伴的路线图来进行"跟随引领者"的游戏。

如果其他同学进入你的路线，暂停后继续前进；不要改变自己设计的路径图。

学习经验：传球与接球

传球

今天要练习的踢球动作是给伙伴传球；主要是要把握精准度和恰当的力度。踢球是脚内侧运球的延伸动作——运球的力量大一点，球就能传给伙伴。

两人分散在公共训练区，距离大约为3米，踢球时确保同伴可以在原地接球。

提示：紧盯着球。用脚内侧踢球。从球的后面直接接触球，球就会沿着地面滚动。

给学生几分钟时间摸索踢球力度。观察学生，看是否需要对个别学生或全班进行纠正。

接球

通过示范或讲解接球的常见错误，如球从脚上弹离，没踢到球和踢球未能传给伙伴，让学生明确接球的重要性。边示范边解释"回撤缓冲"（giving）的概念，以此来吸收来球力量控球并做出踢球准备。继续练习和伙伴传接球，接传来的球时强调"回撤缓冲"——轻轻球快速控球，然后再回传。

提示：紧盯着球。回撤，轻敲和传球。

移动时接球

A作为传球者站在原地。B站在踢球者旁边，慢慢向前移动。A在B前进时给他传球。接球者控制球后将球回传给站在原地的伙伴。两人互换角色后继续练习。

常见错误：

- 接球者停下来接球。
- 踢球者像接球者是静止不动地传球。

安全问题

确保学生在移动传接球时具备空间意识。

- 几分钟摸索之后，讨论身前传球——球传到接球者身前的概念。

提示：给伙伴传球。不是远距离踢球。球传到接球者身前120~150厘米处。

注意：身前传球对所有学习者来说都是个挑战，因为移动速度决定着传球的力度和接球人的路径。但初学者和顶级足球运动员都会喜欢这项练习并从中获益。

学习经验：运球和对墙、对伙伴踢球（3、4年级）

学生在限定的个人区域内练习带球，距墙壁或栅栏约2.5米。听到口令后，将球踢向墙壁，注意使用脚内侧踢球。

- 每次听到口令时换脚对墙踢球。给学生几分钟时间练习这项组合技能。
- 用鞋带（脚背）处带球并将球踢向墙壁。讨论使用的力度和角度（4 年级）。

4 年级

- 学生在"限定"的区域内运球，同伴在旁边距离 150~180 厘米处，一同移动。听到口令后，学生增加触球力度，用脚内侧将球踢向伙伴。
- 独立练习运球和给伙伴传球。

提示：空间意识。控制球和身体。

评估

很多孩子从幼儿园起就加入了足球社团；另外一些孩子则从未尝试过一次运球。一节小学体育课上，形成性评估应贯穿在课程当中，给学生的成长提供帮助和挑战。

小结

- 这节课的重点是什么？
- 我们给运球和轻轻踢球增添了什么新技能？
- 接球者在开阔区域移动时，为什么要身前传球很重要？
- 传球是踢远距离球吗？传球和射门的踢球是一样的吗？告诉旁边同学两者的区别，以及这两种方式的意义。

反思

- 学生能否达到触球或运球的成熟模式？
- 学生能否采用正确动作传接球？
- 有没有学生在练习需要个别关注？有没有学生在练习中需要挑战？
- 学生是否准备好进行动态环境练习了？

踢球

5 年级

具备体育素养的人能够展示多种运动技能和运动模式。

具备体育素养的人能够将概念、原则以及方法策略的相关知识与体育运动及表现联系起来。

年级水平学习成果

- 在小范围练习中，演示踢球和悬空球的成熟模式（S1.E21.5）。
- 两人在移动中，能熟练用脚传球（S1.E19.5a）。
- 两人在移动中，能熟练用脚接球（S1.E19.5b）。

跟许多技能一样，在初级阶段（幼儿园~2 年级）需要不断复习和练习。3、4 年级的学生必须通过针对性练习来掌握踢球的成熟模式。把握踢球的目的(高或是低)和精准度，以及悬空球都是这些练习的一部分。针对 3、4 年级的学生，还额外包括脚内侧传接球等相关技能。

到 5 年级时，学生要继续练习应用踢球、悬空球和传接球技术。技巧的应用需要一定的知识，还需要临场决策。标准 2 阐述了 5 年级学生将概念、原则、策略和战术的知识应用于运动表现的必要性。

以下是一些例子：

- 在体操、舞蹈和游戏环境中，将空间概念和移动动作与非移动动作结合起来（S2.E1.5）。
- 在小范围练习中结合动作概念与技能，模拟比赛、体操和舞蹈环境（S2.E2.5）。
- 将动作概念应用于比赛策略（S2.E3.5a）。
- 分析运动态势，并将动作概念应用于比赛环境、体操和舞蹈中的小范围练习（S2.E3.5c）。
- 在小范围练习中使用基础的攻防战略战术（S2.E5.5a）。

小范围入侵游戏中的情景式踢球会使得学生有机会分析形势并作出以下决策。

- 在哪里踢球？
- 踢球时用多大力度？
- 使用哪种踢球方式（脚内侧传球还是大力远距离脚背踢球）？
- 使用空中球还是地面球？
- 在游戏中如何移动？
- 使用哪些基本的攻防战略战术？

针对 5 年级学生，教师最好精心设计一些针对性练习，而不是毫无目标的游戏，因为这只对技巧娴熟的学生有用。以下是给针对性练习的一些建议。

- 不同角度、高度、距离和难度的目标练习（如定位球、地滚球，运球后踢球、运球传球以及悬空球）。
- 目标练习（跟之前一样），目标或练习者处在移动中。
- 悬空球（将球踢到对手球门区）。

- 标志桶练习（要求撞倒对手的标志桶，保护自己的标志桶）。
- 2 对 1 断球（进攻方占优势）。
- 3 对 2 断球（不管是否进球得分）。
- 3 对 2 断球（加上进球得分与 1 名守门员）。
- 学生自创游戏，要包括踢球技巧与决策制定。

用手运球

空间意识、力度

幼儿园 ~2 年级

标准 1 具备体育素养的人能够展示多种运动技能和运动模式。

年级水平学习成果

- 单手运球，尝试触球两次（S1.E17.K）。
- 用惯用手原地不间断运球（S1.E17.1）。
- 熟练使用惯用手原地运球（S1.E17.2a）。
- 在公共训练区，用惯用手移动运球（S1.E17.2b）。

运球的关键要素：

- 膝盖微屈。
- 原地运球时，运球与手不同侧的脚向前迈出。
- 指尖触球。
- 紧紧地接触球的上面。
- 轻轻触球后面，使球移动。接触球稍偏后侧的地方。
- 将球在身体侧面和前面移动。侧前方运球。
- 眼睛"观察"看球前方，不要低头看球。

教学目标

- 原地运球（幼儿园）。
- 用惯用手原地运球，指尖触球，与运球的手相反的脚向前迈出（1年级）。
- 用惯用手原地运球，指尖触球，与运球的手相反的脚向前迈出，运球时与腰同高（1年级）。
- 用惯用手原地运球，指尖触球，与运球的手相反的脚向前迈出，运球时与腰同高，眼睛看球前方而不要看球（2年级）。
- 在公共训练区内行走着运球，控制住身体和球（2年级）。

材料和器材

游戏球学生人手一个。

引入

今天我们就开始学习运球了。运球有三种方式：用手运球，如篮球运动员；用脚运球，如足球运动员；还有使用曲棍球，球棍运球。这节课的重点是用手运球。哪种运动需要这种技巧？

1、2年级：复习以前的运球课。

学习经验：反弹、接球（幼儿园）

让学生分散在公共训练区，每人拿一个游戏球。给学生演示双手身前拍球使球弹起来，每次弹起时接住球。用双手练习，重复几次。

常见错误有：球弹在脚尖上，还有拍球时用力过大或过小。

- 继续练习拍球和接球，双脚分开以避免球弹到脚尖上。
- 反弹和接球时，注意是用手推球而不是拍打球。给全班做示范，继续练习时再强调。
- 继续练习反弹和接球，注意使用足够力度让球回弹时约与腰同高，既不要高过头顶，也不要低于脚踝。

提示：就像童话里金发姑娘所说的那样，要"恰到好处"。

- 让学生挑战原地 5 次反弹球和接球（不要移动位置）：反弹、接球，1 次；反弹、接球，2 次，等等。
- 接球前反弹 2 次：反弹、反弹、接球。
- 在身前让球反弹，每次反弹后不接球（示范）。

提示：两脚分开，高度齐腰。用手推（不是拍打）球。

学习经验：单手运球

学生在原地练习单手运球，重点在于原地不动。给学生几分钟时间练习，让他们探索脚的位置、球的高度和哪只手作为惯用手。

- 两脚分开，与肩同宽，与运球手相反的脚向前迈出。

提示：同侧脚向后，异侧脚向前。

- 用右手、左右运球各 30 秒。（幼儿经常很难找到自己的惯用手。）给学生几分钟时间练习，找到运球的惯用手。

提示：惯用手即握笔或拿剪刀的手。

- 用惯用手运球，强调用手推球。演示用手掌和手指肚运球的区别（五指并拢，手掌不要触球——即手指肚运球）。

提示：手指肚和推球。

- 用惯用手连续运球 5 次、10 次或 15 次。（观察学生异侧脚是否向前，是否用手推球。）
- 体会连续运球时让球弹到腰际所需的力度。
- 按字母表运球（教师口头引领）。
- 按学生名字运球：教师拼写学生名字时，学生运球，每拼写一个字母运一次球（每名学生按照自己的姓名运球）。

学习经验：运球选择

让学生练习 90 秒，自行选择运球方式：原地反弹和接球、原地双手运球、原地惯用手和非惯用手单手运球、行进中运球。

评估

观察学生掌握关键要素的进展情况。

小结

- 这节课的重点是什么？
- 运球时为什么要两脚分开？
- 为什么球要与腰同高？太高或太低会怎么样？
- 高举自己的运球惯用手。

反思

- 学生在原地能否单手连续运球?
- 运球时,学生是推球还是拍打球?
- 用惯用手运球时,学生能否在原地控制住球?

学习经验: 原地运球复习(1、2 年级)

让学生分散在公共训练区,练习原地惯用手运球。

提示:异侧脚向前。手指肚,推球。

观察学生脚的位置和手推动作。根据需要向全班或个别人提供帮助。

- 继续在原地练习运球,强调球的高度应保持在膝盖与腰之间。讨论球过肩后会怎样,使用低运球的技巧。

学习经验: 不看球运球(1、2 年级)

继续在原地练习运球,眼睛向上看球,不要向下看球。

提示:抬头,目光向前。

- 学生站在原地,集中注意看墙上某个点、一条线、一块东西或一幅画。继续运球,眼睛注视着那个点,30 秒不要丢球,也不要离开原地。

提示:抬头,目光向前。

不要离开原地,直视自己旁边的人——眼睛对眼睛。运球时眼睛盯着新伙伴。若发现新伙伴低头看球,就大声喊出他(她)的名字;如果自己低头看球,那听到的就是自己的名字了。

学习经验: 运球和移动(1、2 年级)

原地运球,异侧脚在前,用手推球并保持目光向前。向学生介绍屈膝、做好移动的准备这一关键要素。给学生演示双腿伸直运球和屈膝运球动作;讨论准备快跑的状态和准备移动的状态。让学生用惯用手练习几分钟。观察关键要素(2 年级,成熟模式)。

- 学生在公共训练区边运球边行走。在训练区放置大号标志桶,标志桶越多,挑战难度越大。

提示:抬头,目光向前。

- 学生继续行走运球,避免碰到标志桶和其他人。
- 运球时需要控制住身体和球,不要丢球、不要碰到标志桶或其他人。
- 让标志桶挑战魔法 10:在公共训练区行走运球 30 秒。每名学生有 10 分;若出现丢球,撞到标志桶和其他人则扣 1 分。目标是 30 秒结束时得分超过 8 分。再将时间延长至 60 秒,提醒学生要行走。
- 终极挑战:学生选择在行走或慢跑中运球(2 年级)。

评估

学生原地运球时,观察其关键要素掌握程度;移动运球时,观察其关键要素的掌握程度(2 年级)。

小结

- 这节课的重点是什么?
- 跟去年的运球课(1、2 年级)相比,我们增加了什么新内容?
- 原地运球时为什么要屈膝?
- 运球移动时为什么要抬头并向前看?

反思

- 学生是否掌握了原地运球的成熟模式?(2 年级)
- 哪些关键要素需要注意?(1 年级)

用手运球

时间、路径、方向、空间意识和空位

3~4 年级

标准 1 | 具备体育素养的人能够展示多种运动技能和运动模式。

年级水平学习成果

- 在公共训练区内以慢速到中速的慢跑在行进中运球。控制住球和身体（S1.E17.3）。
- 熟练使用惯用手和非惯用手原地运球（S1.E17.4a）。
- 运球移动时加速减速，控制住球和身体（S1.E17.4b）。

运球的关键要素：

- 膝盖微屈。
- 原地运球时，与运球手相反的脚向前迈出。
- 用手指指肚触球。
- 与球顶部紧密接触。
- 触球稍偏后侧，使球移动。
- 移动时球在身体侧前方。
- 眼睛向上看球前方，不要低头看球。

教学目标

学习者将：

- 使用惯用手和非惯用手原地运球，控制住球（3 年级）。
- 使用惯用手和非惯用手原地运球，掌握熟练模式的所有关键要素（4 年级）。
- 运球向空地移动，控制住球和身体。
- 使用惯用手和非惯用手运球移动时加速和减速。
- 绕身体周围运球。
- 使用不同姿势运球。

材料和器材

游戏球，学生人手一个。

引入

之前的运球课上，你们出色地展示了用惯用手原地运球的技能。在公共训练区运球移动时，也能够避免丢球和撞到其他同学。今天我们要增加运球难度，改变路径和方向，并在移动时加速减速。大家还要用惯用手和非惯用手练习。要真正擅长运球，就双手都要娴熟。

学习经验：原地运球复习

- 让学生分散在公共训练区用惯用手运球。观察前几节课学过的关键要素。
- 让学生在公共训练区能看见挂钟的位置，用惯用手运球，运球时看着挂钟计时一分钟。

提示：抬头、目光向前。

- 学生站在可以看见教师的位置上，用惯用手原地运球，运球时教师绕屋子外圈走动，学生需跟教师保持目光接触。（学生可以在原地转身来保持目光接触，但不能离开原地。）

学习经验：非惯用手运球（原地）

让学生分散在公共训练区用惯用手运球。

提示：异侧脚向前，同侧脚向后。

让学生手拿着球；观察脚的位置是否正确。跟学生讨论，球的位置稍偏向侧面，好像把球保护起来形成"袋"状。这球面对防守时非常重要。

- 让学生原地换非惯用手运球。解决问题：提问学生换手运球时，脚该如何放置？给学生几分钟时间练习非惯用手运球。提醒学生关键要素和提示对惯用手和非惯用手都适用。（观察学生练习，若出现沮丧情绪，可以允许用惯用手运球。）
- 学生使用惯用手和非惯用手运球各 30 秒。除非出错过多或挫败感过于强烈，否则每隔 30 秒换手持续练习运球。

提示：换手，换脚。

（这是教 4 年级学生轴心脚概念的绝佳时机。）

- 学生独立练习惯用手和非惯用手运球，注意脚的正确位置，推球，目光向前。（学生经常运球两三次就想换手；给学生规定一个换手的最少运球次数，至少 8~10 次。）

运球挑战

每节运球课开始都会回顾和练习原地运球技术，为运球打牢基础。在这一年里，可以选择以下任务当作课堂热身和复习部分。这些任务提供了额外练习的同时，还具有一定的挑战性，使学生不会对"只是运球"感到厌烦。

- 用不同的身体姿势运球。
- 在身体周围的不同位置运球——身前、身旁、身后、胯下、环绕身体，等等。

4、5 年级

- 学生胯下绕 8 字形运球。
- 围着身体绕圈运球。
- 两腿之间低高度持球，一手在前一手在后；换手持球时不要掉球。
- 两脚之间低高度运球，双手在前运球两次，双手在后再运球两次。运球顺序是前——左，右；后——左，右。
- 双手同时运两个球，避免丢球的情况下换手运球。

学习经验：球和身体——运球位置和身体姿势

学生分散在公共训练区，确保每人有足够空间站着、跪着或躺着运球。给学生几分钟时间摸索不同姿势和不同高度运球。

- 左手运球，右手运球。
- 在身体周围不同位置运球——身前、左右边、身后和环绕身体。

- 结合运球位置和身体姿势。
- 让学生设计一个运球动作组合，要包含三四种运球技巧，并可以在原地进行。在纸上记录或画出运球技巧和位置，以供以后使用。

学习经验：运球移动

让学生在公共训练区运球移动，控制住球和身体，也就是不要发生碰撞、不要丢球。给他们一两分钟练习时间，观察关键要素掌握情况。

提示：控制速度。抬头，目光向前。

运球时强调球的位置——稍偏身体侧前方。

提示：体前，体侧"袋"状。

开始和停止

学生在公共训练区运球，按照口令开始和停止移动，持续运球不要停。

听到我的口令后，开始运球移动，注意控制球和身体。再听到口令时，停止移动但继续原地运球。听到下一个口令后，再开始运球移动。这项任务就是在移动开始和停止时保持运球。运球时急动急停，是比赛中欺骗对手的方法。

提示：屈膝。做好移动准备。

和同学讨论原地运球（球正上方）和移动运球（稍偏球后侧）时推力的角度有何区别。

空位

在公共训练区运球时，应该时刻寻找空位。给学生几分钟练习运球移动时寻找空位，运球至空位后，停顿下来找下一个空位，再继续运球移动。

提示：抬头，目光向前。

当你看见一个空位时，迅速运球到达，停下原地运球 5 次，找到新空位，再迅速移动至新空位。顺序是：运球移动至空位，原地运球 5 次，再运球移动至空位，原地运球。

- 提醒学生可自行选择快速或慢速移动。这个游戏的目的是控制球和身体。

注意：之前已经提到过，仅仅用一节课不可能让学生掌握关键要素，他们的进步速度也不是我们想的那样；学生需要的是多练习。当教师尝试较大跨度的教学时，如从原地运球到移动运球，学生肯定会出现丢球现象。学生也许需要包含新技能的额外练习和拓展练习。在你的教案本中简单记录全班进展如何，下节课介绍新内容前，先复习和练习，使学生彻底掌握后再进行下一个内容。这节课包括几项每个新技能的建议任务，因此可让你选择继续练习。

学习经验：加速和减速

学生在公共训练区运球加速减速移动。

运球移动，尤其是加速移动时，运球手要稍微往后一些，触球点不是球的正上方。

- 学生自行选择速度运球移动。听到口令后，加速或减速。每一次鼓声都代表要进行一次变速，可能是加速也可能是减速。
- 将改变速度、方向和路径结合起来，在公共训练区运球避免碰撞。

学习经验：球和身体的控制

- 以最大速度运球移动，但要避免丢球和碰撞。
- 用最能控制住球的适宜速度，运球移动（个人选择）。
- 换圈练习：运球从一个圈移动至另一个圈，避免碰撞和丢球。

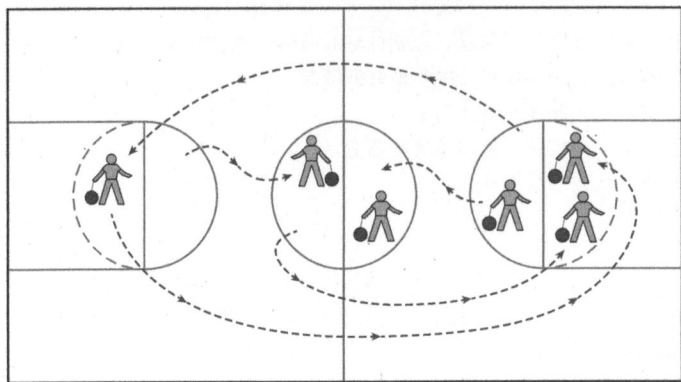

学生在指定圆圈内原地运球。听到口令后，运球移动至另一个圆圈，移动过程中注意球和身体的控制，在第二个圆圈停下原地运球。再次听到口令后，继续运球移动。4年级：每次听到口令后要换手运球。

上述任务也可用于室内或没有圆圈的室外练习。角落互换也给学生带来同样的挑战。利用训练场地的四个角，注意强调移动速度以及变向来避开其他运球者。

学习经验：球操

运球技术还有一种突破常规的应用方式，即让学生表演一套球操，可以由教师来设计，（3年级）或由小组学生自己设计（4年级）。

- 3年级：教师给学生设计一套小组动作（参考本书最后的样例）。
- 4年级：学生三人或四人一组，将之前每名学生放在作品集里的运球技巧结合起来，个人或小组表演。

评估

- 观察原地运球和移动运球的关键要素。
- 运球挑战的记录表就是一项评估。该表包含一栏，供学生添加掌握技能的日期以及见证的姓名缩写；在表格底部再加上一栏，供学生创造和记录新技能。
- 运球技能评估，在动作组合的表现中整合及评估标准4（4年级）。

小结

- 我们今天学习运球时，学习了什么技能？
- 运球移动时为什么要学会变速？
- 在有其他人时运球，为什么要将球置于身体一侧而不是身体前？
- 假设有一个同学刚刚转学过来，对运球一无所知。要教他（她）学会运球，你会怎么说？

反思

- 学生在运球移动时能否控制球和身体?
- 学生能否找出运球移动时丢球或身体失去控制的原因?
- 学生运球时目光向前看还是盯着球?
- 4年级学生能否熟练使用惯用手和非惯用手原地运球?

学习经验: 组合动作样例——球操(3年级)

小组运球动作组合(4/4拍):学生分散后站在原地,确保足够空间来伸展和运球,不撞到他人。

右手运球4次,左手运球4次。
右手运球2次,左手运球2次。
右手运球1次,左手运球1次;右手运球1次,左手运球1次。

呈左弓步姿势,右手运球4次。
换右弓步姿势,左手运球4次。
重复上述动作。
右手运球向左滑动4步。
左手运球向右滑动4步
重复上述动作。

双臂向两侧伸展(与肩同高),右手拿球。将球举过头顶。左手也举过头顶。右手将球轻轻抛至左手。左手接到球后放下至与肩同高。

用左手重复此动作。
重复上述动作。
右手运球3次,然后让球在右腿下反弹。
左手运球3次,然后让球在左腿下反弹。
重复上述动作。
在身体前运球3次,拍球1次再接住球。
重复此动作3次。
右手运球4次,左手运球4次。
右手运球2次,左手运球2次。
右手运球1次,左手运球1次;右手运球1次,左手运球1次。

重点 ▶

次重点 ▶

用手运球

双人练习、组合技巧

5 年级

标准 1 具备体育素养的人能够展示多种运动技能和运动模式。

年级水平学习成果

- 在 1 对 1 的练习任务中，将单手运球和其他技巧结合起来（S1.E17.5）。
- 在各式各样的小型游戏中，熟练应用手或脚运球（S1.E20.5）。

两手交替运球的关键要素：

- 双膝微微弯曲。
- 在自我训练区内运球时注意前迈异侧脚。
- 手指肚触球。
- 紧贴球上部。
- 跟球移动。
- 将球运至身体一侧或前方，使其移动。
- 目光向前，不要低头看球。

教学目标

学习者将：

- 分别在自我训练区和公共训练区内练习两手交替运球，并展示成熟运球模式的关键要素。
- 将运球与其他技能结合成一套运球组合动作。
- 运球时保持身体在球和障碍物或对手之间。
- 在游戏环境中的 1 对 1 练习任务中，将运球和其他技能相结合。

材料和器材

- 游戏球，学生人手一个。
- 适合青少年练习的篮球（可选）。
- 呼啦圈，两人一个。

1. 有节奏地运球

引入

在之前的运球课中，你们出色地展示了原地运球技能，并且两只手都能很好地完成运球练习。你们还练习了不同姿势不同位置的运球。今天，你们将把那些能结合进一套音乐中的运球持球动作组合。看过哈林环球者队的现场比赛，或是网络上或电视上的，请举手。教师将以这一名字命名你们的运球动作。表演了这一套运球动作，你们将是"（学校名字）的哈林环球者"。

学习经验：复习运球技巧

在学生寻找个人运球区域时，播放《可爱的乔治亚·布朗》（哈林环球者队主题曲）。给学生几分钟练习时间，复习在不同姿势不同高度、身体周围不同位置的运球技巧。

- 跟随音乐节奏，在自我训练区内运球（4/4 拍）。
- 跟随音乐节奏，不同位置，不同姿势运球。

复习之前用过的技巧（如：8 字形路线、胯下换手，前后手运球，两腿之间）。之前的运球技巧存在学生的作品集里；取出来复习查看。

学习经验：运球组合动作（哈林环球者队）

学生用不同的运球技巧设计一套运球动作，可与同伴两人完成，小组完成，也可独自完成。可以将投球、接球以及移动融入运球动作当中。

学生在设计时考虑到地面结构、要表演的技能和技巧、移动方向以及同伴或团队站位（如：并排站立、面对面站立、一起做还是一人引领他人跟随）。

给学生充裕的时间，因为他们不仅要设计动作，还要进行带音乐、不带音乐的练习，最好还要将其记录下来，以供评估之用。（可将运球动作画在纸上，或利用电子设备记录，再存入学生作品集。）

学生需要时间来完成有创造性的游戏、体操或舞蹈作品。学生应计划一个延长期，给学生一段时间，让他们设计、练习并记录最终再将作品呈现出来，并进行评估——自我评估、同伴互评或教师评估。

2. 运球防守

引入

在之前的运球课上，你们出色地展示了原地运球技能，并且两只手都能很好地完成。同时还练习了在运球时变换速度、路径和方向。今天你们将重点练习：利用这些技巧练习带球防守——即防止球被对方队员带走。

学习经验：复习运球技能

- 在自我训练区内分别用两只手练习运球，并分别看向挂钟、同伴和教师。
- 在公共训练区内练习运球，自行改变速度、方向以及路径。

学习经验：护球

今天，我们将在原运球技巧的基础上，增加一项新的挑战——护球躲避对手。当对手想抢下你的球时，我们该将球置于何处，才能使球不被抢走呢？（学生回答：离对手远的那一侧。）你需要让自己的身体处在对手和球之间。

在公共训练区内分散放置标志桶，学生在场地内运球穿行，接近标志桶时，注意球要在身体外侧避开标志桶。

提示：身体位于球和对手之间。

- 学生分别运球至障碍物的右边和左边，换手运球，使身体位于球和障碍物之间。
- 学生采用不同路径并换手，为靠近障碍物做准备。
- 引入"盾牌"技能，即抬起未运球的那只手臂，以保护球不被对方抢走。通常篮球运动员会在运球接近对手时，运用这一技巧。

提示：身体位于球和对手之间，"盾牌"姿势护球。

学习经验：防守

大风车

全班学生分为两组。A组为防守方，分散站在公共训练区内的固定位置，双膝弯曲，双臂伸展，一只手臂向上，另一只向下（呈风车状）。B组为运球方，可在公共训练区内运球穿行，从"大风车"手臂向上举的那一侧绕过A组的防守。防守者（大风车）需在运球者开始之前，摆好双臂姿势。

提示运球者：身体位于球和防守者之间。运球过防守者时盾牌姿势护球。

- 每练习30秒，双方交换角色。
- 增加挑战，防守者上下移动双臂。此刻运球者受到挑战决定以哪条路径通过防守者的防守。
- 防守者不得移动双脚，只能移动双臂。
- 运球者持续运球进攻30秒；教师发出信号后，才可变换位置。

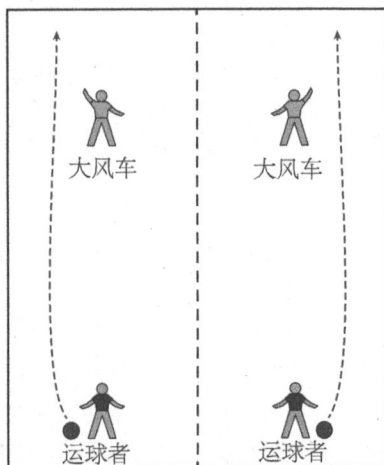

呼啦圈内防守

在公共训练区内分散放置呼啦圈，让A组学生站在呼啦圈内；B组学生运球。在运球者经过时，防守者应想办法抢走其手里的球，但是呼啦圈内必须始终至少有一只脚。而攻方选择好速度和路径，并保护好球（身体在球和对手之间，盾牌姿势护球）。

- 防守者必须始终有一只脚站在呼啦圈内。
- 攻方运动者必须连续进攻60~90秒；教师发出信号后，才可变换位置。

学习经验：1对1运球练习（攻方、守方）

两个伙伴之间距离90厘米左右，两人一个球。教师发出信号后，两人同时开始运球。每一个运球者既是攻方，也是守方。作为一名进攻者，需保护住球不被对方抢走，并持续运球。作为一名防守者，需尽力抢断对方的球。

提示攻方：盾牌姿势护球。低高度运球。

提示守方：手要快。

　　攻方和守方：二人只可以接触球。如果计分，那么每个人的起始分都为 5 分。每控球失败一次，扣 1 分（球偏离路径、运球停止或球被对方拦截）。如果对手抢过球，并用双手同时运起两个球时，则扣 2 分！如果发生身体接触，则重新开始。

学习经验：运球加签

　　选出 2~3 名学生作为加标签者。所有学生，包括加标签者在内，都要运球。教师发出信号后，学生开始在公共训练区内运球（运球员早开始 5 秒），并且要避开加标签者。加标签者可能会抢走球，或给对手贴标签。如果一名运动员被加上标签、控球失误、二次运球或是在原地运球超过 3 次，就要停在原地不动，并将球举过头顶。此时，别的学生必须赶到该队员的身边，对其"解冻"后，他才能够再次移动。

始终保持运球

　　每隔 1~2 分钟，更换一波加标签者。可在通过增加加标签者的数量来增加挑战难度。

　　"解冻"的代替方法：如果被加上标签，运球者需移到运球区域外，双手各运球 20 次，再回到游戏中。

评估

- 同伴或教师的观察和学生提交的控球（哈林环球者队）动作组合作品。
- 观察学生在面对单个和多重防守时护球和控球的程度。

小结

- 今天，我们在运球中加入了哪项比赛情景中必需的关键内容。
- 为什么身体护球和看牌姿势护球十分重要？

反思

- 在更为动态的环境中，学生还能否控制住球呢？
- 是否，学生大多数时候能保护住球不被对方抢走？
- 学生是否对动态比赛式环境中护球的必要性有所预知？
- 学生是否准备好将运球和过人结合起来？

重点 ▶

次重点 ▶

肩下击球

空间意识、力量

幼儿园 ~2 年级

该课程对于幼儿园的学生来讲，是一门入门课程，而对于 1、2 年级的学生来讲，则是一门复习课程。

标准 1 具备体育素养的人能够展示多种运动技能和运动模式。

年级水平学习成果

- 用质量较轻的物体（气球）练习击球，使其向上移动（S1.E22.K）。
- 引开手掌击打一个物体，使其向上移动（S1.E22.1）。
- 连续向上击打一个物体（S1.E22.2）。

击球的关键要素（肩下）：

- 面对目标，做好击球的准备姿势。
- 异侧脚前迈。
- 用手掌的平面接触球或物体。
- 在膝盖与腰部中间的位置接触球或物体。
- 向上朝目标方向的跟随动作。

教学目标

学习者将：

- 用张开的手掌击气球。
- 击气球，并将其向上抛出。
- 用不同的身体部位击球。
- 连续击打，不要让气球落地（2 年级）。

安全问题

学生在练习垂直向上击气球或物体时，一定要有空间意识。

材料和器材

- 质量较轻的圆形气球，幼儿园的学生人手一个。
- 1 年级的学生人手一个质量较重的圆形气球。
- 2 年级的学生人手一个质量较重的气球或沙滩球。

引入

幼儿园的学生：今天，我们将学习一项新技能。对许多学生而言是一个新词——击球。同学们知道这个词是什么意思吗？击球的意思是：利用身体的某个部位击打一个物体，将使其向上或向前送至空中。今天，我们将用单手击球。

1、2 年级的学生：上一学年，你们学习了一项新的技能，体育里的一个新词汇——击球。那么，现在谁能告诉全班同学，这个词是什么意思？当我提到"击球"这个词的时候，你们大多数人应该立刻会想到排球运动？击球技能也以肩下模式用于手球运动中，足球运动中，会用脚、头和大腿击球；此外，在花式沙包（hacky sack）中，也会用到。你们将会学习到各种不同类型的击球。但今天，我们集中学习肩下击球模式。

学习经验：向上击球

学生分散开来，站在公共训练区内，人手一个充满气的气球。让学生用自己惯用的手击打气球，使其向上移动。每击打一次后用手接住气球。

提示：目光要注视着气球。

- 向全班同学示范击球动作：手掌展开呈平面，手臂向上移动击打球，强调手掌呈平面状，手臂由低到高挥动。让学生继续练习单个击球动作，并且尝试原地击球，身体不要离开自我训练区。

提示：手掌呈平面状，手臂动作由低到高。

1、2 年级

- 用非惯用手击球。
- 将球击打至高出头顶的位置。

学习经验：连击

学生在自我训练区内练习向上击球，持续击球（不要用手接球）。

提示：手臂动作（由低到高）。击球至高出头顶的位置。直接击打球的底部。掌控击打力度（1、2 年级）。

- 让学生尝试连续击球 5 次。
- 增加挑战，让学生计数连续击球的次数，突破自己的最佳纪录。

记住：如果在练习过程中，气球落到地面，则需重新开始计数。

学习经验：不同的身体部位

- 用教师指定的身体部位击球，每次击球后接住球（可使用头部、肘部、大腿、脚内侧、肩部、鼻子）。
- 利用手和指定的身体部位结合击球，比如：手—头—手—头；手—肘—手—肘。

在利用身体其他部位练习击球初期，学生可不时地用手来帮助击球。孩子喜欢用头部、鼻子、大腿、脚内侧、脚外侧、肩部以及臀部击球，因为他们觉得很有趣。

提示：原地。手掌呈平面状、向上击球。

2 年级

让学生设计一个击球序列，展示出自己击球最精彩的部分。（利用纸笔或电子设备记录下来，放入作品集。）

高难度击球提示：用脚和膝盖击球。

评估

- 观察击球的关键要素。
- 将学生设计的击球序列录入作品集（2 年级）。

小结

- 这节课的学习重点是什么?
- 击球时,该用手的哪一部位触球? 向教师展示手的正确姿势(手掌展开、呈平面)。
- 向教师展示,击球时手臂的正确挥动动作。

反思

- 学生在接触球体时,手掌是否展开呈平面状?
- 学生是否在触球前目光一直追随着气球?
- 击球的复习课:用各种不同的轻质球(如沙滩球、泡沫球、塑料球)练习击球,但是一定要选择符合学生年龄的物体以及毽子和沙包。

肩下击反弹球

双人练习、力量、空间意识

3~4 年级，也适用于 5 年级

标准 1 具备体育素养的人能够展示多种运动技能和运动模式。

年级水平学习成果

- 利用肩下或侧身模式击打物体，向前击过球网，击至墙面或越过界线，传给自己的队友，同时展现出成熟模式五项关键要素中的四项（S1.E22.3）。
- 在动态环境中，利用成熟模式完成肩下击球（如二方阵、四方阵、手球）（S1. E22.4）。

击球的关键要素（肩下）：

- 面向目标，做好击球的准备姿势。
- 异侧脚前迈。
- 将手展开，手掌接触球或物体。
- 等球落到膝盖与腰部中间的位置时，开始击球。
- 向上朝目标方向的跟随动作。

教学目标

学习者将：

- 用肩下击球模式练习击球，将球向前击打至墙面。
- 用肩下击球模式练习击球，将其击向前方，越过界线，传给同伴。
- 用肩下击球模式练习击球，将其击向前方，越过球网，传给同伴。
- 通过改变击球力度设计进攻策略（4 年级）。

材料和器材

- 直径 22 厘米轻质塑料球，学生人手一个。
- 用来击球的墙面。
- 在墙面上粘贴的标记线，位置在地面以上 90~120 厘米处。
- 在地板上粘贴的标记线。
- 较低的球网（可选）。

引入

　　上节课，你们已经学习了击球的技能，而且还练习了原地击球。用手掌平面连续击打气球、轻质球，甚至是花式沙包和毽子，将其向上送至空中，使其不落地。今天，我们将学习另一种击球方式：将球击向前方，让其在击打中不断回弹。这种技能可以用在课间玩的四方阵手球游戏中。

学习经验：放球、反弹、击打

　　让学生围成一圈，复习正确的击球手部姿势（手掌展开，呈平面状），同时教学生如何前后摆动手臂。教师边做示范学生边模仿，同时教师观察学生手臂动作和手的姿势是否正确。

> 提示：手掌呈平面。手臂前后摆动。

- 让学生围着训练场站一圈，面对墙壁，距离墙壁2~2.5米，每人拿一个球。让学生做单次击球，每次将球掷向墙壁，完成一次击球模式后再将其接住。示范击球模式的5个步骤：放球、反弹、击球、反弹、接球。

> 提示：手掌呈平面。手臂前后摆动。

- 学生继续练习单次击球。教师则需在一旁观察，看是否需要向全班或个别人提供帮助。让学生以墙壁上标志线稍上一点的位置作为目标继续练习单次击球。

为了让球向前和向上触碰墙壁，触球时应接触球的哪个部位？（与同学讨论向上击打和向前击打时触球部位的差异。）

> 提示：手臂前后摆动。朝向目标。

- 增加挑战性，让学生连续做5次单次击球，不得出现失误——且球的落点需在墙壁上标记线稍上一点的位置，并要在球回弹一次后将其接住。给学生几分钟的时间，让其探索击球至墙面的关键以及接住再次反弹的球所需的力度大小。

> 提示：力度大小（要恰到好处）。

评估

观察关键要素的掌握情况，必要时提供个别辅导或重新讲授。

学习经验：连续击打

当学生已经能熟练运用单次击球技能时（对准墙壁、姿势正确、手掌呈平面），便可以练习连续击球了。要提醒全班同学，不是每位学生都必须练习连续击球；如果没有准备好练习连续击球，可以继续练习单次击球。

- 练习击球两次：放球、反弹、击球、反弹、击球、反弹、接球。
- 增加挑战性，让学生增加击球的连续次数，每次可增多一次，且一定要在能轻松完成前一次挑战后再增加。即三次、四次，以此类推。

是否每次反弹都正对着你？（有时向左，有时向右，向前时距离较短。）移动你的双脚，让自己始终都站在球的后方准备击球。

> 提示：双脚快速移动。

- 连续击球，左右手交替练习（4年级）。

个人最佳纪录

让学生挑战自己连续击球的最佳纪录——不失误的最高连续击球次数。

- 追求或刷新自己的个人最佳纪录。
- 下一次练习时挑战超过上一次的纪录！

学习经验：同伴合作（合作型）

让学生选一名训练伙伴，可以是愿意与之合作的伙伴，也可以是从未在一起合作过的伙伴（4年级）。现在，学生就既可以用墙壁练习连续击球，也可以和伙伴一同练习了。学生要向墙壁连续击球，伙伴两人一人一下轮换击球。

> 提示：空间意识（我击，你击）。

- 让学生尝试和伙伴连续击球 5 次。
- 让学生朝着最高的合作分数奋斗努力。增加挑战，让学生争取在双人练习中获得比单人练习更高的分数。
- 学生开始在同伴击球后移动到不同位置击球时，教师可向学生介绍侧身击球方式。在同伴连续击球中，学生可根据球和身体的位置，选择肩下或侧身的击球方式进行击球了。

学习经验：同伴对抗（竞争型、4 年级）

现在，你之前合作的伙伴变成你的竞争对手。你们还是需要连续轮流击球，不同的是，你要尽最大努力给同伴击球制造困难。

给学生几分钟时间练习击球，注意击球的精准度。

学生可使用以下几种进攻战略。

- 变化击球力度——在指定的运动范围内，可调整自己的击球力度，让其和对手的距离有时短一些，有时长一些。
- 变化击球高度——有时可以很高，有时则刚好过线。
- 设计击球角度——不要让球正对着对手反弹。

伙伴选择：合作或竞争

给学生 3 分钟时间进行争取高分的合作型游戏或竞争型游戏（可计分，也可不计分）。

- 训练伙伴可决定的因素：边界侧面的、后面的或是墙壁上的；决定是否得分的因素（无论是否计分）。
- 教师可决定的因素：练习的重点必须放在肩下击反弹球；两人必须轮流击球——不能连击。

每隔 3 分钟，学生可更换一次练习伙伴或游戏类型。

手球挑战（5 年级）

高年级的学生可能会十分享受和不同伙伴进行竞争型游戏。第一局时，先给学生配对。每局游戏结束后，让胜利者和失败者配对进行第二轮游戏。在白板上写下每对伙伴的名字十分有用。学生可在白板上圈出胜利者的名字（没有得分），之后继续找到新的伙伴（胜利者对胜利者，失败者对失败者）。

学生很喜欢这样一个挑战日，可以和同伴们反复进行游戏，挑战最厉害的同学或者教师。同样，可以自愿选择是否进行比赛。这种全班性竞争挑战对于练习击球过线或对墙击球同样重要。

学习经验：击球过线、击球过网（3~5 年级）

所有的双人任务，学生都可以用过地面上的线（二方阵、四方阵）或过低网的形式练习。技能是相同的——都是肩下击反弹球。涉及球网和界线的游戏都为肩下击球（3、4 年级）和击球力度及角度策略（4、5 年级）的练习提供了极好的动态环境。年级较低的学生很喜欢设计包含肩下击球的新游戏。让所有学生自行选择：进行合作型、竞争型或游戏型的练习。

评估

- 观察学生对关键要素的掌握情况，以此作为形成性评估。
- 评估学生利用肩下击球技巧所设计的初始游戏（3 年级）。
- 在合作（3、4 年级）和竞争（4、5 年级）环境下对学生的表现进行真实性评估。

小结

- 这节课的学习重点是什么？
- 今天所学的击球和你之前所学的有何不同？
- 示范出关键要素，让学生分别描述每一项正确的表现是什么样的，如手部球、手臂挥动、跟进动作，等等。
- 告诉你的同学，你所选择的肩下击球类型——合作型还是竞争型。为什么？

课间休息时，向你的朋友发起二方阵或四方阵挑战，以此练习肩下击球技能。

反思

- 3 年级的学生是否已经能够熟练地完成肩下击球了？
- 4、5 年级的学生是否能在类似双人比赛的动态环境下，展示出击球的成熟模式？

注：肩下击球的教学方案，和其他技能课一样，无法在一节课的时间完成所有的任务和学习经验。不要为了完成教案而匆忙赶时间，别不管学生学没学会就急切地想完成教学任务。只有等学生将本阶段的知识全部融会贯通后，才能进行下一阶段的教学。

重点 ▶

次重点 ▶

头上击球

身体意识、身体各部位的协调

4~5 年级

标准 1 具备体育素养的人能够展示多种运动技能和运动模式。

年级水平学习成果

- 用双手练习头上模式击球使球向上，并且要展现出成熟模式所具备的五项关键要素中的四项（S1.E23.4）。
- 用双手模式击球，将球向上击向目标（S1.E23.5）。

  击球的关键要素（肩上）：
- 身体各部位对正，位于球下方。
- 屈膝、屈臂、屈踝，准备击球。
- 双手呈半球形；拇指和食指相互靠近合拢，呈三角形（不得挨在一起），准备击球。
- 只能用手指肚触球；手腕固定。
- 触球时双臂向上伸展，向目标方向有轻微的跟随动作。

教学目标

学习者将：
- 用头上击球模式将球击向墙壁。
- 用头上击球模式将球击过球网。
- 用头上击球模式将球向前上方传给训练伙伴。

材料和器材

- 转质球（塑料球或沙滩球），学生人手一个。
- 软排球（可选）。
- 在墙壁距地面 180~210 厘米的位置粘贴标记线。
- 在高 180~210 厘米处悬挂的球网或拉力绳。

引入

当我们第一次接触击球技能时（幼儿园和 1 年级），你们立即想到我们要玩排球了。你们用不同的身体部位原地击打气球。那时的重点是手掌平面触球。到了 3 年级，我们又学习了像四方阵和手球里那样肩下击反弹球；你们向墙壁击球、击球过线、击球过低网。今天，我们仍将学习一种新的击球方式——头上击球，这项技能你会在中学的体育课中用到，也有可能在一项休闲娱乐运动中用到。同学们能不能猜一猜，运动会什么项目会用到头上击球呢？没错，就是排球。

学习经验：做好击球准备

投球、接球

学生分散站立在公共训练区内，每人分发一个塑料球或沙滩球（5 年级：塑料球、沙滩球或软排球）。

对于头上击球而言，身体和双手的准备姿势是至关重要的。

边示范边向学生解释身体姿势（身体稍前倾，屈膝、屈踝、屈臂），手的姿势（双手呈半球形；拇指和食指相互靠近合拢，呈三角形，但不挨在一起）。

当学生展示身体和双手的准备姿势时，教师做示范。

- 学生做好准备姿势，将球轻轻抛向上方，之后再用手指肚将其接住，接球或击球时手指需相互靠近合拢，呈三角形。
- 学生继续练习抛球和接球，并在鼻子以上的高度将其接住，手指还是相互靠近合拢，呈三角形。

提示：准备姿势。三角形。用手指肚接球。

击球、接球

身体和手做好准备姿势后，学生便可以开始抛球了，伸展双臂将球向上击打，最后将其接住。整个步骤为：抛球、击球、接球。给学生几分钟时间尝试原地轻轻抛球，用手指肚击球，使球向上运动。

提示：手指相互靠近合拢，呈三角形。触球时双臂伸展，在头的上方击球。在鼻子以上的高度接住。

击球至墙壁、接球

学生面对墙壁站立，距墙壁90~120厘米，继续练习抛球和击球，强调身体和双手的准备姿势。（这次双臂微微伸向前上方。）给学生几分钟时间，强调练习向墙壁单次击球；提醒学生注意动作提示。

提示：用手指肚击球。不要用手掌——不要拍打、不要出声音。手臂伸向目标。双臂向前上方伸展。

双腿的力量

将屈膝、屈踝击球与伸直双腿击球对比。极端的例子是：手臂和腿不弯曲，击球。和屈膝屈踝击球进行对比，看一看两者击球力度有什么差异，让学生继续练习单次击球。学生练习时，教师需在一旁观察学生的腿部、手臂以及手部的准备姿势是否标准。

提示：腿部、手部的准备姿势。

- 增加挑战性，学生以屈膝、屈踝准备姿势击球，同时伸展手臂和腿，尝试向更高的标记的位置（120厘米）击球。

学习经验：连续击球

让学生连续向墙壁击球两次：抛球、击球，再击球、接球。让学生练习连续两次头上击球。学生练习时，教师在一旁观察学生的手指是否呈三角形、是否用手指肚触球、准备姿势时膝盖和手臂是否弯曲。

你还记得练习肩下击球至墙壁时，我们重点关注了脚步快速移动的重要性吗？在肩下击球中，球不可能总是正对着你反弹回来，而在头上击球时，也是同样的道理。因此，在击球时，一定要能够迅速地移动你的双脚。

提示：身体位于球的后下方。

- 让学生继续向标记线以上的位置练习头上击球。

  提示：双臂向上伸展。

评估

观察关键要素的掌握情况。在学生未掌握基本的头上击球技能之前，不要急于让其练习高次数的连续击球或难度更高的技能。

- 增加挑战难度，让学生完成 3 次、4 次、5 次连续击球，以此类推。
- 5 年级：增加挑战难度，让学生创造连续击球个人最好成绩。

但在类似比赛的情景中，只需一次击球即可。每次击球应尽全力做到最好。

学习经验：定点击球（5 年级）

学生站在公共训练区内，面对自己的训练伙伴，两人之间的距离 120~150 厘米；击球时强调球要垂直向上。A 将球向上抛，击球给伙伴 B，B 将球接住。B 再将球抛起来，击球。学生们普遍会犯的错误是：使用单手击球、用手掌拍球以及不能根据距离长短控制击球力度。

尽管在学生看来，这些任务是很简单的过渡，但他们常常会出现技能明显退步的现象，教师要准备好进行复习和纠正。

- 增加挑战性，让学生继续练习击球，训练伙伴能够原地不动接住球。

学习经验：击球过网

只有学生在公共训练区内单次击球给伙伴有了很高的成功率后，才适合掌握这一学习经验。在距地面 180~210 厘米的高度悬挂球网或拉力绳。两人面对面站在球网两边，距球网 90~120 厘米。继续练习单次头上击球。自己抛球，并击球过网给伙伴，强调手、手臂和腿部的准备姿势以及击球时手臂、腿的伸展。

- 学生击球时，要让伙伴能在原地不动接球。
- 精准度挑战：单次击球 10 次给伙伴。
- 接球者选择接球位置，如：和对方对齐、在对方右边、在对方左边，和对方离近一些、和对方离远一些；击球必须精准地击向同伴。

评估

- 观察关键要素的掌握情况。
- 5 年级：学生可自己决定，是对墙壁目标击球，还是精准地击球给伙伴。

小结

- 我们这节课的重点是什么？我们又新学了哪些击球技能？
- 假如我是今天刚到这个班级里的新生。请大家告诉我，怎样才能成功地头上击球呢？
- 目前为止，你已经学习了 3 种击球技能了：原地身体部位击球、肩下击反弹球和头上击球。告诉你的同学，哪种击球方式最难、哪种最简单，并阐明原因。

反思

- 4 年级的学生是否掌握了非动态环境下头上击球五项关键要素中的四项？
- 5 年级的学生能否自己抛球完成头上击球，精准地击给伙伴或击向目标？5 年级的学生是否为动态环境中的肩上击球做好准备了呢？
- 学生是否已经达到了击球的高度？

头上击球

双人练习

5 年级

标准 1 具备体育素养的人能够展示多种运动技能和运动模式。

年级水平学习成果

用双手头上击球的模式，将球向上击向目标（S1.E23.5）。

击球的关键要素（肩上）：

- 身体各部位对正，位于球下方。
- 屈膝、屈臂、屈踝，准备击球。
- 双手呈半球形；拇指和食指呈三角形（不得挨在一起），准备击球。
- 只用手指肚触球；手腕固定。
- 触球时双臂向上伸展；向目标方向有轻微的跟随动作。

教学目标

学习者将：

- 击轻质球，和伙伴连续击球过网。
- 小组内连续击轻质球，向前上方击球，给伙伴或击向目标。

材料和器材

- 塑料球，学生人手一个。
- 软排球，条件允许的话，两人一个。
- 在墙壁距地面 180~210 厘米的位置粘贴标记线。
- 在距地面 180~210 厘米的位置悬挂球网或拉力绳。

引入

之前你们已经练习了不同类型的头上击球，自抛自击和伙伴抛击。今天，你们将练习类似比赛场景中的头上击球。排球是中学生特别喜欢的一项运动，头上击球是排球的技术动作之一。那么在学习新内容之前，我们先来复习一下头上击球的关键要素都有哪些吧。告诉你的训练伙伴你所记得的两个关键要素。之后，让我们互相分享，看看能不能把所有的关键要素都答对。

学习经验：复习对墙击球

展示对墙击球，并复习关键要素。

- 身体各部位在球的下方。
- 屈膝、屈臂、屈踝，准备击球。
- 双手呈半球形；推球向上至墙壁时，要用指尖，而不是手掌。

让学生围着训练场站立，面对墙壁。每组学生分一个塑料球或软排球。当一名学生正在练习击球至墙壁标记线上方的动作时，另一名学生需在一旁观察，看其动作是否包含所说的关键要素（关键要素应由观察的学生指定）。

进行三轮连续击球练习后，双方才可交换角色。练习过程中，教师应在旁观察；练习完成之后，教师应提出反馈和建议。教师应告诉学生，除了击球的声音外，不得有其他声音发出，如拍打或类似的声音。

学习经验：双人配合抛球和击球练习

- 两人站在公共训练区内。A 将球抛向 B，记住要抛得高一些，而 B 再将球击回给 A，注意，练习过程中，双手需要调整身体，使身体在球下方。5 组练习过后，双方交换角色。（提醒学生，抛球的时候要抛得高一些；如果高度不够，就没办法头上击球。）练习的步骤为：抛球、击球、接球。

  提示：身体位于球的下方。用指尖击球，不要用手掌拍球。不要发出拍掌的声音。

- 准备就绪：现在，A 可以朝 B 的右边、左边、稍前一点的位置抛球，而 B 则必须要把身体移动到球的下方，才能将球击回给 A。

  提示：身体位于球的下方。

- 向伙伴连续击球。如果教师觉得学生已经能够熟练地用身体和双手完成击球动作，且动作都十分标准的话，则可让学生练习连续向伙伴击球，刚开始可以 3 次为基数，依次增加。练习的步骤为：自己抛球、击球、击球、击球、接球。

  提示：抛球的高度和击球的角度要完美，以便于伙伴接球。

学习经验：双人合作过网击球

两人分别站在球网两侧，面对面站立，两人距球网的距离为 120~150 厘米。让学生继续练习之前的动作，单次击球过网，传给伙伴，注意可通过弯曲和伸展双腿增强腿部力量。练习的步骤为：抛球、击球、接球。

  提示：身体位于球的下方。弯曲和伸展双腿。

- 介绍向前迈步并转移重心，从而形成一种前后站位的击球姿势。让学生继续练习之前的动作，单次击球过网，传给伙伴。

  提示：瞄准目标。站在球后方，与目标成直角。

双人连续击球

A 将球抛起后，击向 B，B 需要再次击打，使球过网，重复练习 3 组。练习的步骤为：自己抛球、击球、击球、击球、接球。之后，B 再开始练习抛球。给学生几分钟时间，让其继续练习三连击。同时教师需在一旁观察，看学生的动作是否包含击球的关键要素。

  提示：双脚快速移动。身体位于球的下方。前后站位。瞄准目标。

- 让学生继续练习三连击，并注意练习过程中击球的高度（一定要高一些）。

  提示：弯曲和伸展。手臂和腿。

  注：如果教师觉得学生已经完全掌握了双人连续击球动作，则可以进行下列练习任务。

学习经验：连续击球——三角形和正方形

3（三角形）~4（正方形）人为一组，让学生在场地周围练习头上击球。

成功的关键要素：

- 击球高度要高一些。
- 身体位于球下方。
- 瞄准目标。

学习经验：连续击球——2对2

将学生分为若干小组，每组4人，分别站在球网两侧，一边两人。训练开始后，一人先将球抛起，之后再击打给队友。给学生几分钟时间，让其尝试练习击球过网、击球给队友以及接到队友的击球之后再将球击过网。

- 当所有组员都熟悉了击球游戏后，便可建立游戏规则：队员必须在球过网落到自己这边之前将球击回去。
- 如果双方合作，击球过网，得1分。
- 练习3分钟后，再让学生重新选择练习伙伴，开始新一轮的练习挑战。

提示：身体位于球的后方。瞄准目标，瞄准目标队员。

评估

- 观察学生动作的关键要素，并评估学生对动态挑战的完成情况。
- 建议站点评估：让有经验的投手将球投给学生，之后再由学生将球击打回去，且击球高度应高于210厘米的球网高度，而且动作要娴熟连贯。

小结

- 我们今天的学习重点是什么？
- 我们又增加了哪些头上击球的挑战任务？
- 当你已经熟练掌握头上击球技巧后，对新挑战的感受是什么？

反思

- 学生能否在保证精准度的前提下，使用成熟的动作模式完成头上击球动作？
- 学生是否准备好了在更加动态的环境中练习击球？学生是否准备好了进行竞争型的任务练习？

重点 ▶

次重点 ▶

用短柄器材击球（肩下）

力量

幼儿园 ~2 年级

标准 1 具备体育素养的人能够展示多种运动技能和运动模式。

年级水平学习成果

- 用球拍或短柄球拍击打质量较轻的物体（S1.E24.K）。
- 用短柄球拍将球向上击打（S1.E24.1）。
- 用短柄球拍将球连续向上击打（S1.E24.2）。

用短柄器材击球的关键要素：
- 球拍后引，为击球做好准备动作。
- 在击球瞬间，异侧脚向前迈出。
- 从低到高挥动球拍。
- 来回晃动身体，做好击球准备。
- 击球完成后的跟随动作。

教学目标

学习者将：
- 用短柄球拍将气球向上击打。
- 用短柄球拍将球向上击打。
- 原地将一个物体连续向上击打。

安全问题

- 保证足够的击球空间。
- 确保学生目光跟随物体向上运动和挥动球拍时，具有空间意识。

材料和器材

- 充满气的气球，学生人手一个。
- 棒棒糖形球拍，学生人手一个。
- 高密度的小泡沫球，学生人手一个。
- 选择短柄球拍、乒乓球拍或海狸尾状的扁板（详见课后注释）。
- 羽毛球，8~10 个。

引入

今年年初，你们接触了击球的技能。在那节课上，你们练习了用张开的手掌平面向上击气球。今天，我们将学习使用球拍或扁板向上击打物体（气球、小球、羽毛球）。球拍是手臂的延伸，用平面击球仍然很重要。用球拍击球和用手击球的技巧基本类似，关键要素也相似。在今天的练习中，你们会听到的提示与之前击球时的一样（前后脚站立、用平面击球、向上的跟随动作）。同时，你们还将学习用球拍击球所独有的（挥动球拍由低到高）一些新的技巧。当然，目光要一直看着球。

球拍有网线；扁板要结实。

学习经验：向上击球

让学生在公共训练区内站开，每人拿一个棒棒糖形或海狸尾状扁板和一个气球。用惯用手握扁板，用非惯用手拿气球，将球向上击打出去，每次击球后将其接住。给学生几分钟时间摸索，要使气球向上运动，而不是向前运动。

解决问题

什么决定了气球的运动路径？是脚踢还是击打呢？对，正后方，击打气球的正下方。

提示：击打气球正下方。

- 让学生用单次击球的方式将气球向上击打，并保持在原地不动。

提示：用平面击球。

向学生介绍一个新的关键要素：手臂从低到高挥动。强调手臂的挥动，而不是使蛮力。示范错误的击球动作：手腕软弱无力，回弹击球。再演示正确的动作：手腕固定，由低到高击打。

注意：此项任务看似简单，但是对于初学者而言，正确的动作十分复杂。因此，教师给出一则提示后，让学生练习并予以反馈；当观察到学生已经做好准备了，再给出另一则提示。

正确的握拍姿势

学生刚开始学习用长短器材击球时，正确的握柄姿势（短棍、曲棍、网球拍等）至关重要。因此，在一开始就要学习正确的握姿技巧，如用错误的握姿练习，以后再重新学习握姿，会更困难，教师要教授较低年级的学生如何正确握住击球器材。比如：在开始后面的任务前先介绍握棒棒糖形球拍的正确姿势：双手呈握手的姿势，手掌向上握拍。

- 让学生在公共训练区分散开，每人手握一根扁板和一个泡沫球。让学生将球向上击打，然后接球，每击一次后，将其捡回来。照此方式继续练习，强调正确的握拍动作。

提示：击球力量的控制。手臂由低向高摆动（至下颌），用平面击球。

安全问题

确保学生练习时注意到其他同学的球和挥拍以及尝试单次击打的同学。

- 学生练习单次击球时，保持原地不动。
- 增加挑战，让学生完成 5 次单次击球并保持原地不动（1、2 年级）。

提示：用平面击球。手腕固定。

2 年级

让学生连续向上击球两次，并保持在个人区域内（各个方向离自我训练区不超过一步的距离）。

提示：球在头部以上。用平面击球。手臂由低向高挥动（至下颌）。观察球与球拍的接触。

- 学生在自我训练区内练习连续击球，并保持原地不动。
- 增加挑战性，让学生挑战自己的连击的最高次数。如果球落地，或学生离开了原地，则要重新开始。

羽毛球

如果有条件，每人使用一个短柄球拍和一个羽毛球的话，则可引入按前边的任务用短柄球拍击打物体，这一点在先前也提到过。如果不能给每个学生配备球拍和羽毛球的话，则可按照下面的安排分不同站点练习击球。

学习经验：站点练习

分4个站点，练习用扁板或球拍击球，以获得最佳练习效果和足够的空间。所有站点的练习任务都一样：向上击球（控制好扁板或球拍、物体和身体）。学生在4个站点轮换练习，每3~4分钟轮换一次。

- 站点练习1：连续向上击球，注意要用平面击球。
- 站点练习2：用海狸尾状扁板连续向上击气球，注意目光注视球体，直到击中。
- 站点练习3：用海狸尾状扁板原地单次向上击球；对于2年级的学生，在原地连续击球，注意正确的握拍姿势。
- 站点练习4：用短柄球拍击打羽毛球（单次击打），注意用平面击球以及手臂由低至高挥动。

提示：目光注视着球。手臂由低至高挥动。

学生在4个站点练习完后，全班进行讨论，哪个站点的练习容易，而哪一个站点的练习难，并说出为什么。

小结

- 我们这节课的重点是什么？学了哪些新技能？
- 你是如何学会正确握拍姿势的？向同学展示正确的握拍姿势。
- 哪一种球击打起来更简单，气球、小球、羽毛球？为什么？

反思

- 学生能否使用扁板和球拍成功击球？
- 学生是否理解（认知和表现）用短柄器材击球的关键要素？
- 学生能否在击球时控制好方向和力度，使身体保持在个人区域内不动？
- 学生在连续击球时，是否还能展现出击球的关键要素（平面击球、正确的握拍姿势）（2年级）？

注：海狸尾状扁板是将膝盖高的长筒袜套在铁丝衣架上，将衣架拉成瘦长形状呈海狸尾状，并将长筒袜系在衣架把手上制成的。衣架把手上缠有一层厚的胶带，用以保护手柄。这种扁板质量很轻，易于年龄较小的学生使用，衣架使学生正确掌握击球的挥臂动作。幼儿园的学生说这种扁板看起来像海狸的尾巴，于是就取了这个名字。

用短柄器材击球（侧身模式）

力量、空间意识

3~5 年级

标准 1 具备体育素养的人能够展示多种运动技能和运动模式。

年级水平学习成果

- 使用短柄器材向上击打物体，使物体越过低网或击中墙壁（S1.E24.3a）。
- 使用短柄器材向上击球，并展示出成熟击球模式五项关键要素中的四项（S1.E24.3b）。
- 熟练使用短柄器材向上击打物体（S1.E24.3a）。

做好以下准备工作：

- 使用短柄器材击打物体，和同伴轮流击打过低网或对墙击打（S1.E24.4b）。
- 在竞争型或合作型的游戏环境中，短柄器材连续击打物体，和同伴轮流击打过低网或对墙击打（S1.E24.5）。

用短柄器材击球的关键要素：

- 球拍后引，为击球做好准备。
- 在击球瞬间，异侧脚向前迈出。
- 从低至高挥动球拍。
- 来回晃动身体，做好击球准备。
- 击球完成后的跟随动作。

教学目标

学习者将：

- 用球拍练习侧身击球，将球瞄准墙壁，向前击打。
- 用球拍练习击球，并展示所选的击球关键要素。
- 用球拍练习侧身击球，将球瞄准墙壁，连续击球。

安全问题

- 在练习击球时，一定要具备空间意识，以防击球和球回弹时受伤。
- 确保足够的侧身击球练习空间。

材料和器材

- 短柄球拍，学生人手一个。
- 高密度的小泡沫球，学生人手一个。
- 压缩紧密的羽毛球，学生人手一个。
- 在墙上距离地面 90~120 厘米处画上标记线。
- 在地板上画出标记线，与墙的距离约为 3 米。

引入

之前，你们已经练习过用手掌平面击球，也练习过在自我训练区内使用球拍和扁板向上击球。今天，我们仍要练习这些技巧，但是难度会大大增加——瞄准墙壁，用球拍将球向前击打，使其越过球网。但是与之相应的，你们的练习活动范围也会随之扩大；当你们尝试连续击球时，挑战难度还会更大。

学习经验：击球准备

握拍

让学生站成一圈，每位学生前面放一个球拍。

在同学们第一次练习用球拍击球时，我们就讨论过正确握拍的重要性。同样，今天的练习也不例外，正确的握拍姿势对于对墙击球练习来讲，也是相当重要的。好了，现在大家可以拿起地上的球拍，但是记住，拿起后，不要移动手的位置。的确，这种感觉可能会有些奇怪，但是在做侧身对墙击球的练习的时候，这种方式就是正确。

检查学生的握拍姿势。提醒学生，在整个练习过程中都要不断检查自己的握拍姿势，可以通过将球拍正面朝下放在地板上，之后再将其拿起来，且手不要移动的方式，来检查自己的握拍姿势是否正确。

侧身击球（泡沫球）

让学生围着训练场站立，距墙壁的距离为150~180厘米，在学生的旁边放置一个球拍和一个泡沫球。之后让学生按照教师之前讲解的步骤开始击球练习。

在之前的用球拍击球的练习中，你们已经练习了向上击球；击球的模式为从后到前，再到上。今天，击球的模式仍然是由后向前，但却不是向上而是向身体的侧面。准备姿势为身体侧对目标位置站立。

- 让学生使用肩下击球模式，从后向前挥动手臂2~3次；之后再在之前的动作上加上向身体侧面挥动（无实物练习）。

学习经验：侧身对墙击球

现在，你们应该已经准备好练习侧身对墙壁击球了吧。

学生拿起球拍后，侧身面对目标站立，让肩部对着墙壁。

安全检查：让右手握拍和左手握拍的学生分开练习，这样能够避免学生在练习过程中受伤。

- 学生开始练习单次对墙壁击球：将球抛出、击球、待球反弹、接球，之后等待教师的指令。给学生几分钟时间，让其尝试练习侧身击球，进而让其发现握拍角度的重要性，以及击球力度的大小，即用多大的力道才能使球被击出去后再次弹回到自己面前。

提示：侧身面对目标。球拍向后。侧身转体。控制好力度。

注：这两点——正确的握拍姿势和侧身面对目标——对于侧身击球来讲至关重要。不论几年级的学生，都需要掌握击球模式的关键要素。

- 教师发出指令后，学生开始单次击球，且目标为墙上标记线稍上一点的位置。

- 学生独自练习单次击球（教师在一旁观察全班同学的练习情况，看看有没有必要重新讲授该部分的内容）。
- 学生继续练习单次击球，注意握拍姿势和侧身面对目标。手臂向目标方向做跟随动作。

提示：伸展手臂，瞄准目标。

- 有的学生"冻结"跟随动作，让其检查手臂是否向目标方向伸展。
- 增加挑战，让学生选择墙壁上的一点作为目标，用球击中该位置。

当你觉得自己能够完美完成 5 次单次击球时［准备姿势标准（球拍向后）、侧对目标、跟随动作］，你就可以请同学来观察自己的单次击球练习，并让其给出相应的反馈——积极评论和改进建议。

学习经验：增加距离

让学生站在距离墙壁 150~180 厘米处练习侧身单次击球。

提示：侧对目标，球拍向后，跟随动作。

- 当学生能够完成 5 组单次击球，并且每次都能够命中标记线以上的目标位置、同时球又能够在反弹一次后回到自己面前的话，教师就可以增加练习难度了，让学生向后退一大步，之后继续练习单次击球。当学生再次成功完成此项挑战后，可继续向后退一大步，接着练习。（但是距墙壁的最终距离不得超过 3 米。）

随着距墙壁距离的增加，一个新的关键要素便显得尤为重要了：从低到高挥动手臂。

提示：从低到高挥动手臂。

两人互评

学生自行选择一个能够打破自己最佳纪录的训练距离，之后让同学观看自己的击球练习——距墙壁的距离范围为 1.5~3 米。

教师评估

观察学生在自己选择的位置击球练习的情况。重点关注关键要素，随后再对其进行形成性评价，并提出反馈意见。

学习经验：连续击球

学生回到起始位置，距墙壁 150 厘米。用侧身击球的方式击球，尝试连续击球两次：反弹、击球、再反弹、再击球、接球。

提示：侧对目标，反弹、击球、再反弹、再击球。

用自己的惯用面练习侧身击球的关键其实就两点：精准度以及双脚准备姿势。练习时，双脚要迅速移动，且击球的力道也要随时控制。记住：前后脚站立、目光注视球！

4、5 年级

- 当学生成功完成练习连续击球后，可尝试连续 3 次、4 次、5 次击球。
- 增加挑战，让学生尝试打破自己连续击球的最佳纪录，并且每次都能够命中标记线以上的目标位置，同时球又能够在反弹一次后回到自己面前。

学习经验：准备、转身（4、5 年级）

让学生将球放在球拍顶端，将球拍放在地上，移到场地一侧。让所有学生面对同一方向，面对目标位置（墙壁），做好准备姿势，之后再执行击球动作。让学生在无实物的情况下多练习几次。

提示：来回转动身体（当握拍的手臂向后伸展时，转动身体，当手臂摆动和向前伸展，瞄准目标位置或墙壁时，再将身体转回原位）。

- 回到连续两次击球的挑战中来。让学生侧对目标，将球抛出，待其弹起后将其击打出去，这是第一次击打（将身体扭转回来），完成击打动作后面对墙壁，之后立刻扭转身体，侧对目标，做好第二次击球的准备姿势（扭转身体）。学生如果想为自己的转身动作争取更多的时间，可以增加与墙壁之间的距离。

注意：对于 3 年级的学生而言，侧身击球的完成标准为：连续击球两次、展示击球动作五项关键要素中的三项。4、5 年级的学生则需要完成更难的准备动作（转身）以及更多的连续击球动作。要想掌握一套成熟的侧身击球动作，必须要经过大量的练习。

学习经验：侧身击球

如果你的学校有户外训练场，也就是砖墙（没有窗户），并且墙两边还有路沿的话，那这简直是最好不过的场地了。学生可以用羽毛球在这里练习单次和连续击球。学生练习结束后，教师必须立刻给学生提供反馈，尤其是与力量控制有关的，因为学生练习的项目为击球，而非追球。

评估

对学生所展示的关键要素进行形成性评估。

小结

- 我们这节课的学习重点是什么？
- 你们又练习了哪些新的技巧？
- 肩下击球和侧身击球的异同之处有哪些？
- 让学生解释侧身击球的关键要素，教师在旁做示范。

反思

- 学生是否完全理解侧身击球正确的握拍姿势？
- 在掌握侧身击球关键要素方面，学生是否所有进步？
- 学生能否根据距离长短调整击球力度，使球反弹一次后再回到自己身边？
- 4、5 年级的学生是否理解各个技巧关键要素的过渡，如后脚前迈、目光注视着球、伸展手臂瞄准目标，等等？

用短柄器材击球（侧身模式）

力量、方向、双人练习

4~5 年级

具备体育素养的人能够展示多种运动技巧和运动模式的能力。

年级水平学习成果

- 熟练使用短柄器材击打物体（S1.E24.4a）。
- 使用短柄器材击打物体，和伙伴轮换击打过网或对墙击打（S1.E24.4b）。
- 在竞争型或合作型的游戏环境中，和伙伴使用短柄器材连续击打过网，或对墙击打（S1.E24.5）。

用短柄器材击球的关键要素：

- 球拍后引为击球做好准备。
- 在击球瞬间，异侧脚向前迈出。
- 从低至高挥动球拍。
- 来回晃动身体，准备并执行击打动作。
- 击球完成后的跟随动作。

教学目标

学习者将：

- 在非动态环境下，熟练使用侧身模式击球。
- 熟练使用侧身模式连续击球两次（5 年级）。
- 和同伴轮流击球过低网。
- 在 1 对 1 竞争游戏中轮流击球过低网（5 年级）。

安全问题

- 确保足够的练习空间。
- 学生在击球和捡球时，也要注意到其他同学。

材料和器材

- 短柄球棒，学生人手一个。
- 高密度的小泡沫球，学生人手一个。
- 低压缩网球，学生人手一个。
- 在墙上距离地面 90~210 厘米处，贴上标记线。
- 在地板上距墙约 3 米处画出标记线（可选）。
- 足够的球网弹力绳和 90 厘米高的立柱；确保场地能够同时容纳所有学生一同练习（场地两边各一半学生）。

引入

　　我们在之前的课上学习过侧身击球，课上你们也练习过了单次对墙击球和连续对墙击球。今天，同学们将练习侧身击球过网，并击向同伴。（你将以竞争型模式和合作型模式两种模式和同伴一起练习——5年级)。因你需要移动至合适的位置击球,你需要的个人空间会变大,当你连续击球时,挑战难度也会增大,因为你要控制力度,还要注意自己和对手的空间。

首先,让我们一起来复习一下侧身击球的关键要素吧。我来做动作,你们根据我下面的提示说出要点:准备姿势、异侧脚、球拍后引、手臂由低到高挥动、来回晃动身体、跟随动作。

现在,大家面向你的同学,观察他(她)的侧身击球动作(无实物练习)。他(她)是否将这五项要素全部做到了呢?

学习经验:复习侧身击球

将学生分为两人一组,之后让他们围着训练场站一圈,每人分发一个球拍和一个泡沫球,伙伴站在距墙壁约150厘米处侧对目标做出准备姿势,然后击球5次;每击一次伙伴B要观察一个关键要素(准备姿势、异侧脚前迈、跟随动作)。击球5次后,双方再交换角色。

- 4年级:提前确定要观察的关键要素。
- 5年级:观察的同学告诉伙伴要观察哪个关键要素。

练习者在距墙1.5米、2.1米、3米处连续击球。B连续击球时,A在一旁计数落在标记线以上的连击次数。一旦出现失误,双方就交换角色,比如球没有落在标记线以上、球没有弹回到击球者面前、球的反弹次数超过一次或者没接住球。给学生几分钟时间练习,一定要确保学生不管是在理解上还是行动上,都完全掌握了此项击球技巧。

学习经验:击球过网(室内)

同伴两人面对面站在球网两边,距球网不超过180厘米,两人轮换击球,使球在对方面前反弹。

先击球者第一次触球时身体侧对目标。

提示:控制力量。轻轻击打。双脚快速移动。

安全检查:确保学生在击球、移动、捡球时,注意周围环境。

- 学生和伙伴轮换击球,尝试突破个人或同伴击球的最佳纪录。每次重新开始,都争取追平或超过之前的分数。

注意:当学生第一次进入模拟真实游戏的环境中练习时(击球过网),技巧水平一定会显著下滑。因此,每隔30秒需让全班停下来,给一则重点提示。

- 当同伴两人成功完成10次连续击球后(每人5次,无失误),便向后退一大步,以增加挑战难度。

提示:拉长距离。手臂从低到高挥动。

- 将泡沫球换成低压缩的网球,重复上述练习。
- 学生尝试以同伴合作模式练习(泡沫球或网球自选)。

两人自行选择练习距离,两人合作,看看最多能连击多少次,球在击打前只能反弹一次。

注意:球必须要反弹;只能用侧身击球模式。

学习经验：双人竞争型游戏（5 年级）

同伴两人既可选择泡沫球，也可选择网球。

刚才你们玩的同伴合作型击球游戏现在变成了击球过网的竞争型游戏。规则与合作型游戏的一样：在球反弹一次后将其击出，球必须要反弹一次，只能用侧身击球模式，两人都要在界线内。两人要尽量避免自己先失误。

- 学生可以通过变换击球力度，使球落在对手的后方或前方。
- 双方也可以通过改变击球方向，使球落在对手的左边或右边。

注：在动态环境中进行 1 对 1 的练习，会使 5 年级的学生受益匪浅。他们不仅能大大提升自己的击球技能。还能通过双人练习确立边界的划分，决定游戏规则、计分规则，解决游戏中的纷争（标准 4）。适合 5 年级学生的竞争挑战请参考手球挑战。

学习经验：侧身击球（户外）

低压缩的网球，每组一个，两人为一组。

4、5 年级：双人合作击球过网。

提示：手臂从低到高挥动。控制力度。

评估

- 对击球的关键要素持续进行形成性评估。
- 在合作型和竞争型的游戏环境中进行真实性评估。
- 学生用练习日志记录侧身击球技能的练习情况，进行自我评估。

小结

- 今天我们给之前的侧身击球又新增加了哪项新的内容？
- 击球过网和对墙击球有何不同？
- 告诉同学，对你来说，墙壁击球和双人击球过网，哪一种更简单？为什么？

反思

- 学生在击球过网时能否表现出与墙壁击球一样的技巧水准呢？
- 该技能的掌握还需要注意哪些关键要素？
- 学生在进行合作型和竞争型模式的练习时，有没有出现争端需要教师注意？

用长柄器材击球（球棒）

空间意识

2~3 年级

标准 1 具备体育素养的人能够展示多种运动技巧和运动模式的能力。

年级水平学习成果

- 以正确的握拍姿势，以侧对姿势或其他正确的身体姿势，用球棒将球从球座上击打出去（S1.E25.2）。
- 以适当的握拍姿势，用长柄器材击球（如曲棍、球棒、球棍、高尔夫球杆），将球击打向前（S1.E25.3）。

注：击球时可使用球座或让教师抛球。

用长柄器材击球的关键要素（侧身模式）：

- 球棒引至后上方，做好击球的准备姿势。
- 击球的瞬间，异侧脚前迈。
- 来回扭动身体，做好击球准备。
- 在水平面上挥动球棒。
- 击球和击球完成后的后续动作手腕不弯曲。

教学目标

学习者将：

- 侧对目标，准备击球。
- 将球从球座上向前击出。
- 教师抛球，学生将球向前击出（3年级）。

安全问题

确保有足够的户外空间，避免学生在击球和捡球时受伤。

材料和器材

- 球座或大的标志桶。
- 若干个威浮球。
- 大塑料球棒。
- 与球棒数量相等的方形或圆形的小垫子或标志碟。
- 悬挂在线绳、拉力绳、立柱上的威浮球。
- 本垒打专用垒位（3年级）。

引入

今年早些时候，我们练习了用球拍和扁板击球，这些都是短柄器材。我请大家把球拍或扁板想象成手臂的延伸。现在延伸得更长——我们在使用球棒练习时，眼睛看球，这一点仍十分重要。

学习经验：击球准备

在户外放置击球座，为挥棒留有足够的间距，安排好学生的位置，使每个人都朝同一方向击球，或围成一圈，面朝外，这样所有的球都由圈上的点向外击出。

在每个球座旁边放置一块方形或圆形的小垫子，可根据学生惯用左手还是右手在两边调整移动。球座后方120~150厘米处再放置一块垫子，让后面排队的学生站在垫子上等候，保证练习安全。

握柄

学生站在球座旁边的垫子上，写字手是右手，则垫子摆在左边，否则相反。两手握棒，非写字手靠近球棒末端，写字的手比非写字的手略微靠上，两手几乎碰在一起。

侧对目标站立

示范击球准备姿势，正确柄并侧身对目标。让所有学生无实物握柄，做出击球准备姿势，强调侧对目标的身体姿势。教师需根据学生的惯用手，观察其握柄姿势和侧对目标的姿势是否正确。

- 教师发出指令后，第一名学生将球从球座上击出，使其穿过训练场。第一击完成后，将另一球放在球座上，再根据教师的指令将其击出。3个球都击出后，组内每位学生捡一个球，二号击球手准备根据口令击球。

  提示：侧对目标。

球棒上举、向后引棒至后上方

每位学生都完成第一击后，便可介绍球棒的击球准备姿势了；教师在做出提示"引棒至后上方"，同时做出示范，继续练习球座击球，并提醒学生注意相应的准备姿势：握棒、站姿、球棒。

  提示：哪一则提示自始至终都适用？眼睛看球。

- 增加挑战，让学生用力将球从球座击出，使其运动一段距离。

  提示：球棒挥动到底。

示范水平挥动球棒和向下砍切的动作的差别，比较两个动作击球距离的远近（认知参与）。

你们用球棒或扁板击球时，我们说过，要将重心从后脚转移到前脚来获得更多的力量。如果你想让球飞得远，就在触球时转移重心。

  提示：更大的肌力、更大的力度、更远的距离。

- 让学生继续练习从球座击球，注意击球时重心从后脚转移到前脚。

学习经验：悬空球

根据训练器材、训练空间以及学生的安全意识，采用站点形式或将全班分为两组练习。将拉力绳系在立柱、树上或篮球柱上，绳子距地面的高度与球座高度类似，将威浮球用结实的纱线、细绳或拉力绳拴在拉力绳上。让学生站在悬空球旁边，向前击球。

  提示：眼睛看球。

- 给学生几分钟时间练习，教师观察学生们的站姿、球棒准备姿势水平挥动是否标准。每个学生击球3次，尝试达到自己最好击球率。（每次击完让球停下来；检查一下身体和球棒的准备姿势，然后挥动。）

学习经验：移动和击打相结合

学生选择一名训练伙伴后回到球座后方。伙伴 A 和之前一样站在球座旁的垫子上。伙伴 B 站在离击球手 3.5~4.5 米的另一块垫子上。

这项活动将结合击球、跑步以及接球；我们称之为"击打和快跑"。

A 为击球手，将球从球座上击出，击得越远越好。A 立刻跑向方垫子，再跑回到球座处。球一击出，B 就将它捡回，跑向球座处将球放回球座。双方交换角色。

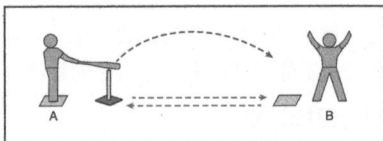

　　提示：侧对目标。球棒后引。球棒水平挥动，不要砍切。

　　安全检查：击球手在跑前一定要丢下球棒；但不能扔。因为两个人都要跑，所以要格外小心。

3 年级

在学生成功完成从球座击球，展现出了足够的安全意识并有充足的训练空间后，向他们介绍击打抛球。教师充当投手，在教师将球投出后，击球手将用力将球击出最远距离，之后立刻开始跑垒，以完成全垒打。外野的学生立刻将球捡起，再将其投给教师——不要出界，只要全垒打。跑垒者继续跑垒，不要管击球力度大小，也不要管外野进行的活动。我们将这项运动称之为全垒打！

　　提示：眼睛看球。

评估

观察击球的关键要素。

小结

- 我们这节课介绍了哪种新技能？
- 学生解释击球的准备动作，教师做动作：身体姿势、正确的握棒、球棒的准备和挥动动作。
- 如果水平挥动球棒，球的运动会怎样呢？如果用砍切动作，球会飞到哪里呢？

反思

- 学生是否展示了正确的握棒姿势并侧对目标准备击球？
- 学生是否成功将球从球座击出？

| 重点 ▶ | # 用长柄器材击球（球棒） |
| 次重点 ▶ | ## 空间意识、重心转移 |

4~5 年级

标准 1 具备体育素养的人能够展示多种运动技巧和运动模式的能力。

年级水平学习成果

- 用长柄器材击打物体（如曲棍、球棒、高尔夫球杆、网球拍或羽毛球拍），并展示熟练运用器材击球的五项关键要素中的三项（握拍姿势、站姿、身体朝向、挥动平面以及跟随动作）（S1.E25.4）。
- 熟练地用球棒击打投出的球（（S1.E25.5a）。
- 用小型游戏中把长柄器材与接球和移动技能相结合（如球棒、曲棍）。

用长柄器材击球的关键要素（侧身模式）：

- 球棒引至后上方，做好击球准备。
- 击球的瞬间，异侧脚前迈。
- 来回扭动身体，做好击球准备。
- 在水平面上挥动球棒。
- 击球和击球完成后的后续动作手腕不弯曲。

教学目标

学习者将：

- 用力将球击出。
- 按照设计方向将球击出。

安全问题

确保有足够的户外空间，避免学生在击球和捡球时受伤。

材料和器材

- 球座或大标志桶。
- 威浮球，学生人手一个。
- 大塑料球，每组一个（3 人为一组）。
- 方形或圆形的小垫子、每组 5 块（3 人为一组）。

引入

在上 2 年级和 3 年级时，你们学习了用球棒击球的基本技巧。假装你手里拿着球棒向教师展示正确的握拍姿势。(教师观察学生的手的姿势和间距是否合格。)转向同学，分享你学到的两项关于球棒击球的关键要素（球棒引至后上方，侧对场地，目光看球；水平挥动）。今天，我们将重点学习如何利用身体将球击远，以及如何确定击球的落点。

学习经验：复习球棒击球

在户外放置击球座，为挥棒留有足够的间距，安排好学生的位置，使每个人都朝同一方向击球，或围成一圈，面朝圈外，这样所有的球都由中心点向外击出。将学生安排为3人一组。

- 教师发出指令后，第一名学生将球从球座上击出，使其穿过训练场。第一击完成后，学生将另一个球放置在球座上，再根据教师的指令将其击出。在3个球全部击出后，小组3名学生每人捡一个球，2号击球手准备听口令击球。其他击球手也依此进行。（观察关键要素：球棒位于上方，侧对目标或场地球，水平挥动。）
- 让学生继续练习，强调球击得越远越好。同时让学生练习身体扭转，以及后脚到前脚的重心转移。

提示：身体来回扭转。重心由后脚转移到前脚，以获得更大的肌力。

若是有高年级的学生不愿意用球座练习，那么教师则需提醒他们说：专业的棒球运动员都是用球座来校正自己的挥棒的。球座练习是培养正确击球姿势的最佳方法。

学习经验：定向击球

将学生分成三人小组。放置三个垒位呈菱形阵式，再放一个在游击手的位置。详情见下页图。

让C站在游击手的位置。A向C击出3个球。学生B（接球手）的任务是，当一个球被击出之后，在球座上再放置一颗球。三轮击打完成后，所有学生轮换位置——接球手变为击球手，击球手移动到外野，外野手则变为接球手。

提示：向着目标转移重心。前脚向前迈向目标。

- 外野手在第二垒和第三垒之间重复上述练习。

学习经验：将击球、跑步、投球、接球相结合

现在，你可以尝试使球远离游击手，将其击到空地去（可以是左边，也可以是右边）。我们把这项活动叫作击、跑、投。你不仅要把球击到空地，还要再融入三项技能：跑步、投球以及接球。

A与之前一样站在球座旁，用力将球击出使球远离C，然后跑垒，完成全垒打。击球手需要跑完所有垒位且中间不能停下。

提示：击向空地。全力奔跑。记住：每个垒位都要踩到！

安全注意

- 击球手在跑前要丢下球棒，但不要扔。
- 两个人都要跑，所以学生要格外小心。

C将球接住或捡起来，之后将其投回本垒，这时B在本垒等着接球。球击出前，C必须一直站在中场垫子的后方。B一接到球或捡到球，就要将其放到球座上。

- 即使是外野手接到球，动作也是一样的；外野手将球投回本垒，击球手跑垒（所有垒都要踩到）。

如果击球手在球被放到球座之前踩到了所有垒，便可加1分。要是本垒打的话，则可以加5分。

- 每完成一组练习后，各个成员之间应交换角色，接球手变为击球手，击球手移到外野，外野手则站在本垒后方的球座处。

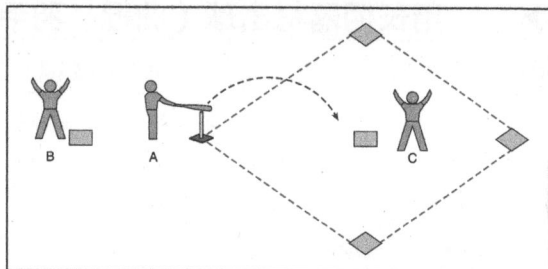

评估

- 观察击球的关键要素。
- 学生对定点击球等技能进行自我评估。

小结

- 我们今天进行的一项新的球棒击球挑战，是什么？
- 我们今天学到的哪部分内容能帮助你把球击得很远？
- 要是将球往右边击打，前脚应该放在哪？如果是左边呢？

反思

- 学生是否通过扭转身体将重心从后脚移至前脚？
- 学生能否成功地定向击球？

5 年级

一般来讲，5 年级的学生应该已经能够接受难度更大的球棒击球挑战了，同时也应该有更多类似比赛环境的练习机会了。在之前的活动中完成了对关键要素的掌握之后，可以进行以下挑战。

- 自己抛球，再用球棒击球。
- 击中投手投出的球。鼓励学生在充当投手时，投球缓和一些，这样有助于击球手击中，可以肩下模式也可以用肩上模式。
- 进行 3 对 3 的垒球比赛，投手设置在击球者队内（或用球座）。守方：击球手一名、外野手两名。攻方：投手一名、击球手两名。无论有几次出界，5 分钟后两队互换角色。对比赛规则进行修改，促使比赛顺利进行。（如投手投 3 次后就使用球座，或者让学生自己选择投手投球还是使用球座。）

重点 ▶   <u>用长柄器材击球（曲棍、羽毛球拍、网球拍）</u>

次重点 ▶   空间意识

曲棍：3~5 年级；羽毛球拍、网球拍：4~5 年级

标准 1 具备体育素养的人能够展示多种运动技巧和运动模式的能力。

年级水平学习成果

- 用长柄器材击打物体（如曲棍、球棒、高尔夫球杆、网球拍或羽毛球拍），并展示器材击球五项关键要素中的三项（握拍姿势、站姿、身体朝向、平面摆动以及跟随动作）（S1.E25.4）。
- 在教师或学生一同设计的小型练习任务环境中，将移动与运球、投球、接球、击球等操作技能结合起来（S1.E26.4）。
- 在小型比赛中将用长柄器材击球和移动技能相结合（S1.E25.5b）。
- 为了击中目标（如足球、曲棍球和篮球得分），结合击球的操作技巧和移动击球。

曲棍、羽毛球拍、网球拍的击球操作技能各自有其独特的技能元素，并且都与之前学过的技能有直接的联系。每一种的关键要素都聚焦于：握拍姿势、站姿、身体朝向、挥动、跟随动作。接下来几个部分会具体阐释每种击球技巧，列出符合年级水平学习成果的建议性大纲。

室内曲棍球

用长柄器材击球的关键要素（曲棍）：

- 双手握住曲棍，两手之前的距离为 8~10 厘米，将惯用的手放在末端，拇指向下。
- 前后脚站姿。
- 身体侧对目标。
- 挥动球杆，轻击带球，用以使球移动、传球和增大射门力度。
- 朝向目标，由低高度到中高度做跟随动作。

教学目标

学习者将：

- 在公共训练区内练习运冰球，控制好冰球、球棍和身体。
- 以不同的路径和方向运球。
- 变换不同的速度运球。
- 将运球和射门相结合。
- 通过运球与队友传接球。
- 在小型练习任务或游戏环境中控制好冰球和身体。

材料和器材

- 曲棍和冰球，学生人手一套。
- 曲棍球（可选）。
- 标志桶（标志桶越多，练习的目标越多）。

引入

哪位同学记得你们在 1 年级学的运球技巧？那是足球中的运球。今天我们要学习的是室内曲棍球中的运球——是用曲棍来运球。

安全问题

- 确保学生用曲棍击球时有空间意识。
- 曲棍的高度始终不得高于肩部。

任务拓展

依照以下的击球任务进行练习：

- 用正确的握拍姿势在自我训练区内做无球的运球动作。
- 在公共训练区内运球，控制好冰球、球棍和身体。
- 检查冰球的前进轨迹，提高控制能力。
- 加大击球力度和挥动幅度射门。
- 将公共训练区的运球和击中目标相结合。
- 改变运球方向、路径和速度。
- 传球和接球。
- 突破防守，运球射门（1 对 1、2 对 1）。

注：举杆过高在所有形式的曲棍球运动中都是违规行为，并且会对所有运动员造成安全隐患。教师必须教授学生用正确的击球方式来运球和加大力度，保持曲棍在肩部以下。

评估

- 观察关键要素的掌握情况。
- 对学生在小型练习任务和游戏环境中的表现做真实性评估。

小结

- 你们今天学习了哪项新的技能？
- 此项技能中的哪些元素与足球中的相同？有了这些相同点，学生学起该技能是更容易，还是更困难？
- 让学生讨论：冰上曲棍球和一般曲棍球运动相比，具有哪些娱乐性元素呢？
- 为什么举棍过高是不可忽视的违规行为？

反思

- 学生的室内曲棍球技能和关键要素是否得到提升？
- 学生是否能在运球时控制好自己的身体、球棍和球？
- 学生是否意识到小型练习和比赛所需的技能水平的差异（标准 4）？

羽毛球

用长柄器材（羽毛球拍）击球的关键要素：

- 异侧脚脚前迈。
- 握手式握拍姿势，手掌向上，手腕固定。
- 球拍的平面击球。
- 从低到高挥动球拍或扁板。

- 朝向目标的跟随动作。

教学目标

学习者将：

- 用羽毛球拍将羽毛球向前击打，使其越过球网。
- 和队友合作，相互用羽毛球拍将羽毛球上方击打羽毛球过网。
- 用羽毛球拍将羽毛球向前击打，使其越过球网，之后再接住对手击过来的球（竞争型练习模式）。
- 在动态游戏环境中，变化击球力度和方向，作为比赛策略。

材料和器材

- 羽毛球拍，学生人手一个。
- 羽毛球，学生人手一个。
- 在地板上放置呼啦圈和标记线卷尺，作为目标位置。
- 将球网悬挂在距地面 180~210 厘米高处。
- 将标记线画在墙上距地面 210 厘米高处。

引入

今年早些时候，我们学习了用短柄器材击球。你们练习了击打气球、泡沫球和羽毛球。我们说过，将球拍看作我们手臂的延伸。今天，你们用羽毛球拍击打羽毛球，所以今天我们的手臂延伸得长得多。重点是：击打羽毛球，使其沿弧线向前（彩虹状）运动。

安全问题

确保学生有用长柄器材击球所需的空间意识。

学习经验

用羽毛球拍击球的许多练习任务都与短柄器材向前击打物体的练习任务直接相联。短柄器材和长柄器材，向上击球的关键要素是相同的。

- 在自我训练区不拿球复习正确的握拍姿势、用平面击球、从低到高、前后挥动。
- 放球，使球自然下落，不要抛球，将球向前抛向墙壁，教师在旁观察关键要素的掌握情况。
- 单次精确击打羽毛球，使球落在地上的呼啦圈内部。
- 单次远距离击打羽毛球至地上的呼啦圈内部或标记处。
- 和伙伴合作型击球过网。
- 和伙伴（对手）竞争型击球过网。
- 改变击球力度和方向，作为应对对手的策略。
- 学生自行设计竞争型或合作型 1 对 1 比赛。

评估

- 观察关键要素的掌握情况。
- 在动态环境中对学生的表现做出真实性评估。

小结

- 今天你们学习了什么新技能?
- 用羽毛球拍击球与用短柄球拍击球的不同之处是什么?
- 告诉你的同学,你更喜欢合作型还是竞争型比赛。为什么?

反思

- 学生的羽毛球技能和关键要素是否得到提升?
- 小型比赛中,当同伴发生调换时,学生是否接受技能水平的差异?

网球

用长柄器材击球的关键要素(网球拍):

- 向后引拍,做好击球的准备姿势。
- 触球时,异侧脚前迈。
- 由低到高挥动球拍。
- 扭动身体做击球准备,扭回完成击球。
- 跟随动作,直到击球动作完成。

教学目标

学习者将:

- 熟练使用侧身击球模式击球。
- 使用侧身击球模式对墙壁连续击球。
- 使用侧身击球模式,击球过网,传给队友。
- 使用侧身击球模式,击球过网,传给队友,同时接住队友从网那边击过来的球。
- 使用侧身击球模式,击球过网,传给队友(合作型)。
- 使用侧身击球模式,击球过网,传给对手(竞争型)。
- 在动态环境中侧身击球时,改变击球力度和方向,以突破对手的防守。

材料和器材

- 网球拍,根据学生的不同年龄选择,人手一个。
- 高密度泡沫球,人手一个。
- 低压缩网球,人手一个。
- 在户内和户外距地面 90 厘米高处悬挂球网。
- 在墙壁距地面 90 厘米处画上标记线。

安全检查:空间意识对侧身击球至关重要。

学习经验

依照短柄球拍或扁板的侧身击球任务进程练习。该任务进程能为网球正手击球提供指导。

- 不拿球,复习握拍姿势和侧身击球动作。
- 对墙单次击球,完成后可增加击球距离,教师在旁观察关键要素(侧对目标、球拍后引)。
- 对墙连续击球,强调身体的扭转。
- 户外:单次击球给伙伴,反弹、击球、接球。连续击球过低网或合作型击球过低网。

注：我们建议你联系美国网球协会（USTA），获取在职的基本的正手击球技能以外的网球练习指导。美国网球协会的"网球进校园"项目能提供网球拍，并为教师提供专业指导。

评估

- 通过观察关键要素的掌握情况进行形成性评估，必要时，向学生进行个人反馈或提出更高难度的挑战。
- 让学生在训练日志上记录体育课上最喜欢的技能或运动，并阐明原因。也让学生记录下最难的技能是什么，并阐明原因。

小结

- 我们今天学习了一项新的技能，是什么？
- 让我们看看本学年大家学习的所有击球技能（列在白板上）。（全班讨论最喜欢的、最具挑战性的以及课后最有可能和朋友一起进行的体育运动。）
- 你认为我们为什么要在体育课上学习很好不同的技能？

反思

- 学生是否掌握了超出对墙击球的技能？
- 学生控制球和球拍，定点击球至目标或击给同伴的能力是否得到提升（距离、力量、方向、高度）？
- 哪些学生需要额外帮助？哪些学生需要更高的挑战？

跳绳

幼儿园~2 年级

具备体育素养的人能够展示多种运动技能和运动模式。

年级水平学习成果

短绳

- 自己摇绳完成一次跳跃（S1.E27.Ka）。
- 自己摇绳，向前或后连续跳跃（S1.E27.1a）。
- 自己摇绳，熟练地向前或向后连续跳跃（S1.E27.2a）。

长绳

- 教师摇绳，完成长绳跳跃（S1.E27.Kb）。
- 教师辅助摇绳，学生完成连续 5 次长绳跳跃（S1.E27.1b）。
- 学生摇绳，完成连续 5 次长绳跳跃（S1.E27.2b）。

学习经验：跳短绳

- 幼儿园学生从探索性练习开始。
- 教师应指导学生如何握手柄、摇绳和掌握跳绳的时机。幼儿园学生能完成自己的首次单次跳跃，在教师指导下练习以后，2 年级时能连续跳跃。
- 经过指导和练习，2 年级学生跳绳时能熟练把握平稳的节奏；这时他们可以学习简单的跳绳技巧了。

学习经验：跳长绳

- 幼儿园和 1 年级阶段，由教师负责摇绳。若助教或志愿者人数不够，可将绳子系在柱子或排球架上代替摇绳者。
- 口头提示初学者何时起跳（跳，跳）。
- 建议给幼儿园和 1 年级学生设置站点进行练习，从而尽可能减少轮候时间。
- 2 年级时，教学生如何摇绳。

在课间跳绳，给学生提供了高质量的体育活动和练习，也是学生表现自己技能的好机会。

跳绳
3~5 年级

标准 1 具备体育素养的人能够展示多种运动技能和运动模式。

年级水平学习成果

- 能完成演示中级水平的长、短跳绳技能（如各种各样的技能，长跳绳的跑入和跑出）（S1.E27.3）。
- 用长跳绳或短跳绳设计一套动作组合（S1.E27.4）。
- 用长跳绳或短跳绳和同伴设计一套动作组合（S1.E27.5）。

已掌握短跳绳技能的 3 年级学生可开始练习初级和中级水平的技巧（如钟摆跳、飞跳、侧踢腿、弹踢腿跳、十字交叉跳）。跳绳技巧可以通过教师指导、视步或海报和图片的形式来教授。到 4 年级和 5 年级时，学生有机会配合音乐设计一套动作组合。

长跳绳仍是一种快乐的体验，学生可以挑战跑入跑出、跳绳游戏、设计新的跳绳节奏并探索长绳技巧（如小辣椒式跳绳、打蛋机式跳跃和花式跳绳）。4、5 年级的学生可以选择单人或双人跳绳动作组合。

美国心脏协会提供了关于长、短绳的跳绳技巧的精致图表和发展进程。

附录 A

美国 K-12 体育教育的范围和动作序列

    本附录为从业者设计和实施课程，引导学生达到年级水平学习成果提供了快速参考。下列表格详细说明了每个年级应具备的知识和技能，并且阐述了各个年级水平学习进程进展情况。箭头表示应将该知识和技能作为重点教授的年级水平；深色方格代表不需将该知识和技能作为重点教授的年级水平。将这些技能和知识进行以下编码：引入和练习（形成）、关键要素的展现（成熟）和不同环境下的应用（应用）。下列术语贯穿了整个表格。

    E= 形成。学生参与针对性练习任务，获取技能和知识。

    M= 成熟。学生能展示出运动技能的关键要素和年级水平学习成果的知识元素，并通过练习加以完善。

    A= 应用。学生能在各种体育活动环境中展示出运动技能的关键要素和年级水平学习成果的知识元素。

基于标准 1 的运动技巧和运动模式

	幼儿园	1年级	2年级	3年级	4年级	5年级	6年级	7年级	8年级	高中
单脚跳	E	M	A	→						→
跑马步	E	M	A	→						→
跑步	E	→	M	A	→					→
滑步	E	M	A	→						→
垫跳步	E	→	M	A	→					→
跨步跳		E	→	M	A					
跳跃和落地	E	→	→	M	A					
踏跳					E	M	A	→		→
跳停							E	M	A	→
跳绳	E	→	→	M	A	→	i	i	i	i
平衡	E	→	→	M	→	A	→			→
重心转移			E	M	→	A	→			→
翻滚	E	→	→	→	M	A				
蜷缩和拉伸	E		M		A					
扭曲和弯曲		E	M		A					
投掷										
·肩下	E	→	M	→	→	A				
·肩上	E	→	→	→	M	A	→			
接球	E	→	→	M	A	→				
运球/控球										
·手	E	→	→	M	A	→				
·脚		E	→	→	M	A	→			
·使用器材				E	→	M	A	→		
踢球	E	→	→	M	→	A	→			
击球										
·肩下击球	E	→	→	M	A	→				
·头上击球					E	→	ii	ii	ii	ii
·二传								E	→	M
短柄器材击打	E			M	A	→				
·正手/反手							E	→	M	A
长柄器材击打			E	→	M	A	→			
·正手/反手									E	→ ... M
移动技能和操作技能结合				E	→	M	→	A	→	
移动技能和操作技能、跳跃与落地结合						E	M	A	→	→
平衡和重心转移结合			E	→	→	M	→	A	→	→

i 5 年级后，跳绳就成了一项健身活动并被纳入标准 3——参与健身活动中。

ii 头上击球到中学成了一项专业排球技术——二传。

	幼儿园	1年级	2年级	3年级	4年级	5年级	6年级	7年级	8年级	高中
发球										
·肩下							E	M	A	→
·肩上							E	→	→	M
射						E	→	→	M	*
传球和接球										
·手						E	→	M	→	*
·脚					E		→	→	M	*
·器材							E	→	M	*
·前臂垫球							E	→	M	A
·身前传球						E	→	M	→	*
·传切配合							E	M	→	*
进攻技能										
·轴心脚							E	M	A	*
·假动作							E	→	M	*
·试探步							E	→	M	*
·掩护									E	*
防守技能										
·低位转身							E	→	M	*
·防守或运动姿势							E	→	M	*

* 在高中阶段，不建议教授团队运动技能。请参考第五章的相关内容。

基于标准 2 的概念和策略

	幼儿园	1 年级	2 年级	3 年级	4 年级	5 年级	6 年级	7 年级	8 年级	高中
运动概念，原理和知识	E	→	→	→	M	→	A	→	→	→
策略战术				E	→	→	M	→	A	→
沟通（游戏）							E	→	M	A
创造空间（入侵游戏）										
·改变路径、速度和方向							E	M	A	*
·传球方式							E	M	A	*
·有防守目标时，选择恰当的进攻战术							E	→	M	*
·无防守目标时，选择恰当的进攻战术							E	→	M	*
·合理利用场地							E	→	M	*
·多一名防守者时的对抗							E	→	M	*
减小空间（入侵游戏）										
·选择不同身高和姿势的防守者							E	M	A	*
·改变角度取得优势							E	→	M	*
·阻止传球或对手移动							E	→	→	*
·少一名防守者时的对抗（如 1 对 2）							E	→	→	*
转换（入侵游戏）							E	M	A	*
制造空间（网或墙）										
·改变力度、角度或方向来取得优势							E	→	M	A
·用进攻战术 / 击球迫使对手离开自己的位置							E	→	→	M
减小空间（网或墙）										
·回到己方阵地							E	→	M	A
·减少回程角度							E	→	→	M
目标										
·选择适当的投篮时机							E	→	M	A
·封盖							E	→	→	M
·改变速度和球的弧度							E	→	M	A
防守和击球										
·执行进攻战术								E	→	*
·减少对手空位							E	→	M	*

*在高中阶段，教授团队运动技巧。请参考第五章的相关内容。

基于标准 3 的促进健康水平和体育活动

	幼儿园	1年级	2年级	3年级	4年级	5年级	6年级	7年级	8年级	高中
体育活动知识	E	→			→	M	→		A	→
参与体育活动	E	→			→	M	→			A
体适能知识	E	→			→	M	→			A
评估与方案设计				E	→	M	→		A	→
营养知识	E	→			→			M	→	A
压力调节						E	→		→	M

基于标准 4 的个人和社会行为责任

	幼儿园	1年级	2年级	3年级	4年级	5年级	6年级	7年级	8年级	高中
履行个人责任	E	→		M	→		A	→		→
接受反馈	E	→		M	→		A	→		→
团结协作	E	→		M	→		A	→		→
遵守规则和礼节			E	→		M	→	A	→	→
安全事项	E		M	→		A	→			→

基于标准 5 的认识体育活动的价值

	幼儿园	1年级	2年级	3年级	4年级	5年级	6年级	7年级	8年级	高中
健康价值			E	→			M	→		A
挑战意义			E	→			M	→		A
自我表达 / 娱乐	E	→			→	M				A
社交功能				E	→		M	→		A

附录 B

全年教学计划样例

幼儿园 ~2 年级

　　这份全年教学计划样例按一学年 36 周、每周两天的体育课程制订，幼儿园~2 年级，每个课时为 30 分钟。你可以根据课时和天数进行改编。此外可能还需要根据自己的教育理念、学生经验和其他因素进行改动。计划样例只涉及了标准 1 和标准 2；你需要在课程中融入标准 3、标准 4 和标准 5 的内容。

　　注意：基础运动模式教学需要在整个学年内进行多次（分散练习）。表中的加粗部分是需要重复学习的技能。

周	幼儿园	1 年级	2 年级
1	创造学习环境 自我训练区	创造学习环境 自我训练区和公共训练区	创造学习环境 自我训练区和公共训练区
2	自我训练区和公共训练区 运动技能	自我训练区和公共训练区 方向 运动技能	自我训练区和公共训练区 方向 运动技能
3	方向和路径 运动技能	方向、路径和高度 运动技能	方向、路径和高度 运动技能
4	路径和高度 创造性舞蹈	路径和高度 创造性舞蹈	路径和高度 创造性舞蹈
5	踢球	踢球	踢球
6	用脚运球	用脚运球	用脚运球
7	肩下投掷	肩下投掷	肩下投掷
8	接球	接球	接球
9	跳跃与落地	跳跃与落地	跳跃与落地
10	身体姿势 时间和力量	身体姿势 时间、力量和节奏	时间、力量和节奏
11	平衡	平衡	平衡
12	平衡 移动技能	平衡 重心转移：翻滚	平衡 倒立平衡 重心转移：翻滚

周	幼儿园	1 年级	2 年级
13	蜷缩、拉伸和扭转动作 重心转移：翻滚	蜷缩、拉伸和扭转动作 重心转移：翻滚	蜷缩、拉伸和扭转动作 重心转移：翻滚
14	平衡 蜷缩、拉伸和扭转动作 重心转移：翻滚	重心转移：双手支撑	重心转移：双手支撑
15	高度和力量（复习） 用手运球	高度、力量、方向和路径 （复习） 用手运球	高度、力量、方向和路径 （复习） 用手运球
16	跳跃与落地	跳跃与落地	跳跃与落地
17	跳绳	跳绳	跳绳
18	跳绳	跳绳	跳绳 肩上投掷
19	肩下投掷	肩下投掷 肩下投掷	肩下投掷 肩下投掷
20	接球	接球	接球
21	肩下击球 移动技能	肩下击球	肩下击球
22	长、短柄器材击打	短柄器材击打	短柄器材击打
23	高度和路径（复习） 运动技能 舞蹈和节奏	高度、时间和节奏（复习） 运动技能 舞蹈和节奏	高度、时间和节奏（复习） 运动技能 舞蹈和节奏
24	平衡和重心转移：翻滚	平衡和重心转移：翻滚	平衡和重心转移：翻滚
25	平衡和重心转移：翻滚 蜷缩、拉伸和扭转动作	平衡和重心转移：翻滚 蜷缩、拉伸和扭转动作	平衡和重心转移：翻滚 蜷缩、拉伸和扭转动作
26	移动技能，平衡和重心 转移：翻滚	移动技能，平衡和重心 转移：翻滚	移动技能，平衡和重心 转移：翻滚
27	用手运球	用手运球	用手运球
28	跳绳	跳绳	跳绳
29	跳绳	跳绳	跳绳
30	肩下击球	肩下击球	肩下击球
31	短器材击打	短器材击打	短器材击打
32	发球和接球	发球和接球	棒球击球
33	舞蹈和节奏	舞蹈和节奏	舞蹈和节奏
34	踢球	踢球	踢球
35	用脚运球	用脚运球	用脚运球
36	户外活动日	户外活动日	户外活动日

3~5 年级

　　这份全年教学计划样例按一学年 36 周、每周两天的体育课程制订，3 到 5 年级每个课时为 30~45 分钟。你可以根据课时和天数进行改编。此外可能还需要根据自己的教育理念、学生经验和其他因素进行改动。样例教学计划只涉及了标准 1、标准 2 和标准 3 的健康评估；你需要在课程内融入标准 3、标准 4 和标准 5 的内容。

　　你应在秋季和春季开展健康体能测试，不过健康概念和自我评估应纳入整个学年的课程中。

　　注意：基础运动模式教学需要在整个学年内进行多次（分散练习）。表中的加粗部分是需要重复学习的技能。

周	3 年级	4 年级	5 年级
1	创造学习环境 复习运动概念	创造学习环境 运球	创造学习环境 运球
2	用手运球	用手运球	用手运球
3	健康概念 肩上投掷	健康概念 肩上投掷	健康概念 肩上投掷
4	心肺功能 健康评估协议引入	心肺功能 健康评估	心肺功能 健康评估
5	运动技能（跨跳步） 棒球击球	健康评估	健康评估
6	踢球 用脚运球	踢球 用脚运球	踢球 用脚运球
7	踢球 用脚运球	踢球 用脚运球	踢球
8	发球和接球	传球和接球	传球和接球
9	跳跃与落地 运动技能（跨步跳）	传球和接球	传球和接球
10	节奏的概念 舞蹈和节奏	舞蹈和节奏	舞蹈和节奏
11	平衡 重心转移：翻滚	平衡 重心转移	平衡 重心转移
12	平衡 重心转移：双手支撑	平衡 重心转移	平衡 重心转移
13	重心转移：蜷缩、拉伸和扭转动作 设计体操动作	设计体操动作	设计体操动作
14	肩下击球	肩下击球 肩上击球	肩下击球

周	3 年级	4 年级	5 年级
15	短器材击打	短器材击打	短器材击打
16	舞蹈和节奏	舞蹈和节奏	舞蹈和节奏
17	跳绳	跳绳	跳绳
18	跳绳	跳绳	跳绳
19	用手运球	用手运球	用手运球
20	肩下投掷 肩上投掷	肩下投掷 肩上投掷	肩下投掷 肩上投掷
21	接球	接球 传球和接球	接球 传球和接球
22	曲棍球棒击打	曲棍球棒击打	曲棍球棒击打
23	舞蹈和节奏	网球拍击打	网球拍击打
24	舞蹈和节奏	舞蹈和节奏	舞蹈和节奏
25	平衡 低矮器材上的重心转移	平衡 低矮器材上的重心转移	平衡 低矮器材上的重心转移
26	运动器材上的重心转移 设计体操动作序列	运动器材上的重心转移 设计体操动作序列	运动器材上的重心转移 设计体操动作序列
27	用手运球	用手运球	用手运球
28	跳绳	健康体适能评估	健康体适能评估
29	跳绳	健康体适能评估	健康体适能评估
30	肩下击球	肩下击球 肩上击球	肩上击球
31	短柄器材击打	短柄器材击打	短柄器材击打
32	棒球棒击打	网球拍击打	网球拍击打
33	曲棍球棒击打	曲棍球棒击打	曲棍球棒击打
34	踢球 用脚运球	踢球 用脚运球	踢球
35	肩上投掷	肩上投掷	肩上投掷
36	户外活动日	户外活动日	户外活动日

专业术语

情感领域——重点关注个人和社会的发展、态度、价值、情感、动机和情绪的领域。

应用——学习者能在多种体育活动习惯中展示出运动技能的关键要素或年级水平学习成果中的知识元素。

评估——收集能证明学生学习的证据，并根据这些证据推断学生的进步和成长（SHAPE America，2014）。

认知领域——重点关注知识和信息（事实和概念）的领域，强调通过高级思维能力理解知识和信息和进行应用。

关键要素——一项运动技能可被观察到的关键部分，它们共同影响了运动效率。

提示——用来提醒学习者注意技能练习关键要素的短语或词语（Graham et al.，2013，p.118）。

课程规划——年级内的（水平规划）和幼儿园~5年级跨年级的（垂直规划）课程计划进程。课程规划需要规定教授技能的时机。

舞蹈和节奏活动——注重舞蹈和节奏的活动。对于低年级小学生来说，主要是辨认节奏并随节奏移动，对高年级小学生来说，主要是接触创造性舞蹈、双人舞蹈和小组舞蹈。

舞蹈起源——舞蹈创作最初的想法，如对运动、情感、词汇、想法和故事的构成要素的研究。

针对性练习——即高度结构化的活动，它的目标十分明确——提高学生的表现。为克服学习者的弱点而创造练习任务，仔细监控学生表现，并提示学生如何进一步提高自己的技能（Ericsson at al.，1993，p.368）。

个性化教学——根据学生需求和技能以及知识水平的不同而变化的教学。

动态环境（开放性技能）——在一个动态的、不可预测和变化中的环境里完成的演示的技能 (Schmidt and Wrisberg，2008，p.9）。

教育体操——注重儿童有效地控制身体来克服重力，挑战自我的体操（Graham et al.，2013）。同奥林匹克式体操（所有学生演示确定的绝技动作）相比，教育体操是根据学生的技能水平设计的挑战。

嵌入式目标——首要目标的辅助性学习经验中包含的次要目标。

形成阶段——处于掌握运动技能和知识的开始阶段的学习者，对技能和知识的掌握，通过针对性练习任务而显现出来，在这个阶段，学习者的能力得以发展。

形成性评估——教学过程中不间断进行的评估，使教师能掌握学生进步的情况并调整教学（SHAPE America，2014，p.90）。

基础技能——基础体育教育包含的技能（精神的、认知的和情感的），这些技能综合起来为中学体育技能应用和高中及以后个人选择的体育活动追求奠定了基础。

功能性体适能——在家、学校或运动会安全地执行常见动作并不会造成疲劳的能力（adapted from Mayo Clinic, 2013; Corbin and Le Masurier, 2014）。

基础运动技能——为游戏运动、体操和舞蹈中更复杂的动作模式提供基础的运动技能、非移动／稳定运动技能和操作技能。

倒立——教育体操中头部低于臀部的平衡和重心转移动作。

移动技能——人们在空间内移动或将身体从一个点移动到另一个点的技能(Gallahue et al., 2012, p. 223)。运动技能包括水平面上的慢跑、跑步、单脚跳、跑马步、垫步跳、滑步和双脚跳。

操作技能——控制或操纵物体的技能，如踢球、长短柄器材击打、投球、接球、击球和运球。

成熟模式——在真实环境中有效率地执行运动技能模式的关键要素。

成熟阶段——通过实践展示运动技能的关键要素和年级水平学习成果的知识元素，并继续完善。随着环境的变化，成熟模式可能出现波动，在熟悉的环境中更为成熟，在不熟悉或未接触过的环境中不太成熟，由此得来该词。

运动概念——运动与健身活动技巧性的表现相关的知识和概念的应用。运动概念包括空间意识，对时间、速度、力量和节奏的精准把握，与同伴和小组成员的关系，运动效率的策略和原则以及促进健康的健身活动。

运动模式——较复杂的运动、体操和舞蹈特定动作都是由基础运动技能发展而来的。

非动态环境（封闭技能）——在一个不变、可预测或静止的环境中完成的技能（Schmidt and Wrisberg, 2008, p.9）。

非移动稳定技能——注重重力状态下，取得和保持平衡的运动（Gallahue et al., 2012，p.49)。非移动运动包括平衡、重心转移和伸展、蜷缩和扭转动作。

年级水平学习成果——详细说明接触学习经验后应知道的知识和应掌握的技能。

体育素养——体育素养良好的人学习过参与体育活动的必备技能，了解参与多样的体育活动的影响和益处，并经常参加体育活动，身体健康，重视体育活动和其对健康生活方式的作用。

精神运动领域——注重运动技能的领域。

总结性评估——教学结束后开展的期末评估，给教师提供每名学生进步成长的综合性总结（SHAPE America, 2014，p.90）。

参考文献

前言

SHAPE America. 2014. *National standards & grade-level outcomes for K - 12 physical education*. Champaign, IL: Human Kinetics.

第一章

Barnett, L.M., van Beurden, E., Morgan, P.J., Brooks, L.O., and Beard, J.R. 2008. Does child-hood motor skill proficiency predict adolescent fitness? *Medicine & Science in Sports & Exercise*, 40, 2137 - 2144.

Bernstein, E., Phillips, S.R., and Silverman, S. 2011. Attitudes and perceptions of middle school students toward competitive activities in physical education. *Journal of Teaching in Physical Education*, 30, 69 - 83.

Bevans, K., Fitzpatrick, L., Sanchez, B., and Forest,C.B. 2010. Individual and instructional determinants of student engagement in physical education. *Journal of Teaching in Physical Education*, 29, 399 - 416.

Ennis, C. 2011. Physical education curriculum priorities: Evidence for education and skillfulness. *Quest*, 63, 5 - 18.

Ericsson, K.A. 2006. The influence of experience and deliberate practice on the development of superior expert performance. In *The Cambridge handbook of expertise and expert performance*, ed. K.A. Ericsson, N. Charness, P.J. Feltovich, and R.R. Hoffman, 685 - 705. Cambridge, UK: Cambridge University Press.

Ericsson, K., Krampe, R., and Tesch-Romer, C. 1993. The role of deliberate practice in the acquisition of expert performance. *Psychological Review*, 100(3), 363 - 406.

Gao, Z., Lee, A. M., Ping, X., and Kosam, M. 2011. Effect of learning activity on students' motivation, physical activity levels and effort/persistence. ICHPER-SD *Journal of Research in Health, Physical Education, Recreation, Sport & Dance*, 6(1), 27 - 33.

Kambas, A. Michalopoulou, M., Fatouros, I., Christoforidis, C., Manthou, E., Giannakidou, D., Venetsanou, F., Haberer, E., Chatziniko-laou, A., Gourgoulis, V., and Zimmer, R. 2012. The relationship between motor proficiency and pedometer-determined physical activity in young children. *Pediatric Exercise Science*, 24, 34 - 44.

Mandigo, J., Francis, J., Lodewyk, K. & Lopez, R. (2012). Physical literacy for educators. Physical Education and Health Journal, 75 (3), 27-30.

Patnode, C.D., Lytle, L.A., Erickson, D.J., Sirard, J.R., Barr-Anderson, D.J., and Story, M. 2011. Physical activity and sedentary activity patterns among children and adolescents: A latent class analysis approach. *Journal of Physical Activity and Health*, 8, 457 - 467.

Placek, J.H. 1983. Conceptions of success in teach-ing: Busy, happy, and good? In *Teaching in physical education*, ed. T. Templin and J. Olsen, 46 - 56. Champaign, IL: Human Kinetics.

Silverman, S. 2011. Teaching for student learning in physical education. *JOPERD*, 82, 29 - 34.

SHAPE America. 2014. *National standards & grade-level outcomes for K - 12 physical education*. Champaign, IL: Human Kinetics.

Stodden, D., Langendorfer, S., and Roberton, M. 2009. The association between motor skill com petence and physical fitness in young adults. *Research Quarterly for Exercise and Sport*, 80(2), 223 - 229.

Strong, W.B., Malina, R.M., Blimkie, C.J., Daniels, S.R., Dishman, R.K., Gutin, B., Hergenroeder, A.C., Must, A., Nixon, P., Pivarnik, J.M., Row land, T., Trost, S., and Trudeau, F. 2005. Evidence based physical activity for school-age youth. *Journal of Pediatrics*, 146, 732 - 737.

Whitehead, M. (2001). The concept of physical literacy. European Journal of Physical Education, 6, 127-138.

第二章

Ericsson, K., Krampe, R., and Tesch-Romer, C. 1993. The role of deliberate practice in the acquisition of expert performance. *Psychological Review*, 100(3), 363 - 406.

Ericsson, K.A. 2006. The influence of experience and deliberate practice on the development of superior expert performance. In *The Cambridge handbook of expertise and expert performance*, ed. K.A. Ericsson, N. Charness, P.J. Feltovich, and R.R. Hoffman, 685 - 705. Cambridge, UK: Cambridge University Press.

Placek, J.H. 1983. Conceptions of success in teach ing: Busy, happy, and good? In *Teaching in physical education, ed. T. Templin* and J. Olsen, 46 - 56. Champaign, IL: Human Kinetics.

SHAPE America. 2010. *Opportunity to learn: Guidelines for elementary school physical education*. Reston, VA: Author.

SHAPE America. 2014. *National standards & grade-level outcomes for K - 12 physical education*. Champaign, IL: Human Kinetics.

第三章

Corbin, C.B. 2001. The "untracking" of sedentary living: A call for action. *Pediatric Exercise Science*, 13, 347 - 356.

Ennis, C.D. 2010. On their own: Preparing students for a lifetime. Alliance Scholar Lecture, AAHPERD National Convention, Indianapolis, IN.

SHAPE America. 2014. *National standards & grade-level outcomes for K - 12 physical education.* Champaign, IL: Human Kinetics.

Silverman, S. 2011. Teaching for student learning in physical education. *JOPERD*, 82(6), 29 - 34.

第四章

Ayers, S.F., and M.J. Sariscsany, Eds., 2011. Physical education for lifelong fitness. 3rd ed. Reston, VA: National Association for Sport and Physical Education).

Corbin, C.B., Welk, G.J., Richardson, C., Vowell, C., Lambdin, D., and Wikgren, S. 2014. Youth physical fitness: 10 key concepts. *JOPERD*, 85(2), 24 - 31.

Graham, G., Holt/Hale, S.A., and Parker, M. 2013. *Children moving: A reflective approach to teaching physical education.* 9th ed. New York: McGraw- Hill.

第六章

Gallahue, D.L., Ozmun, J., and Goodway, J. 2012. *Understanding motor development: Infants, children, adolescents, adults.* New York: McGraw-Hill.

第八章

SHAPE America. 2014. *National standards & grade-level outcomes for K - 12 physical education.* Champaign, IL: Human Kinetics.

专业术语

Corbin and Le Masurier, 2014. Fitness for life. 6th ed. Champaign, IL: Human Kinetics.

Gallahue, D.L., Ozmun, J., and Goodway, J. 2012. *Understanding motor development: Infants, children, adolescents, adults.* New York: McGraw-Hill.

Graham, G., Holt/Hale, S.A., and Parker, M. 2013. *Children moving: A reflective approach to teaching physical education.* 9th ed. New York: McGraw- Hill.

Ericsson, K., Krampe, R., and Tesch-Romer, C. 1993. The role of deliberate practice in the acquisition of expert performance. *Psychological Review*, 100(3), 363 - 406.

Mayo Clinic. 2010. Functional fitness training: Is it right for you?

Schmidt, R.A. & Wrisberg, C.A. 2008. Motor learning and performance: A situation-based learning approach. 4th ed. Champaign, IL: Human Kinetics.

关于作者

雪莉·霍尔特/哈勒博士（Shirley Holt/Hale）是一位资深的体育教育工作者，曾在美国田纳西州橡树岭林登小学担任体育教师长达38年之久。她曾被评为"全美年度体适能教师"，担任过美国健康、体育、娱乐、舞蹈联盟［现改名为美国健康和体育教育协会（SHAPE America）］以及美国运动与体育教育协会（NASPE）主席。此外，霍尔特/哈勒博士还与人合著过 *Children Moving: A Reflective Approach to Teaching Physical Education*（第9版）一书，并且也是另外3本教科书的特约作者。她是美国K-12体育教育国家标准和年级水平学习成果修订小组成员，还是全美基础体育课程、评估和课程规划的特殊顾问。

蒂娜·哈尔博士（Tina Hall）是美国田纳西州立大学健康与行为学学院副教授。她有18年的中小学体育教学经验，自2003年起，一直从事体育教育工作。哈尔博士曾多次举办课程和内容研讨会，还为全美体育教师提供在职培训。她与别人合著过 *Schoolwide Physical Activity: A Comprehensive Guide to Designing and Conducting Programs and Teaching Children Gymnastics*g一书。哈尔博士还曾在相关的出版物上发表过数篇专业文章。

关于 SHAPE America

　　SHAPE America 即美国健康和体育教育协会，致力于确保所有儿童有机会享受健康体育生活。作为全美最大的健康和体育专业人员组织，SHAPE America 拥有 50 个州级分会，还是美国多项健康相关倡议的发起者，如总统青年健身计划、"动起来"——动感校园和心脏健康的跳绳与呼啦圈计划。

　　自 1885 年成立以来，该组织在体育教育领域表现卓越，最近的几次成果就是制订了《美国 K-12 体育教育的国家标准和年级水平学习成果》（*National Standards &Grade-level Outcomes for K-12 Physical Education*，2014），《美国体适能教师教育的国家标准和指导》（*National Standards & Guidelines for Physical Education Teacher Education*，2009），以及《运动教练国家标准》（*National Standards for Sport Coaches*，2006），作为美国健康教育标准联合委员会成员，参加出版了《美国国家健康教育标准（第二版）：精益求精》（*National Health Education Standards, Second Edition: Achieving Excellence*，2007）。"SHAPE America" 的项目、产品和服务提供的领导力、专业发展和主张，支持着学前教育到大学研究生各层次的健康和体育教育者。

　　每年春天，SHAPE America 会举办一年一度的国家代表大会和博览会，这是全美健康和体育教育行业发展的第一大事。向全社会发起倡导也是 "SHAPE America" 的重要职责。通过为学校健康和体育教育行业发声，SHAPE America 努力影响美国的体育与健康政策形势。

　　SHAPE America 的愿景：全民健康——接受体育教育、积极参加锻炼。

　　SHAPE America 的使命：促进专业实践、促进健康和体育教育、体育活动、舞蹈和运动相关的研究。

　　SHAPE America 承诺：到 2029 年，实现 "5000 万人身体强健" 的目标。

　　目前美国中小学（幼儿园 ~12 年级）约有 5000 万学生。

　　SHAPE America 致力于确保到 2029 年，也就是现在的美国学龄前儿童高中毕业时，所有学生都有运动技能、有知识、有信心享受健康、有意义的体育活动。

关于译者

　　李永超，首都体育学院体育教育训练学硕士；北京第二实验小学体育教师；中国教育科学研究院中国青少年健康体能研究课题主要成员及培训讲师。国家体育总局备战 2012 年伦敦奥运会身体运动功能训练团队成员。曾为我国体操队、乒乓球队、跳水队和皮划艇队等四支国家队提供过体能训练指导服务。

　　现长期从事儿童青少年身体运动功能训练和儿童青少年体能游戏研究相关工作，参与翻译中国教练员培训教材《跑得更快：耐力项目科学化训练》，参与编著本科生体育教材《身体运动功能训练》和小学体育教师用书《小学生身体运动功能训练教程》。